知识产权质押融资系列丛书　鲍新中 / 主编

本书出版受到“北京联合大学应用文理学院专业硕士研究生教育建设经费法律专业”项目经费资助（项目号 12246561115-005）

知识产权质押融资法律规制

ZHISHICHANQUAN ZHIYA RONGZI FALÜ GUIZHI

郭娅丽　吴梅　李玉红◎著

知识产权出版社
全国百佳图书出版单位
—北京—

图书在版编目（CIP）数据

知识产权质押融资：法律规制/郭娅丽，吴梅，李玉红著. —北京：知识产权出版社，2020.9

ISBN 978-7-5130-7116-1

Ⅰ. ①知… Ⅱ. ①郭… ②吴… ③李… Ⅲ. ①知识产权—抵押—融资风险—金融法—研究—中国 Ⅳ. ①D922.282.4

中国版本图书馆 CIP 数据核字（2020）第 152175 号

内容提要

《国家知识产权战略纲要》颁布实施迄今已逾十年，为了引导企业采取知识产权质押等方式实现知识产权的市场价值，国家颁布实施知识产权质押融资的系列政策，并分批进行试点。本书主要选取高科技产业和文化创意产业为调研对象，梳理相关政策及其特点，介绍办理知识产权质押的法律流程，收集 2009—2019 年法院审理的知识产权质押案件 502 件，选取其中 16 个典型案例进行深入剖析。

本书归纳、总结了知识产权质押诉讼中存在的七大问题，明确知识产权既是知识财产私有的权利形态，也是政府公共政策的制度选择，揭示知识产权质押的本质是一种金融交易行为。由此出发，本书从法律制度完善、政府政策扶持、融资机构自身防控、相关市场主体参与四个维度，提出完善知识产权质押融资风险防范的建议。

责任编辑： 石红华　　**责任校对：** 谷　洋

封面设计： 刘　伟　　**责任印制：** 孙婷婷

知识产权质押融资：法律规制

郭娅丽　吴　梅　李玉红　著

出版发行： 知识产权出版社有限责任公司	**网　　址：** http://www.ipph.cn
社　　址： 北京市海淀区气象路 50 号院	**邮　　编：** 100081
责编电话： 010-82000860 转 8130	**责编邮箱：** shihonghua@sina.com
发行电话： 010-82000860 转 8101/8102	**发行传真：** 010-82000893/82005070/82000270
印　　刷： 北京九州迅驰传媒文化有限公司	**经　　销：** 各大网上书店、新华书店及相关专业书店
开　　本： 787mm×1092mm　1/16	**印　　张：** 19.75
版　　次： 2020 年 9 月第 1 版	**印　　次：** 2020 年 9 月第 1 次印刷
字　　数： 300 千字	**定　　价：** 88.00 元

ISBN 978-7-5130-7116-1

目　录

第一章 导 论

人类社会在经历了二百余年的工业经济时代后，进入了一种新的经济形态——建立在知识和信息的生产、分配和使用上的知识经济时代，知识产权受到各国政府的重视，成为强国战略的重要组成部分。我国在2008年颁布实施的《国家知识产权战略纲要》明确指出要“引导企业采取知识产权转让、许可、质押等方式实现知识产权的市场价值”。在国家相关政策制度引导下，国家知识产权战略稳步推进。截至2017年年底，中国发明专利申请量达138.2万件，比美国、日本、欧盟和韩国四大经济体发明专利申请量之和还多；我国累计申请商标2784.2万件，商标注册1730.1万件，有效注册商标1492.0万件。[1] 2019年全国专利转让、许可、质押等运营次数达30.7万次，同比增长21.3%；专利和商标质押金额达1515亿元，同比增长23.8%；26个重点城市全年共完成专利质押3053笔，同比增长34%，占全国总量的43.2%，共计融资442亿元，有效缓解了一批创新型中小企业融资难的问题。[2]

与此相应，现代社会对财产价值的衡量，知识、技术乃至商业标记等无形财产的价值往往远大于传统的实体财产的价值，财产权的价值目标从以财产归属为中心到以财产利用为中心转变。[3] 人类对财产的利用关系日益复杂，基于知识产权的所有与使用可以多次分离并且可以多人使用的特性，知识产权的价值不断被挖掘，知识产权的创造性智力劳动促进了商业模式的不断创新，表现在法律制度上，不仅限于对知识产权使用价值的保护，而且是对其交换价值充分利用的保护，知识产权质押制度正是回应了商业实践需求的生动体现。

---

[1] 刘春田：《私权观念和科学态度是知识产权战略的根本保障——纪念〈国家知识产权战略纲要〉颁布实施十年》，载《知识产权》2018年第6期，第3页。

[2] 《国知局：2019年全国专利权和商标权质押金额达到1515亿元》，载国家知识产权局政府网站http：//www.cnipa.gov.cn/，2020年3月31日访问。

[3] 马俊驹、梅夏英：《财产权制度的历史评析和现实思考》，载《中国社会科学》1999年第1期。

1.1 研究对象与研究目标

1.1.1 研究对象

知识产权本质上是一种私权。知识产权质押是知识经济时代知识密集型企业在无法提供传统担保物的条件下，充分发掘利用其拥有的知识产权价值，以满足融资需求的手段，本质上是一种金融交易行为。本书选取文化创意产业和高新技术产业为调研对象，梳理我国关于知识产权质押的法律和政策，考察知识产权质押融资制度的脉络及不足；选取专利权、商标权、著作权三种客体，明确办理知识产权质押融资的流程；收集我国法院审理的知识产权质押融资诉讼案例，分析在知识产权质押融资中存在的问题。在此基础上，提出知识产权质押融资风险防范的思路和建议。

1.1.2 研究目标

目标一：知识产权质押融资的法律服务流程。选取商标权、专利权、版权质押融资的实例进行实证研究，提供不同客体质押融资的具体操作方法、步骤，对关键问题具体分析，对于知识产权质押融资实务操作提供参考。

目标二：知识产权质押融资诉讼案例分析。收集 2009—2019 年我国法院审理的知识产权质押融资诉讼案例，选取 16 个典型案例，重点分析知识产权质押融资中存在的问题，便于企业在实践中针对相关风险予以防范。

目标三：知识产权质押融资风险的法律规制。基于实践考察和法理论证，从诉讼风险角度分析我国知识产权质押融资规则存在的问题，从法律制度完善、政府政策扶持、融资机构防控、相关市场主体参与四个维度提出建议。

1.2 研究内容与研究方法

1.2.1 研究内容

研究内容主要有五部分：

（1）知识产权质押融资供给状况。主要以文化创意产业和高科技产业为调研对象，从知识产权质押供给和需求两个侧面，通过问卷和访谈等多种方式调研，分析知识产权质押融资的总体状况。

（2）知识产权质押融资的法律流程。首先梳理知识产权质押融资的一般流程，然后分别对不同客体质押的要点进行简要分析，目的在于帮助企业规范整个知识产权质押流程，防范其中的风险。

（3）知识产权质押融资政策及制度。梳理我国知识产权质押融资政策及法律制度，概括其主要内容，分析政策制度的特点，并介绍国外相关制度及其实践，为知识产权质押融资纠纷解决提供制度支持。

（4）知识产权质押融资诉讼案例实证分析。通过中国裁判文书网、北大法宝等检索2009—2019年法院审理的知识产权质押案件，选取其中典型案例进行深入剖析，归纳质押融资纠纷的争议焦点、风险所在。

（5）知识产权质押融资风险的法律规制。以前述调研为基础，对实践中存在的问题，从法律制度完善、政府政策扶持、融资机构防控、相关市场主体参与四个维度提出完善知识产权质押融资风险防范的建议。

1.2.2 研究方法

（1）实证分析法。法律的生命在于经验，对文化创意产业和高科技产业知识产权质押实践实地调研，归纳质押融资存在的风险，提出解决知识产权质押纠纷、防范质押风险的思路。

（2）逻辑分析法。通过运用分析、综合、批判等逻辑推理的方法，梳理现行知识产权质押融资政策制度存在的主要问题，发现政策制度实施中存在的一些规律，从法理角度进行剖析。

（3）比较研究法。对不同国家、国内不同地域知识产权质押政策制度运行的实际状况进行分析，对法院审理的案件焦点、审理要点以及裁判依据进行对比，通过纵向、横向的比较研究得出结论。

（4）价值分析法。知识产权质押融资本质上是一种金融交易行为，同时又是政府公共政策的制度选择，法律政策制度设计始终蕴含着法的效率、安全与公平的价值冲突，立足于现实国情确立价值位阶，以此完善知识产权质押融资制度。

关于研究思路、研究内容与研究方法的关系，如图 1.1 所示。

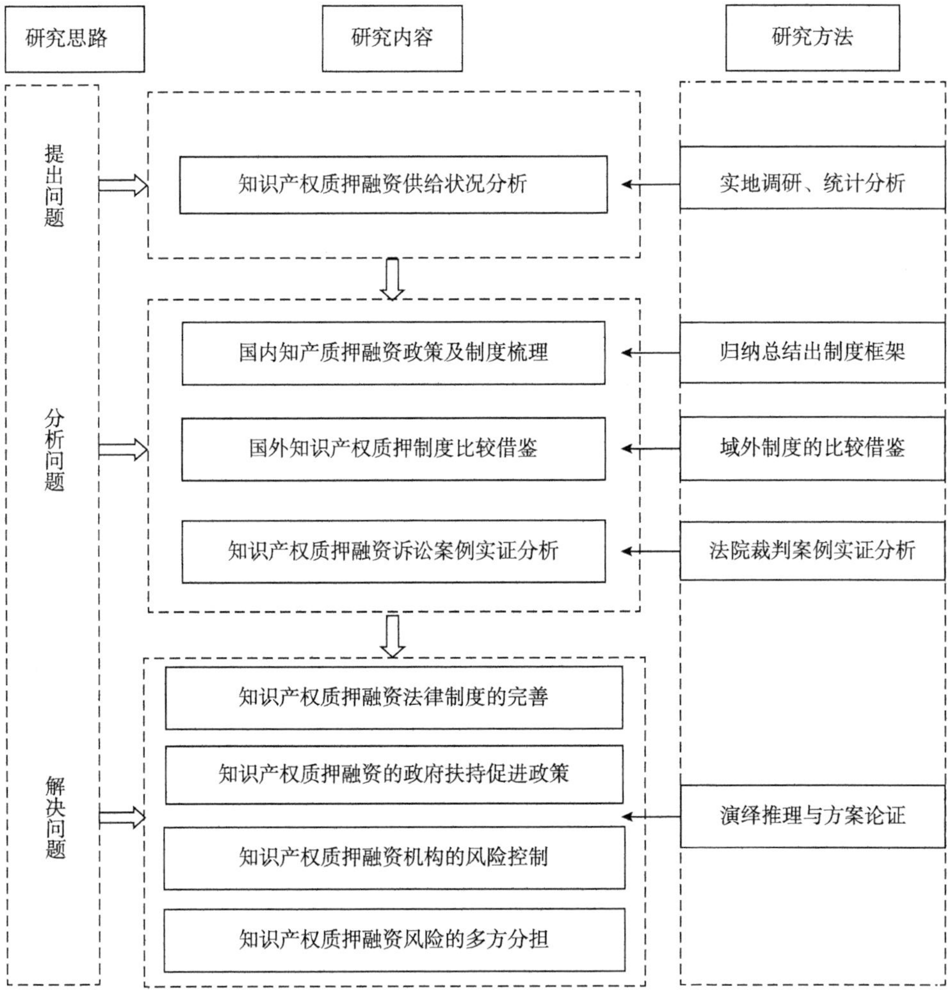

图 1.1　研究思路、研究内容与研究方法的关系

第二章　知识产权质押融资供给状况分析

为深入了解融资机构知识产权质押业务的总体情况，获得第一手资料，发现金融机构开展知识产权质押的问题、难点，课题组选择北京文化创意产业作为调研对象，对部分企业进行实地走访，调查问卷参见附录一。

2.1　知识产权质押融资供给状况总体分析

课题组委托北京英特维调查有限公司完成了 17 个贷款机构的调查数据，运用问卷网电子调查问卷的形式收集了 3 家典当行的数据。本书以这 20 家金融机构的调查问卷（见附录一）数据为基础，进行统计分析。

2.1.1　知识产权质押金融机构基本情况

2.1.1.1　知识产权质押金融机构分布情况

从表 2.1、图 2.1 可看出，目前提供知识产权质押融资服务的机构主要以国有商业银行为主，除典当行和小贷公司有业务提供外，其余机构的融资服务数均为 0。由此可见，国有商业银行承载了政府扶持中小企业的任务，主动或被动地开展知识产权质押业务；而小贷公司、典当行以其小额、快速、灵活的特点为优势，适应市场需求，抓住北京市文创行业资金需求的机遇，灵活地开展业务。

表 2.1 知识产权质押金融机构分布情况

答案选项	回复情况（家）	占比（%）
国有商业银行	16	80
民营银行	0	0
政策性银行	0	0
小贷公司	1	5
融资担保机构	0	0
典当行	3	15
其他	0	0

2.1.1.2 金融机构的注册资本分布情况

如表 2.2 所示，大多数金融机构的注册资本都在 10 亿元以上，其余 3 个资本区间的金融机构数量极少，明显低于资本为 10 亿元以上的机构。这说明大金融机构风险承受能力强，因为其有足够的实力尝试新业务并承担相应风险。

表 2.2 金融机构的注册资本分布情况

答案选项	回复情况（家）	占比（%）
10 亿元以上	17	85
1 亿～10 亿	1	5
0.1 亿～1 亿	1	5
0.1 亿以下	1	5

2.1.2 金融机构知识产权质押业务情况

2.1.2.1 金融机构开展知识产权质押的意愿

如表 2.3 所示，多数金融机构基于政府推动而开展知识产权质押服务，占比 65%。其中没有不愿意开展知识产权质押的金融机构，这不是市场选择的结果，也不符合企业规避风险的逻辑，而是调查机构在选择调研对象时仅仅选定开展知识产权质押业务的企业进行调研的结果。

表 2.3　金融机构开展知识产权质押的意愿

答案选项	回复情况（家）	占比（%）
积极主动	6	30
政府推动	13	65
不愿意	0	0
其他	1	5

2.1.2.2　开展的知识产权质押业务类型

如表 2.4 所示，商标权质押位居知识产权质押业务类型第一位，版权质押排名第二，专利权质押排名第三，应收账款质押和未来收费权质押开展数量最少。这在一定程度上表明融资服务机构对文化创意产业商标权的价值信任度较高。

表 2.4　开展的知识产权质押业务类型

答案选项	回复情况（家）
版权质押	10
专利权质押	9
商标权质押	15
应收账款质押	4
未来收费权质押	4
其他	0

2.1.2.3　开展知识产权质押业务的数量顺序

如表 2.5 所示，在金融机构开展知识产权质押业务的数量中，组合担保最多，未来收费权质押为第二位，版权许可权最少。不同开展知识产权质押业务的数量顺序相差很大。未来收费权质押受到青睐主要是因为它的稳定性，当债务人不能履行债务时，债权人有权依据合同的约定，以转让该收费权所得价款或直接获取收费款项来实现债权。

表 2.5　开展知识产权质押业务的数量顺序

答案选项	回复情况（家）	占比（%）
1、2、3、4、5	5	25
5、4、3、2、1	3	15
3、2、5、1、4	3	15
5、3、2、4、1	9	45

2.1.2.4 融资机构知识产权质押业务量占比

如表2.6所示，知识产权质押业务量少之又少，我国的知识产权质押领域仍处于起步阶段，还有很多方面需要探索完善。在受访机构中，50%业务量占比在0.1%以下，仅有10%在1%～10%。

表2.6 融资机构知识产权质押业务量占比情况

答案选项	回复情况（家）	占比（%）
10%以上	0	0
1%～10%	2	10
0.1%～1%	8	40
0.1%以下	10	50

2.1.2.5 知识产权质押业务中版权质押情况

如表2.7所示，在知识产权质押中，版权质押占比0.1%以下的有13家，0.1%～1%的有6家，1%～10%的有1家，总体上看，知识产权质押业务占比均很小。

表2.7 知识产权质押业务中版权质押情况

答案选项	回复情况（家）	占比（%）
10%以上	0	0
1%～10%	1	5
0.1%～1%	6	30
0.1%以下	13	65

2.1.2.6 融资机构文创行业知识产权质押业务的收益率

如表2.8所示，开展文创行业知识产权质押业务收益率最高的是文化艺术，其次是艺术品交易，再次是广播、电视、电影。而艺术品交易和旅游、休闲娱乐活动的收益率较低。

表 2.8　融资机构文创行业知识产权质押业务的收益率

答案选项	回复情况（家）	占比（%）
1、2、3、4	6	30
5、6、3、7	4	20
3、2、1、4	2	10
4、6、7、9	4	20
8、6、1、9	2	10
其他	2	10

2.1.3　知识产权质押业务的行业分布

如表 2.9 所示，在科技行业开展知识产权质押业务的金融机构最多，文创行业紧随其后，在其余行业开展的业务数目与它们相比较少，在制药行业开展知识产权质押业务的金融机构最少，只有 1 个。这说明北京知识产权质押的行业特点，与政府推动直接相关，体现了文化与科技双轮驱动的政策效应。

表 2.9　知识产权质押业务的行业分布

答案选项	回复情况（家）
文创行业	16
建材行业	6
通信行业	6
电子行业	5
制药行业	1
科技行业	18
其他	1

2.1.4　知识产权质押的融资成本情况

如表 2.10 所示，大多数金融机构将知识产权质押业务的贷款利率设置为基本利率上浮 20% ~30%，与其相比，较少的金融机构将贷款利率设置为基本利率上浮 30% 以上，而将贷款利率设置为基本利率上浮 10% ~20% 的机构最少，仅有 1 个。与民间借贷利率相比，机构的贷款利率较高，这说明机构的资金使用成本较高，也从侧面证明了知识产权质押的高风险性。

表 2.10　金融机构知识产权质押业务的贷款利率

答案选项	回复情况（家）	占比（%）
10%以下	0	0
10%～20%	1	5
20%～30%	13	65
30%以上	6	30

2.1.5　知识产权质权人的权利实现

2.1.5.1　贵机构知识产权质押业务的按期债权偿还率

如表 2.11 所示，知识产权质押业务的按期债权偿还率为 30%及以下的机构较少，按期债权偿还率为 50%的机构最多，按期债权偿还率为 80%以上的机构与其数目相差不大，排行第二。与传统的不动产抵押相比，知识产权的流动性较差，因而处置起来相对困难，特别是在现阶段我国知识产权保护意识普遍不高、知识产权交易市场狭小的情况下，知识产权的流转范围和交易对象相对有限，且拍卖、转让、诉讼及执行的交易成本较高，处置尤为困难。一旦企业出现经营困难，无力按期偿还贷款等情形时，商业银行难以像处置有形资产那样，迅速通过拍卖、转让等方式收回资金。

表 2.11　知识产权质押业务的按期偿还率情况

答案选项	回复情况（家）	占比（%）
80%以上	7	35
50%	10	50
30%	1	5
30%以下	2	10

2.1.5.2　融资机构知识产权质押业务中债权的实现方式

如表 2.12 所示，知识产权质押业务中债权的实现方式以债权转让最多，以较大比例的优势高于其余实现方式。债权的其他实现方式的数量差距不大，其中以诉讼最少，数目为 0，说明诉讼并非实践中实现债权的最佳手段。

表 2.12　融资机构知识产权质押业务中债权的实现方式

答案选项	回复情况（家）	占比（%）
处分知识产权	4	20
债权转让	11	55
收费权转让	3	15
诉讼	0	0
其他	2	10

2.1.6　知识产权质押的价值评估

2.1.6.1　融资机构对知识产权的价值评估采取的方式

如表 2.13 所示，知识产权评估需要很强的专业性，加之如今运用知识产权质押业务很少，所以大多数机构缺乏专业人士。在质押时，金融机构往往会采用借助专业机构评估的模式，只有少部分大型金融机构拥有雄厚的实力能够自行评估。

表 2.13　知识产权质押评估方式

答案选项	回复情况（家）	占比（%）
自行评估	4	20
专业评估机构	15	75
律所等法律服务机构	0	0
协商确定	1	5

2.1.6.2　融资机构开展知识产权质押业务时采用的评估方法

如表 2.14 所示，金融机构的评估方式多样，主要与其所从事的业务有关。不同的知识产权采用与其相适应的评估方式。其中 45% 的机构采用市场法评估，25% 的机构采用成本法评估，15% 的机构采用期权定价模型评估，15% 的机构采用收益法评估。

表 2.14　评估方法

答案选项	回复情况（家）	占比（%）
收益法评估	3	15
市场法评估	9	45
成本法评估	5	25
期权定价模型评估	3	15

2.1.7　知识产权质押的风险控制

2.1.7.1　融资机构开展知识产权质押业务的难点

如表 2.15 所示，知识产权质押如今在我国推行力度较小，应用范围存在局限，在实践中面临着诸多问题，其中 9 家机构认为办理手续烦琐，6 家认为价值不确定，6 家认为处分变现难，5 家认为中介费用多。

表 2.15　融资机构开展知识产权质押业务的难点

答案选项	回复情况（家）
价值不确定	6
办理手续烦琐	9
中介费用多	5
处分变现难	6
其他	0

2.1.7.2　融资机构贷款考察因素

如表 2.16 所示，在实践中，金融机构仍然重视所质押的知识产权变现的难易程度。知识产权由于其特殊的性质，仍然要依托于传统概念的财产，难以作为财产独立存在，其财产权的性质也难以充分发挥。

表 2.16　融资机构贷款考察因素

答案选项	回复情况（家）	占比（%）
所质押的知识产权未来的市场价值	5	25
所质押的知识产权的有效周期	6	30
所质押的知识产权的变现难易程度	9	45
其他	0	0

2.1.7.3　机构知识产权质押模式

如表 2.17 所示，在受访的 20 家机构中，采用组合担保方式的有 10 家达 50%，采用直接质押的有 6 家，间接反担保质押的有 4 家。可见，组合担保仍然是降低风险的最有效方式。

表 2.17　机构知识产权质押模式

答案选项	回复情况（家）	占比（%）
直接质押	6	30
间接反担保质押	4	20
组合担保	10	50
其他	0	0

2.1.7.4　机构针对知识产权质押的风险控制措施

如表 2.18 所示，金融机构的风险控制措施与传统财产权质押的方式基本相似，主要通过调查以往授信情况、调查财务报表等核实企业信用状况。此外，通过银行征信系统、媒体新闻等补充查证，必要时还要进行实地走访。采用何种形式控制风险，一般与其融资能力相适应，例如，典当行多采用调查以往贷款机构授信情况的方式。

表 2.18　风险控制措施

答案选项	回复情况（家）	占比（%）
实地走访	0	0
调查财务报表	7	35
以往贷款机构授信情况	8	40
人行征信系统	2	10
外部网站等渠道查询企业有无负面消息以及提供其他抵押、质押物或保证人	3	15

2.1.8　知识产权质押政策的实施

2.1.8.1　金融机构对扶持政策的了解情况

如表 2.19 所示，熟悉政府关于文创企业的扶持政策的金融机构达 5%，50%

较为熟悉；在20家融资机构中仅有1家对政策不了解。说明多数企业关注国家政策，有意识地用好用足国家政策，政策导向起到较好的效果。

表 2.19　金融机构对扶持政策的了解情况

答案选项	回复情况（家）	占比（%）
熟悉	1	5
较为熟悉	10	50
不熟悉	8	40
不了解	1	5

2.1.8.2　金融机构所享受到的政府的优惠政策

如表2.20所示，在受访的20家金融机构中，其中有16家享受到了政府奖励，说明该种扶持政策最受欢迎；有7家享受到了贷款贴息，5家享受了项目补贴，说明直接补贴政策是企业乐意接受的第二种优惠政策；另外有2家申请了担保基金，1家拥有产业基金。总体上看，直接奖励、补贴的政策优惠方式最受企业青睐，但是未与企业享受补贴后的效果挂钩。税收优惠和政府采购的扶持政策在20家融资机构中居然没有一家享受到，说明政府有必要适当调整政策设计，依据政策目标，注重效果与过程的匹配性，确保政府财政资金利用效益。

表 2.20　金融机构所享受到的政府的优惠政策

答案选项	回复情况（家）
项目补贴	5
贷款贴息	7
担保基金	2
税收优惠	0
产业基金	1
政府奖励	16
政府采购	0
其他	1

2.2　知识产权质押融资供给特点分析

以上调研是从融资机构供给角度进行的，课题组同时又联系到北京国有文化资产监督管理办公室（以下简称“北京市文资办”）进行调研，走访了一些文化创意企业，了解到企业知识产权质押的现状，概述如下。

2.2.1 北京文化创意企业知识产权质押融资案例概述

文化创意产业的知识产权质押多以著作权为质押标的。2007 年，交通银行北京分行与北京天星际影视文化传播公司的电视剧《宝莲灯后传》签订了一份以版权作为质押客体的贷款合同，成为中国影视产业版权质押贷款的第一例。此后多家文化创意公司向各大银行提出以版权质押为担保的银行贷款，如表 2.21 所示。

表 2.21　2007—2010 年文化创意企业以知识产权质押获得银行贷款大事记

时间	公司	资金来源	贷款额度	资金用途	除版权质押外的其他担保形式
2007 年	北京天星际影视文化传播公司	交通银行北京分行	600 万元	电视剧《宝莲灯后传》的拍摄	个人无限连带责任
	华谊兄弟	招商银行	5000 万元	电影《集结号》的拍摄	个人无限连带责任 + 招行对项目进行评估并全程监督 + 《集结号》票房收入专设账户监管
2008 年	华谊兄弟	北京银行	1 亿元	用于电影、电视剧的制作	个人无限连带责任
	光线传媒		1 亿元		
	保利博纳		1 亿元		
2009 年	华谊兄弟	工商银行	1.2 亿元	《唐山大地震》等 4 部影片拍摄	个人无限连带责任
	光线传媒	北京银行	2 亿元	电影、电视剧及节目制作等	个人无限连带责任 + 北京首创投保有限责任公司部分担保
	保利博纳	工商银行	5500 万元	《十月围城》《一路有你》《大兵小将》等 3 部电影的制作发行	个人无限连带责任
2010 年	新画面影业	民生银行	1.5 亿元	《金陵十三钗》的拍摄	
	博纳影业	北京银行	1.5 亿元	《龙门飞甲》等 1 部电视剧和 4 部电影的拍摄	个人无限连带责任

根据以上数据可知，在北京文化创意产业知识产权质押起步阶段，获得融资贷款的企业多为资本较为雄厚的影视文化企业，且资金用途多为著名导演、影视演员拍摄的电影、电视剧，预期未来收益较为可观。开展此业务的也多为资本雄厚的国有商业银行，贷款额度较大，例如，光线传媒一次贷款额度达到2亿元。即使如此，金融机构仍然要求除以版权质押外，以个人无限连带责任等作为组合担保。这说明版权质押的风险依然较大，银行要求影视企业必须增加其他担保。可见，对于其他文化创意行业而言，多数为中小企业，除知识产权以外再提供其他担保异常困难，因此获得贷款更为艰难。

2.2.2 北京十二家商业银行文创贷款产品特点分析

为了推动金融支持文创产业发展，2014 年，北京市文资办与十二家商业银行签约推出了特色文创产业融资产品 39 个，为北京文化创意产业获得 1200 亿元授信，以推动文化创意产业知识产权质押实践。[1] 下面以这些贷款产品及其实践应用情况为例展开分析（见表 2.22），以此反映北京融资贷款服务机构知识产权质押整体的供给状况。

表 2.22 北京十二家商业银行文创贷款产品概况

银行名称	产品名称	质押标的	种类	贷款额度	贷款期限（≤年）	应用成效
建设银行	知贷通	优质版权	1	≤500 万元	1 年	
	影视贷	《电视剧播放许可合同》所产生的应收账款，追加相应版权质押、电视剧项目投资方控股股东或实际控制人承担连带保证责任	2		贷款到期日不得超过应收账款到期日后 20 个工作日。多笔应收账款质押的，以最后的应收账款到期日后第 20 个工作日确定	

[1] 为了叙述简便，"北京市文资办与十二家商业银行签约的特色文创企业融资产品"简称为"北京十二家商业银行文创贷款产品"。书中统计数据依据北京市国有文化资产监督管理办公室编：《北京市文化创意产业投融资实务融资决策》，北京联合出版公司 2014 年版第 134－187 页整理。

续表

银行名称	产品名称	质押标的	种类	贷款额度	贷款期限（≤年）	应用成效
工商银行北京分行	影视通	企业和电视台签订的采购订单和形成的应收账款，电视播映权出售	2		贷款期限匹配影视制作回款周期，最长不超过2年	数十家中小型电视剧制作客户，累计支持电视剧30多部
	影视制作项目贷款	以电影电视可产生的未来收益作为还款来源	3		贷款期限匹配影视制作回款周期，最长不超过2年	民营电影企业、电视剧制作客户成功申请贷款，实现近20部知名电影电视剧按期拍摄、成功上映，获得较好票房收益
	影院建设及经营贷款	组合担保：信用、账户监管附加股东担保	4		最长不超过6年	某知名影院企业，2009年以来，新建影城数超过30家，其中工商银行融资的超过半数
	景区收费权支持融资	景区收费权，以企业景区的经营收入归还，提供一揽子金融服务，为该客户的多个主题公园、生态旅游项目、酒店建设项目提供金融服务	3		期限灵活	某知名文化旅游客户融资10亿元
	有线电视收费权质押融资	有线电视收费权	3		中长期项目贷款	工商银行支持，某有线电视客户
	基于广告应收款的买断型国内保理	广告应收账款	2			向415个品牌销售广告时段

续表

银行名称	产品名称	质押标的	种类	贷款额度	贷款期限（≤年）	应用成效
工商银行北京分行	文艺演出项目贷款	演出项目未来持续的票房现金流作为还款来源	3			某演出企业拟开发在京驻场演出项目，总投资4.5亿元，工商银行贷款1.5亿元，为其支付前期费用。2012年首季演出15场，上座率90%，超10万人次观演，为未来两年打下良好基础
	科技通	知识产权质押、信用	1			
北京银行	创意贷	版权质押、商标权、专利权、应收账款质押、未来收益权质押、法人无限连带责任并对优质的文化创意企业给予信用贷款	1、2、3、4			截至2013年7月末，累计审批通过创意贷近4000笔，600亿元，累计放款量在北京地区占比达50%，支持了华谊兄弟、光线传媒、博纳影业、小马奔腾等近千家文创企业
中国银行	中银影视通宝	房地产抵押、第三方保证、应收账款质押、版权质押	1、2、4			
	中银优信通宝	将房产、应收账款、知识产权、个人信用等多种担保资源进行整合，发挥担保资源的最大效用	1、2、4			

续表

银行名称	产品名称	质押标的	种类	贷款额度	贷款期限（≤年）	应用成效
中国银行	中银智贷通宝	以合法有效的知识产权做质押	1	灵活设定		
	中银应收通宝	以其合法拥有的对资质较好的下游企业的应收账款作为质押担保	2			
	中银及时通宝	以房产作为抵押	4	1000 万元	1 年	
农业银行	影视动漫贷	抵质押担保、法人及专业担保机构担保或应收账款质押、版权质押、个人无限连带责任等方式	1、2、4		3 年	
	文创小企业简式快速贷	可采用抵押、质押和保证担保等多种方式	1、4	3000 万元		
	知识产权质押贷款	以知识产权作为贷款质物	1	1000 万元		
	文创小企业智动贷	以应收账款为依托	2	核定可撤销的贷款额度内客户循环使用		
交通银行	智融通	以商标权、专利权、著作权为贷款质押物；知识产权质押与其他担保方式灵活组合	1、4	5000 万元	3 年	

续表

银行名称	产品名称	质押标的	种类	贷款额度	贷款期限（≤年）	应用成效
中信银行	版权、发行权质押贷款	以电影、电视剧的版权或发行权作为质押	1			实例：《永不消失的电波》
	应收账款质押	将合法拥有的、对下游企业的应收账款作为质押担保	2			
民生银行	基于北京市文化科技融资担保有限公司的担保贷款支持	北京市文化科技融资担保有限公司担保（由文创类中小企业以自有资产向担保机构提供反担保）	4		短期流动资金贷款或中长期项目贷款	
	应收账款质押融资模式	单笔应收账款或者应收账款池	2			
	以版权质押作为补充担保方式的融资产品	以民生银行认可的版权作为担保方式，限于依法可以转让的著作权及其邻接权中的财产权	1			
中国进出口银行	境外投资贷款					
	文化产品服务（含动漫）出口信贷					
	旅游文化国际化贷款	知名旅游景区的建设和改造、传统文化的挖掘和保护以及增强景区旅游接纳能力和运营能力而实施	3			

续表

银行名称	产品名称	质押标的	种类	贷款额度	贷款期限（≤年）	应用成效
中国进出口银行	国际会展服务设施建设贷款					
	影视文化国际化贷款					
北京农商银行	文化创意贷（1.0版）及其六个子项目	授信方式可选择授信额度循环使用，除传统的抵押、质押、保证等担保方式外，允许采用信用放款方式	1、4			
华夏银行	文创贷及其系列产品					
	系列产品1：信用贷	自身拥有版权、著作权等无形资产的小微企业，无须抵押和担保费用，仅需实际控制人提供连带责任保证	1、4			
	系列产品2：联保联贷	成立联保小组为共同责任联合体	4			
	系列产品3：担保公司保证贷款	由专业担保公司提供（企业可向担保公司提供版权质押、应收账款质押、未来收益权质押、法人无限连带责任保证、有形资产抵押等多种反担保方式）	1、2、3、4			

续表

银行名称	产品名称	质押标的	种类	贷款额度	贷款期限（≤年）	应用成效
国家开发银行	影视行业－创新质押担保中期流贷	版权质押、应收账款质押、知识产权质押、信托版权等多种方式	1、2、4		3年	支持“华谊兄弟”“华录百纳”等文化产业行业龙头企业发展
	助力文化中小企业－组合担保短期流贷	版权质押、应收账款质押、个人无限连带责任等	1、2、4			

注：1代表版权类质押标的，2代表应收账款质押标的，3代表未来收费权质押，4代表组合担保质押标的。

这些文创产业贷款产品有如下特点。

2.2.2.1 质押标的的集中性

银行针对文创产业开发的贷款产品紧密围绕企业的财产特点，大多以文创产业所享有的版权（如版权的许可权、摄制作品的许可权）或依据邻接权合同（如表演者权、出版者权、广播组织权、信息网络传播权）而产生的财产权利为质押标的。[1]

2.2.2.2 贷款用途的限定性

这些贷款产品的贷款用途大致有三类：（1）贷款用途为影视剧制作，如建设银行的影视贷、影视通、影视制作项目贷款，中国银行的中银影视通宝，农业银行的影视动漫贷，中国进出口银行的影视文化国际化贷款。（2）贷款用途为补充流动性资金，如工商银行的文艺演出项目贷款，北京银行的创意贷，中国银行的应收通宝，农业银行、民生银行、农商银行、国家开发银行的贷款产品。（3）贷款用途为固定资产投资，如中国进出口银行的旅游文化国

[1] 著作权和版权这两个概念，前者强调的是作者的权利，如作者的精神权利和财产权利；后者强调的是利用作品的权利，广义上包括作者以及邻接权人对于作品的利用，除非特别说明，本书采纳广义概念。

际化贷款、工商银行的景区收费权融资、有线电视收费权质押融资、影院建设及经营贷款。

2.2.2.3　贷款期限的灵活性

这些贷款产品的贷款期限长短不一，比较灵活，不同产品根据借款方的需求，提供贷款期限短则1年、长则6年的中长期贷款；还可以贷款期限匹配影视创作回款周期，如工商银行的影视制作项目贷款。❶

2.2.2.4　贷款额度的差别性

这些贷款产品的贷款额度差异较大，如建设银行的知贷通产品，要求以优质版权质押，贷款额度不超过500万元；而交通银行的智融通产品的贷款额度为5000万元；农业银行的文创小企业智动贷产品还可以设定可撤销的贷款额度，在此额度内自主循环使用贷款。

2.2.2.5　贷款对象的知名性

就这些贷款产品的融资主体来说，从表2-22“应用成效”一栏可以看出，这些商业银行曾经为华谊兄弟、华泰百纳、光线传媒、博纳影业、小马奔腾、某知名文化旅游企业、某知名影院企业等提供了贷款服务。以华谊兄弟为例，这是国内一家知名综合性民营娱乐为业的传媒股份有限公司，1994年由王中军、王中磊兄弟二人创立。1998年，该公司开始投资贺岁片而声名鹊起，随后全面进入传媒产业，投资及运营电影、电视剧、艺人经纪、唱片、娱乐营销等领域，2005年成立华谊兄弟传媒集团。2009年9月27日，它成为首家获准公开发行股票的娱乐公司。由此可见，这些贷款产品首先受益的主要是知名文化创意企业，其资本实力、社会声誉等方面并非行业领域中的中小创意产业所能企及。

2.3　本章小结

本章以北京文化创意产业为调研对象，委托调查机构进行了相关调研。以

---

❶ 北京市国有文化资产监督管理办公室编：《北京市文化创意产业投融资实务融资决策》，北京联合出版公司2014年版，第142页。

北京市文资办与12家商业银行签署协议推出的文创贷款产品为例，从金融机构供给知识产权质押融资产品状况及其供给特点进行了统计分析。从统计数据看，目前该行业的知识产权质押业务规模较小，总体上呈现出以下特点：质押标的的集中性；贷款用途的限定性；贷款期限的灵活性；贷款额度的差别性；贷款对象的知名性。从实践角度看，依然存在不少问题，如从融资供给侧来看，大多为资本雄厚的金融机构，主要是商业银行，特别是国有商业银行占据较大比例，主要针对实力雄厚的高科技企业、影视企业提供金融服务，说明政府扶持政策与实践的偏差。这种实践结果恰恰说明，中小企业融资需求的小额、灵活、快速特点，需要政府进一步拓宽与中小企业天然匹配的民间金融机构以满足其融资需求。

第三章　知识产权质押融资的法律流程

从前文实证分析可知，知识产权质押融资政策的主要受惠者集中于可以提供组合担保的企业，与解决中小型科技企业和文化创意企业融资难问题的政府政策初衷有龃龉之处。其原因有多方面，如：适合中小企业融资的准金融机构发育不太成熟，企业发展周期与知识产权质押融资不太匹配，企业对政府扶持政策比较陌生等。此外，企业对知识产权质押的条件流程不了解，有效利用知识产权质押融资的意识缺失也是重要方面。因此，熟悉知识产权质押的条件和流程，自觉地从法律服务角度活化利用知识产权非常重要。由于知识产权客体种类繁多，其分门别类质押流程比较复杂，本章首先就知识产权质押的一般法律服务流程作一梳理，其次分别就三种客体质押中的特殊问题展开分析。

3.1　知识产权质押融资的一般法律流程

企业确定以知识产权质押融资，首先要厘清法律关系主体，把握质物的基本情况，便于把控其中法律风险所在。

3.1.1　企业基本状况的尽职调查

关于企业基本情况，要求企业提供的基础资料包括：（1）工商企业法人营业执照及税务登记证、生产许可证等；（2）企业简况及经营优势、法定代表人简介、组织机构图、股权结构图；（3）技术产品研发情况简介，科学技术成果鉴定报告或技术产品说明书等技术鉴定资料；（4）企业销售网络分布情况；（5）企业产品质量标准；（6）企业财务状况等。

3.1.2 融资机构贷前的尽职调查

2013 年，中国银监会发布《关于商业银行知识产权质押贷款业务的指导意见》（以下简称《意见》），对银行接受知识产权客体作为质押物，明确指出以下方面的要求：（1）质物的合法性。根据《商标法》《专利法》《著作权法》及有关法律法规，该项知识产权不属于禁止和限制使用的范围。（2）质物的有效性。知识产权是一种垄断性权利，立法设定了法律保护的有效期限，超过有效期限则进入公有领域。因此，商业银行决定知识产权质押贷款期限时，要考虑各类知识产权的有效期限及其价值变动规律，以短期贷款为主。出质人要承诺按时缴纳年费等相关费用，并及时办理相关权利续展手续。否则，其权利的质押价值将不复存在。同时，有效期限的长短也将影响其担保价值，发生影响出质知识产权权属有效性、经济价值等重大事件的，应及时告知质权人并积极应对。（3）质押权利的完整性是指提供出质知识产权的证书等有关文件、资料，并保证所提供的信息真实、准确、完整、有效；未经质权人同意，不得声明放弃已出质的知识产权；积极排除他人对出质知识产权的侵害，对于因侵害获得的赔偿金，优先用于清偿质权担保项下的债务；[1] 知识产权的权属不存在权利瑕疵，不存在侵权行为等。（4）质物的权属清晰。用于质押的知识产权需获得权属证书的，要由国家相关机构依法正式授予知识产权权属证书；不需获得权属证书的，要提供由商业银行认可的相关权属证明材料。存在共同知识产权人的，应当已取得共同知识产权人的同意；属于被许可权人出质的，应当已取得原知识产权人或授权人的同意。此外，相对于动产质押、不动产抵押等担保，知识产权评估方法不同，价值差异较大，对其收益控制较为困难，其质押风险较大，原则上同一知识产权不进行重复质押，登记机关对于重复质押不予登记。知识产权质权人可以采取相关防御策略，覆盖同一权利，使得同一知识产权不可能再另外设定质押，确保质物的合法性、有效性、完整性。

3.1.3 选择适当的质押融资机构

我国的金融机构体系是以国有商业银行为主，小贷公司、典当行等准金融

[1] 2013 年，中国银监会发布《关于商业银行知识产权质押贷款业务的指导意见》之二十一。

机构为补充的体系（书中除非特别说明，统称为金融机构）。实力雄厚的商业银行提供融资服务要求客户提供完整的会计账册资料、有足够的担保物，而拥有知识产权、处于成长期的高科技企业、文创企业往往不具备商业银行的贷款条件，却又迫切需要资金支持。以北京为例，根据课题组委托调查，截至2016年11月底，全市提供知识产权质押服务的金融机构有北京银行、建设银行、中国工商银行、中国银行、中国农业银行、交通银行、中信银行、中国进出口银行、北京农商银行、华夏银行、中国民生银行、国家开发银行、招商银行、平安银行、重庆银行，南京银行、北京华夏典当行有限责任公司、易贷网金融北京海淀公司等，这些金融机构依然是以国有商业银行为主，小贷公司和典当行参与小部分业务。从各机构提供的知识产权质押产品看，均描述了产品特色优势、申请条件、服务对象等。

以典当行为例，典当行80%的收入来源于中小企业，中小企业的经营特点是“小而巧”，企业规模不大，但经营运转灵活，其资金需求表现为小额、临时、短期，90%以上的中小企业希望申请三个月或一个半月的贷款，或是申请小型的创业资金几万元，或临时性的拆借周转。有的规模较大的典当行具有从事古字画评估鉴定的优势，其放贷条件与中小企业小额性、短期性、灵活性的资金拆借需求正好匹配，可以弥补银行无法满足的资金需求，如华夏典当行等。❶

企业如需以知识产权质押融资，在选择金融机构时考虑的因素包括：（1）金融机构的资金使用成本，即贷款利率水平。（2）中介服务机构的费用。包括担保机构担保费的计算、是否要求反担保、该担保是单一担保还是组合担保；评估机构的评估费；保险机构的保险费率水平；其他机构的服务成本等。（3）不能按期还款时，知识产权的处置成本问题。（4）政策因素。了解政府对知识产权质押融资的相关政策，如政府补贴、财税、金融等方面的利好政策，以及准备相应的文件资料。

3.1.4　对知识产权的经济价值评估

对知识产权的经济价值评估包括两方面：一是质物是否为出质人的核心资产。商业银行要重点关注质物对出质人的重要性、质物所属行业的发展情况、

❶ 参见杨洋：《华夏典当行：细作典当行业》，载新浪网，http://finance.sina.com.cn/roll/20090619/10486372698.shtml，最后访问日期2020年1月5日。

国家行业政策的发展趋势、相关市场的技术发展水平，包括与质物具有竞争性或替代性的同类产品的发展情况等外部因素，以及在不造成债权损失的前提下及时处置质物的时效性、可行性。二是鉴于出质人的综合实力对知识产权市场价值的影响，商业银行也要重点关注借款人的管理架构、行业经验、业内声誉和生产经营业绩等整体情况。这些是软性资产，诸如此类的要素直接决定企业未来的发展趋势，关系到企业未来的还贷能力。

金融机构对质物的价值评估，通常会委托评估机构，《意见》强调了动态评估机制以实现对质物评估的准确性。委托外部机构评估的，要建立评估价值复核认定机制。价值评估一般采取收益法、市场法、成本重置法来评估，但是各种知识产权采取何种方式尚有不同。

商业银行要根据出质知识产权的经济价值、出质人的经营管理能力、知识产权的流通性、价值稳定性、是否组合担保等因素，并结合借款人的资信状况，审慎确定知识产权的最高质押率，对不同类型的知识产权可以采用差异化的质押率。

3.1.5 出质人与银行签订借款合同

出质人持知识产权证明和银行所需的其他相关材料向银行提出贷款申请，银行收到借款人的借款申请并进行尽职调查后，借款人与银行达成初步贷款意向，借款人委托银行认可的知识产权评估机构出具价值评估报告，并持该报告和相关材料与银行签订借款合同。

3.1.6 签订知识产权质押融资合同

商业银行与出质人签订书面质押合同，重点有三：

其一，质押标的的基本情况及其担保权实现。对质押标的的名称、内容、保护期、权属状况及其证明、质押担保范围、质权登记安排、出质人义务、质权实现方式，以及质押期间知识产权转让、许可他人使用、被撤销或被宣告无效时的处理等事项。

其二，明确出质人维护知识产权权利完整性的义务，包括提供出质知识产权的证书等有关文件、资料，并保证所提供的信息真实、准确、完整、有效；切实维护出质知识产权有效性，未经质权人同意，不得声明放弃已出质的知识产权；积极排除他人对出质知识产权的侵害，对于因侵害获得的赔偿金，优先用于清偿质权担保项下的债务。

其三，明确出质人维护质权人质权有效性的义务。包括未经质权人同意，不得转让或许可他人使用；转让或者许可他人使用出质的知识产权所得价款，优先用于清偿对质权人的债务；发生影响出质知识产权权属有效性、经济价值等重大事件的，及时告知质权人并积极应对；专利权存在被强制实施许可可能的，及时并充分实施其专利；专利权被强制实施许可的，明确许可使用费用于提前清偿债务或者予以提存。[1]

3.1.7　确定知识产权质押担保机构

商业银行要根据尽职调查掌握的借款人基本情况和出质知识产权的情况，决定采用知识产权单一担保或组合担保。组合担保方式下，由第三人为借款人提供保证的，商业银行可优先接受与借款人所属知识产权相关的同业联盟或同业协会的成员作为保证人。

融资担保是指担保人为被担保人借款融资提供担保的行为；融资担保公司是指依法设立、经营融资担保业务的有限责任公司或者股份有限公司。银行在贷款前会对企业进行评级，根据不同的评级水平决定不同的贷款利息。企业如果想减少融资成本，可以引入担保公司为自己的贷款担保，增加企业的信用等级，以达到降低利息的目的。2017 年 8 月 2 日，我国国务院公布了《融资担保公司监督管理条例》。2018 年 4 月 2 日，银监会公布了《融资担保公司监督管理条例》四项配套制度，[2] 其中，《银行业金融机构与融资担保公司业务合作指引》对二者的合作提出了指引性意见。融资担保公司本质上是对借款企业的增信机构，银担合作双方应当以书面形式签订合作协议，明确双方权利和义务。合作协议应当包括业务合作范围、合作期限、授信额度、风险分担、代偿宽限期、信息披露等内容。鼓励银行和担保机构合作双方本着互利互惠、优势互补的原则合理分担客户授信风险，双方可约定各自承担风险的数额或比例。

融资担保公司为了防止自身的风险，在签订担保合同前，一般要求提供企

[1] 《意见》之二十到二十二。

[2] 银保监发〔2018〕1 号，四项制度包括：《融资担保业务经营许可证管理办法》《融资担保责任余额计量办法》《融资担保公司资产比例管理办法》和《银行业金融机构与融资担保公司业务合作指引》。

业的以下信息：担保申请及声明、企业基本情况、企业技术状况、企业财务状况、企业经营管理与销售状况、企业法人代表个人信用调查分析评价、担保目的、金额及担保预期效果、企业可用于抵（质）押资产清单、企业印鉴留存档案等。[1] 从这些信息看，与银行对借款人的尽职调查要求提供的信息相比，某种程度上更为详尽，这主要是因为担保机构的介入，使银行得以全部或部分转嫁贷款风险，因此担保机构对其风险控制要求必须从严把控。

据委托调查结果显示，北京金融机构针对文创行业推出的金融产品中，每个金融机构均有合作的担保机构，主要包括北京首金海汇、北京森强国际、中关村科技、北京康平投资、北京首创投资、北京厚泽融资、北京钻城投资。一般而言，在选择贷款机构的同时，选择与银行合作的担保机构作为担保，因为合作的担保机构已经过金融机构的筛选，形成了彼此的信任合作关系，利于高效完成该项知识产权质押融资业务。

3.2 商标权质押融资法律流程要点分析

商标专用权质押融资是指具有品牌优势的企业用已经国家知识产权局商标局依法核准的商标专用权作质押物，从金融机构取得借款，并按约定的利率和期限偿还借款本息的一种贷款方式。

3.2.1 商标权质押客体的合法性

商标权质押的合法性，是指根据《商标法》及有关法律法规规定，该商标不属于禁止[2]和限制作为商标使用的标志。限制作为商标使用的标记，包括

[1] 参见北京石创同盛融资担保有限公司《担保申请文件》，共34页。

[2] 《商标法》第10条第1款：下列标志不得作为商标使用：（一）同中华人民共和国的国家名称、国旗、国徽、国歌、军旗、军徽、军歌、勋章等相同或者近似的，以及同中央国家机关的名称、标志、所在地特定地点的名称或者标志性建筑物的名称、图形相同的；（二）同外国的国家名称、国旗、国徽、军旗等相同或者近似的，但经该国政府同意的除外；（三）同政府间国际组织的名称、旗帜、徽记等相同或者近似的，但经该组织同意或者不易误导公众的除外；（四）与表明实施控制、予以保证的官方标志、检验印记相同或者近似的，但经授权的除外；（五）同“红十字”、“红新月”的名称、标志相同或者近似的；（六）带有民族歧视性的；（七）带有欺骗性，容易使公众对商品的质量等特点或者产地产生误认的；（八）有害于社会主义道德风尚或者有其他不良影响的。

地理名称和描述商品的标志。❶

商标权质押，首先要核查《商标注册证》。《商标注册证》是国家知识产权局商标局依照《商标法》的有关规定，颁发给商标注册人以证明其商标专用权范围的法律文书。《商标注册证》上记载的主要内容有商标（图样）、商标注册号、商标注册人名称及地址、注册商标核定使用的商品或服务项目及其类别、商标专用权的起止日期（有效期）。要求提供有关国家驰名商标和一定范围内有影响的商标的相关申报资料或认定证书；新闻媒体、消费者对商标产品质量、售后服务的相关报道和评价等反馈信息；商标产品获奖证书、企业荣誉证书、法定代表人荣誉证书等。

其次，确定质押标的范围。按照《物权法》❷ 和《担保法》❸ 规定，用于质押的商标权是指注册商标专用权中的财产权。注册商标专用权是指注册商标所有人依法对注册商标享有的独占使用权，包括注册商标转让权和注册商标许可权，这两者都是注册商标专用权中的财产权，都可以作为权利质权的标的。

注册商标转让权，是指已经国家知识产权局商标局核准注册，并在企业经营中使用的商标，可以单独转让，也可以和企业一并转让，但无论哪种转让方式，本质上均包含对企业商誉的价值评价，所以均可作为商标权质押的客体。

注册商标许可权，包括独占使用许可、排他使用许可、普通使用许可三种方式。这三种许可方式中，作为质押客体，应考虑质押之后对企业经营的影响程度来决定。

由于知识产权价值的不确定性，评估机构价值评估结果差异较大，为了防范风险，以注册商标专用权出质的，实践中原则上不允许同一商标专用权上设定多个质权。并且，金融机构一般要求出质人将在相同或者类似商品、服务上

---

❶ 《商标法》第10条第2款：县级以上行政区划的地名或者公众知晓的外国地名，不得作为商标。但是，地名具有其他含义或者作为集体商标、证明商标组成部分的除外；已经注册的使用地名的商标继续有效。第11条：下列标志不得作为商标注册：（一）仅有本商品的通用名称、图形、型号的；（二）仅直接表示商品的质量、主要原料、功能、用途、重量、数量及其他特点的；（三）其他缺乏显著特征的。前款所列标志经过使用取得显著特征，并便于识别的，可以作为商标注册。

❷ 《物权法》第223条：债务人或者第三人有权处分的下列权利可以出质：（一）汇票、支票、本票；（二）债券、存款单；（三）仓单、提单；（四）可以转让的基金份额、股权；（五）可以转让的注册商标专用权、专利权、著作权等知识产权中的财产权；（六）应收账款；（七）法律、行政法规规定可以出质的其他财产权利。

❸ 《担保法》第75条：下列权利可以质押：（一）汇票、支票、本票、债券、存款单、仓单、提单；（二）依法可以转让的股份、股票；（三）依法可以转让的商标专用权，专利权、著作权中的财产权；（四）依法可以质押的其他权利。

注册的相同或近似商标一并质押，这也是质权人采取的一种商标防御策略。如宁波东钱湖投资开发有限公司以浙江省著名商标“东钱湖”商标专用权作为质押，向浙江稠州商业银行宁波分行贷款2亿元，用于东钱湖的民生安居工程。该商标已取得了全部45类商标的注册证书，29家区内外企业在32类商品、1000万个商品上使用，是浙江省著名商标。2014年年末，经权威性评估机构评估，“东钱湖”商标的价值达到52.3亿元。[1] 这就是以全类注册商标专用权作为质押客体，目的是避免造成消费者在商品或服务来源上的混淆。

3.2.2 商标权质押客体的有效性

商标权质押的有效性，是指在商标专用权的有效期限内，如果超过有效期限，并未申请续展，宽限期届满后，商标所有人将不再享有商标专用权，则商标专用权的质押价值将不复存在。有效期限的长短也将影响其担保价值，如有的银行规定，原则上可向银行申请不超过其商标专用权价值50%的一年期以内短期流动资金贷款，中长期贷款不超过3年。用于质押的知识产权剩余有效期或保护期要长于贷款期限，专利和著作权的剩余有效期或保护期一般不少于5年。出质人要承诺按时缴纳年费等相关费用，并及时办理相关权利续展手续。

出质人将注册商标专用权出质后，应确保出质期间注册商标在使用状态。这里的商标使用，是指将商标用于商品、商品包装或者容器以及商品交易文书上，或者将商标用于广告宣传、展览以及其他商业活动中，用于识别商品来源的行为。[2] 因为根据《商标法》的规定，注册商标成为其核定使用的商品的通用名称或者没有正当理由连续三年不使用的，任何单位或者个人可以向商标局申请撤销该注册商标。如果出质的是商标专用权的转让权，受让人与出质前商标未使用的期限合并超过三年，将导致该商标被撤销，对质权人质权实现带来威胁。因此，此种情形下，为了避免出现该种不利情形，应约定出质人在出质期间仍然有使用注册商标的义务。

---

[1] 《宁波一个著名商标作质押成功换来2亿元贷款》，载财经资讯网，http：//zj. qq. com/a/20150523/008993. htm，最后访问日期2018年7月26日。

[2] 《商标法》第48条。

3.2.3　商标权质押客体的完整性

商标权质押的完整性，是指商标专用权的权属不存在瑕疵，权属清晰，不存在侵权行为等。用于质押的知识产权需获得权属证书的，要由国家相关机构依法正式授予知识产权权属证书；不需获得权属证书的，要提供由商业银行认可的相关权属证明材料。存在共同知识产权人的，应当取得共同知识产权人的同意。属于被许可权人出质的，应当取得原知识产权人或授权人的同意。

为了确保出质商标权的完整性，出质人出质后转让或许可他人使用注册商标应符合条件。根据《担保法》[1]和《物权法》[2]规定，知识产权中的财产权出质后，原则上出质人不得转让或者许可他人使用，但如果经出质人与质权人协商同意的除外。即经出质人与质权人协商同意是唯一条件，出质人转让或者许可他人使用出质的知识产权中的财产权所得的价款，应当向质权人提前清偿债务或者提存。这一点在《〈中华人民共和国民法典知识产权编〉学者建议稿》中已有规定。[3]

此外，商标权质押的完整性还要求出质人处理好与其他在先权利人的关系，不存在侵权行为等，主要包括以下几点。

第一，出质人出质前签订的商标许可合同中被许可人享有在先权利的处理。分两种情形，一是出质人出质前已经明确告知质权人有在先权利，在先权利当然不受影响，被许可人可以继续使用注册商标；二是出质人出质前未告知质权人有在先权利，被许可人的权利不受影响。由于《商标许可使用合同》并无公示程序，质权人无从知晓，则出质人违背了诚信义务，质权人可以申请撤销商标专用权质押合同，必要时可依合同约定要求借款人提前还款或提供其他形式的补充担保。

第二，预防出质后注册商标的无效和撤销。出质后的注册商标必须要保持其处于法律上的正常使用状态，如果出现注册商标被宣告无效和撤销的情形，质权人对注册商标专用权的价值将可能贬损甚至消失，为此，质权人有必要对

---

[1] 《担保法》第80条。

[2] 《物权法》第227条。

[3] 《〈中华人民共和国民法典知识产权编〉学者建议稿》第58条，参见中国知识产权法学研究会民法典知识产权编课题组：《〈中华人民共和国民法典知识产权编〉学者建议稿》"编订思路说明"，载https：//baijiahao. baidu. com/s？ id＝1578578082995322067&wfr＝spider&for＝pc，2018年8月11日访问。

此通过合同约定的方式加以防范。

已经注册的商标，有下列情形之一的，则被宣告无效。

（1）不得作为商标使用的：同中华人民共和国的国家名称、国旗、国徽、国歌、军旗、军徽、军歌、勋章等相同或者近似的，以及同中央国家机关的名称、标志、所在地特定地点的名称或者标志性建筑物的名称、图形相同的；同外国的国家名称、国旗、国徽、军旗等相同或者近似的，但经该国政府同意的除外；同政府间国际组织的名称、旗帜、徽记等相同或者近似的，但经该组织同意或者不易误导公众的除外；与表明实施控制、予以保证的官方标志、检验印记相同或者近似的，但经授权的除外；同"红十字""红新月"的名称、标志相同或者近似的；带有民族歧视性的；带有欺骗性，容易使公众对商品的质量等特点或者产地产生误认的；有害于社会主义道德风尚或者有其他不良影响的。县级以上行政区划的地名或者公众知晓的外国地名，不得作为商标。但是，地名具有其他含义或者作为集体商标、证明商标组成部分的除外；已经注册的使用地名的商标继续有效。❶

（2）就相同或者类似商品申请注册的商标是复制、模仿或者翻译他人未在中国注册的驰名商标，容易导致混淆的，不予注册并禁止使用。就不相同或者不相类似商品申请注册的商标是复制、模仿或者翻译他人已经在中国注册的驰名商标，误导公众，致使该驰名商标注册人的利益可能受到损害的，不予注册并禁止使用。❷

（3）未经授权，代理人或者代表人以自己的名义将被代理人或者被代表人的商标进行注册，被代理人或者被代表人提出异议的，不予注册并禁止使用。就同一种商品或者类似商品申请注册的商标与他人在先使用的未注册商标相同或者近似，申请人与该他人具有前款规定以外的合同、业务往来关系或者其他关系而明知该他人商标存在，该他人提出异议的，不予注册。❸

（4）商标中有商品的地理标志，而该商品并非来源于该标志所标示的地区，误导公众的，不予注册并禁止使用；但是，已经善意取得注册的继续

❶《商标法》第10条。

❷《商标法》第13条。

❸《商标法》第15条。

有效。[1]

（5）申请注册的商标，凡不符合《商标法》有关规定或者同他人在同一种商品或者类似商品上已经注册的或者初步审定的商标相同或者近似的。[2]

（6）两个或者两个以上的商标注册申请人，在同一种商品或者类似商品上，以相同或者近似的商标申请注册的，初步审定并公告申请在先的商标；同一天申请的，初步审定并公告使用在先的商标，驳回其他人的申请。[3]

（7）申请商标注册不得损害他人现有的在先权利，也不得以不正当手段抢先注册他人已经使用并有一定影响的商标。[4] 恶意抢先注册商标的行为，可以向商标局提出异议。异议人不服的，可以向商标评审委员会请求宣告该注册商标无效。

注册商标的撤销包括两种情形：（1）商标注册人在使用注册商标的过程中，自行改变注册商标、注册人名义、地址或者其他注册事项的，由地方工商行政管理部门责令限期改正；期满不改正的，由商标局撤销其注册商标。（2）注册商标成为其核定使用的商品的通用名称或者没有正当理由连续三年不使用的，任何单位或者个人可以向商标局申请撤销该注册商标。[5]

第三，出质后注册商标被侵权的风险。

实践中有些金融机构设计的知识产权质押融资产品，接受注册商标专用权作为质押物，限定对象为驰名商标，但驰名商标在实践中被侵权的风险较大。《商标法》明确了对驰名商标采取个案有效、解决纠纷的思路和原则，认定驰名商标应当考虑下列因素："（一）相关公众对该商标的知晓程度；（二）该商标使用的持续时间；（三）该商标的任何宣传工作的持续时间、程度和地理范围；（四）该商标作为驰名商标受保护的记录；（五）该商标驰名的其他因素。"[6] 传统的商标法理论着眼于"消费者混淆可能性"作为判断侵权行为的标准，我国《商标法》第 57 条具体列举规定了六种侵权行为，以及一个兜底

[1] 《商标法》第 16 条。
[2] 《商标法》第 30 条。
[3] 《商标法》第 31 条。
[4] 《商标法》第 32 条。
[5] 《商标法》第 49 条。
[6] 《商标法》第 14 条。

性条款的“其他的侵权行为”。[1] 前六种行为基于“消费者混淆可能性”，即在相同或类似商品或服务上所使用注册商标，如果将已经注册的商标使用在非竞争性商品或服务而不存在混淆可能性，但是减少、削弱该商标的识别性和显著性，导致损害商誉、吸引力下降时，是否判定为其他侵权行为？这在商标法理论上称为商标淡化行为，该行为的出现可以从商标功能发展的历史脉络中找到缘由。商标有标示商品服务来源功能、品质保证功能以及投入和广告功能，标示商品来源是最主要的功能，随着社会经济的发展，品质保证功能和广告功能遮蔽了基础功能，[2] 而这三种功能蕴含着法律保护功能从消费者权利保护到商标权人财产权保护的扩展，是二者之间权利冲突过程中法律保护侧重的选择结果。

我国商标立法中是否明确采用商标淡化理论，学界有不同认识，一种认为采用商标淡化理论，体现在1996年国家工商行政管理总局发布的《驰名商标认定和管理暂行规定》及2001年《商标法》对驰名商标的跨类保护；另一种意见认为2019年修订后的《商标法》中对驰名商标的认定及保护制度中并未采用淡化理论，仍然以“混淆可能性”为标准。[3] 最高人民法院将《商标法》第13条第2款解释为“足以使相关公众认为被诉商标与驰名商标具有相当程度的联系，而减弱驰名商标的显著性、贬损驰名商标的市场声誉，或者不正当利用驰名商标的市场声誉的”行为。[4]

---

[1] 《商标法》第57条：有下列行为之一的，均属侵犯注册商标专用权：（一）未经商标注册人的许可，在同一种商品上使用与其注册商标相同的商标的；（二）未经商标注册人的许可，在同一种商品上使用与其注册商标近似的商标，或者在类似商品上使用与其注册商标相同或者近似的商标，容易导致混淆的；（三）销售侵犯注册商标专用权的商品的；（四）伪造、擅自制造他人注册商标标识或者销售伪造、擅自制造的注册商标标识的；（五）未经商标注册人同意，更换其注册商标并将该更换商标的商品又投入市场的；（六）故意为侵犯他人商标专用权行为提供便利条件，帮助他人实施侵犯商标专用权行为的；（七）给他人的注册商标专用权造成其他损害的。

[2] 参见杜颖：《商标淡化理论及其应用》，载《法学研究》2007年第6期，第45页。

[3] 《商标法》第13条：为相关公众所熟知的商标，持有人认为其权利受到侵害时，可以依照本法规定请求驰名商标保护。

就相同或者类似商品申请注册的商标是复制、摹仿或者翻译他人未在中国注册的驰名商标，容易导致混淆的，不予注册并禁止使用。

就不相同或者不相类似商品申请注册的商标是复制、摹仿或者翻译他人已经在中国注册的驰名商标，误导公众，致使该驰名商标注册人的利益可能受到损害的，不予注册并禁止使用。

[4] 《最高人民法院关于审理涉及驰名商标保护的民事纠纷案件应用法律若干问题的解释》（法释〔2009〕3号）第9条。

在司法实践中，运用商标淡化理论作为法院裁判理由的案例并不少见，[1]究竟是否对商标权人予以反淡化保护，仍然要回到商标法保护目标的原点来分析。基于消费者的弱势地位，对其来源识别的基本功能保护力度逐渐增强是大趋势；对商标所有人而言，由于商标专用权享有续展不受限制的权利，反淡化保护的实质是对商标广告宣传功能的垄断性保护，其享有的垄断性权利不能无限扩展，且只限定于具有巨大商誉价值的驰名商标，确保其商业价值不被侵蚀和分享。同时，有观点认为，“对注册商标的淡化保护，更接近于创造了对标识本身的绝对财产权，是商标权的显著扩张，一定程度上威胁着作为稀缺资源的商业符号的自由使用，驰名商标因其知名度，往往已成为公共话语的一部分，具有社会价值，反淡化保护还可能威胁表达自由，带来荒谬的结果，有必要加以制约”[2]。

要注意的是，《商标法》对由司法或行政主导程序认定的驰名商标，其效力仅限于本案，商标所有人不得以“驰名商标”的名义进行广告宣传，[3] 虽然我国只有司法解释认可商标淡化，[4] 但司法实践中已经援引淡化理论来裁判案件，作为质权人防范风险的手段，应注意在贷后监控中，对商标淡化的侵权行为向出质人实施防范措施，避免自身权利受到影响。同时，《商标法》第58条规定，将他人注册商标、未注册的驰名商标作为企业名称中的字号使用，误导公众，构成不正当竞争行为的，依照《中华人民共和国反不正当竞争法》处理。根据反不正当竞争法规定，不限于商标的混淆行为，[5] 据此也可以要求

---

[1] 参见李友根：《“淡化理论”在商标案件裁判中的影响分析——对100份驰名商标案件判决书的整理与研究》，载《法商研究》2008年第3期，第134-145页。

[2] M. A. Lemley, The Modern Lanham Act and the Death of Common Sense, 108 Yale Law Journal 1687, pp. 1696, 1712 (1999). 转引自陈贤凯：《驰名商标淡化的科学测度——调查实验在司法中的运用》，载《知识产权》2018年第2期，第33页。

[3] 《商标法》第14条第5款：生产、经营者不得将“驰名商标”字样用于商品、商品包装或者容器上，或者用于广告宣传、展览以及其他商业活动中。

[4] 《最高人民法院关于审理商标民事纠纷案件适用法律若干问题的解释》（法释〔2002〕32号）第1条：下列行为属于商标法第52条第（5）项规定的给他人注册商标专用权造成其他损害的行为：（一）将与他人注册商标相同或者相近似的文字作为企业的字号在相同或者类似商品上突出使用，容易使相关公众产生误认的……

[5] 《反不正当竞争法》第6条：经营者不得实施下列混淆行为，引人误认为是他人商品或者与他人存在特定联系：（一）擅自使用与他人有一定影响的商品名称、包装、装潢等相同或者近似的标识；（二）擅自使用他人有一定影响的企业名称（包括简称、字号等）、社会组织名称（包括简称等）、姓名（包括笔名、艺名、译名等）；（三）擅自使用他人有一定影响的域名主体部分、网站名称、网页等；（四）其他足以引人误认为是他人商品或者与他人存在特定联系的混淆行为。

保护。贷款期限较长的，商业银行在贷款期间要加强对出质知识产权价值变化的跟踪监测，必要时可依合同约定要求借款人提前还款或提供其他形式的补充担保。

3.2.4 商标权质权合同的内容

注册商标专用权质权合同一般包括以下内容：①出质人、质权人的姓名（名称）及住址；②被担保的债权种类、数额；③债务人履行债务的期限；④出质注册商标的清单（列明注册商标的注册号、类别及专用期）；⑤担保的范围；⑥当事人约定的其他事项。

3.2.5 商标权质押的登记

金融机构与商标注册人签订质押合同后，双方应在订立书面质押合同之日起 15 日内向国家知识产权局商标局申请办理商标专用权质押登记手续；

申请注册商标专用权质权登记所需文件如下：

a. 申请人签字或者盖章的《商标专用权质权登记申请书》（见图 3.1）。[1]

b. 出质人、质权人的主体资格证明或者自然人身份证明复印件。

c. 主合同和注册商标专用权质权合同。

d. 直接办理的，应当提交授权委托书以及被委托人的身份证明；委托商标代理机构办理的，应当提交商标代理委托书。

e. 出质注册商标的注册证复印件。

f. 出质商标专用权的价值评估报告。如果质权人和出质人双方已就出质商标专用权的价值达成一致意见并提交了相关书面认可文件，申请人可不再提交。

g. 其他需要提供的材料。[2]

---

[1] 后附《商标专用权质权登记申请书》，由知识产权代理公司提供，国家知识产权局商标局制。

[2] 参见《申请注册商标专用权质权的登记、变更、延期以及注销》，发布时间：2018 年 2 月 24 日，信息来源：原国家工商总局商标局。

商标专用权质权登记申请书

质权人名称（中文）：
（英文）：
质权人地址：
法定代表人：
电话（含地区号）：
邮政编码：
代理机构名称：
出质人名称（中文）：
（英文）：
出质人地址：
法定代表人：
电话（含地区号）：
邮政编码：
代理机构名称：
出质商标注册号：
担保债权数额：
质权登记期限：　　自　　　　至　　　　。

质权人章戳（签字）：　　　　出质人章戳（签字）：

代理机构章戳：　　　　代理机构章戳：
代理人签字：　　　　代理人签字：

图 3.1　商标专用权质权登记申请书

根据国家工商行政管理总局《注册商标专用权质权登记程序规定》第 6 条规定：申请登记书件齐备、符合规定的，商标局予以受理。受理日期即为登记日期。商标局自登记之日起 5 个工作日内向双方当事人发放《商标专用权质权登记证》（见图 3.2）。

《商标专用权质权登记证》应当载明下列内容：出质人和质权人的名称（姓名）、出质商标注册号、被担保的债权数额、质权登记期限、质权登记日期。

商标专用权质权登记证

文号

出　质　人

质　权　人

被担保的债权数额

质权登记日期

质权登记期限

出质商标注册号

发证机关

图 3.2　商标专用权质权登记证

这里，有一点要指出的是，各地银行长期以来针对商标贷款附加条件往往要求驰名商标或著名商标，以后可能会有所改变，这与我国对商标本质的认识直接相关。商标专用权背后蕴含着企业产品或服务长期在市场中积累的声誉，是经过市场检验获得的，而著名商标采取由行政机关主导评审，“批量申报、批量审批、批量公布”的认定模式，驰名商标采取“一案认定，全面保护；一次认定，多年有效”的模式，是异化了的我国旧驰名商标制度。现行商标法及《驰名商标认定和保护规定》采取驰名商标遵循个案认定、被动保护的原则，❶ 且不得以驰名商标的名义进行广告宣传，使驰名商标的认定回到解决纠纷、个案有效的原则。这一改变将引导企业更加重视自身的产品或服务质量，以维持品牌的市场信誉，在市场竞争中由消费者来认可品牌，而不是政府对其信誉的背书。在《商标法》中采用了“为相关公众所熟知的商标”❷ 的提法，2017 年修改的《反不正当竞争法》也删除了“知名商品”的提法，❸ 修

---

❶ 《驰名商标认定和保护规定》(2014) 第 4 条。

❷ 《商标法》第 13 条：为相关公众所熟知的商标，持有人认为其权利受到侵害时，可以依照本法规定请求驰名商标保护。

就相同或者类似商品申请注册的商标是复制、摹仿或者翻译他人未在中国注册的驰名商标，容易导致混淆的，不予注册并禁止使用。

就不相同或者不相类似商品申请注册的商标是复制、摹仿或者翻译他人已经在中国注册的驰名商标，误导公众，致使该驰名商标注册人的利益可能受到损害的，不予注册并禁止使用。

第 14 条：驰名商标应当根据当事人的请求，作为处理涉及商标案件需要认定的事实进行认定。认定驰名商标应当考虑下列因素：(一) 相关公众对该商标的知晓程度；(二) 该商标使用的持续时间；(三) 该商标的任何宣传工作的持续时间、程度和地理范围；(四) 该商标作为驰名商标受保护的记录；(五) 该商标驰名的其他因素。

在商标注册审查、工商行政管理部门查处商标违法案件过程中，当事人依照本法第 13 条规定主张权利的，商标局根据审查、处理案件的需要，可以对商标驰名情况作出认定。

在商标争议处理过程中，当事人依照本法第 13 条规定主张权利的，商标评审委员会根据处理案件的需要，可以对商标驰名情况作出认定。

在商标民事、行政案件审理过程中，当事人依照本法第 13 条规定主张权利的，最高人民法院指定的人民法院根据审理案件的需要，可以对商标驰名情况作出认定。

生产、经营者不得将“驰名商标”字样用于商品、商品包装或者容器上，或者用于广告宣传、展览以及其他商业活动中。

❸ 《反不正当竞争法》(2017) 第 6 条：经营者不得实施下列混淆行为，引人误认为是他人商品或者与他人存在特定联系：(一) 擅自使用与他人有一定影响的商品名称、包装、装潢等相同或者近似的标识；(二) 擅自使用他人有一定影响的企业名称（包括简称、字号等）、社会组织名称（包括简称等）、姓名（包括笔名、艺名、译名等）；(三) 擅自使用他人有一定影响的域名主体部分、网站名称、网页等；(四) 其他足以引人误认为是他人商品或者与他人存在特定联系的混淆行为。

改为“有一定影响”。[1] 将企业及其商标权的价值认定交给市场去检验，遵循优胜劣汰的市场价值规律，政府不去替代市场作出选择，有利于维护良性竞争的市场秩序。

3.3 专利权质押融资法律流程要点分析

银监会对专利权质押融资的流程，与商标专用权有诸多相似之处，如银行对专利企业的尽职调查、对专利产品的基本状况调查、确定担保机构、签订合同等，这里主要就不同点进行探讨。

3.3.1 专利权质押客体的合法性

企业申请专利权质押贷款时，专利权人应持《专利证书》和银行所需的材料向金融机构提出贷款申请。根据我国《专利法》及《专利权质押登记办法》规定，专利权客体主要包括发明、实用新型、外观设计，均可以作为专利权质押客体。对于这三种客体，依据《专利法》的规定，获得专利权的条件需要具备新颖性、创造性和实用性，但各个客体具体条件又有不同。对于新颖性标准，世界各国有三种标准：相对新颖性、绝对新颖性和混合新颖性。我国过去采用混合新颖性标准，随着互联网技术的普及和应用，现行《专利法》采用绝对新颖性标准，即判定一项技术是否具有新颖性，既要求在申请人以前没有相同的技术在全世界范围内的出版物上公开过，也没有相同的技术在全世界范围内公知公用过。而一项技术是否在全世界范围内公知公用，事实上极难穷尽，因此经常成为主张侵权的一个主要理由，该项技术是否具备新颖性，具备专利权客体的合法性，也成为专利权质权人的一个重大风险所在。

对于实用新型专利，在创造性方面的要求比发明要低一些，只要“具有实质性特点和进步”，就可以申请专利权，而且我国专利法对实用新型的创造性和实用性的审查，在授予专利权之前仅进行形式审查，只要形式要件合格就授予专利权，这也给质权人带来潜在的风险，日后可能对该专利提起侵权和无效诉讼，因此，在以实用新型专利质押时，质权人对其风险应予以重视。

---

[1] 参见何可：《实施二十多年的著名商标制度将退出历史舞台》，载《中国质量报》2017 年11 月20 日。

对于发明和实用新型专利，专利法审查要求具备实用性。实用性考察的是该技术发明能否在产业上应用，产生积极的社会功能，但是能否在产业上应用，其实质是考量是否具有经济价值，这是由更为复杂的市场环境所决定的，而经济价值的挖掘和回报是金融机构最看重的因素。因此，质权人同意发明专利和实用新型专利作为质押物，必须从这方面做更多的尽职调查，以防范后期的风险。

外观设计专利在“三性”方面主要对新颖性、实用性做形式审查，由于创造性方面的不足，实践中金融机构一般不愿意接受其作为质押客体。要注意的是，授予专利权的外观设计不得与他人在申请日以前已经取得的合法权利相冲突。[1] 这主要指外观设计与其他知识产权的关系，实践中有未经许可、将他人享有权利的商标、装潢、肖像等作为外观设计专利提出申请，知识产权局进行了形式审查授予专利，显然外观设计专利权人与商标权人、版权人等存在的在先权利冲突，可能被撤销导致专利无效，因此给质权人带来风险。

此外，根据1985年我国加入的《保护工业产权巴黎公约》及《专利法》《专利法实施细则》规定，申请人自发明或者实用新型在外国第一次提出专利申请之日起12个月内，或者自外观设计在外国第一次提出专利申请之日起6个月内，又在中国就相同主题提出专利申请的，依照该外国同中国签订的协议或者共同参加的国际条约，或者依照相互承认优先权的原则，可以享有优先权。申请人自发明或者实用新型在中国第一次提出专利申请之日起12个月内，又向国务院专利行政部门就相同主题提出专利申请的，可以享有优先权。[2] 即以其在国外首次提出申请的日期为在我国境内第一次提出申请的日期。这就是我国立法中规定的国际优先权和国内优先权。如果该项质押的专利权因他人享有优先权，根据申请在先原则将可能被授予专利权，该质押的专利权将被宣告无效或被撤销。这里要特别注意两点：一是优先权不是自动产生的权利，申请人主张优先权的，应当在申请的时候提出书面声明，并且在3个月内提交第一次提出的专利申请文件的副本；未提出书面声明或者逾期未提交专利申请文件副本的，视为未要求优先权。[3] 二是国内优先权不涉及外观设计专利申请。

---

[1] 《专利法》第23条。

[2] 《专利法》第29条。

[3] 《专利法》第30条。

3.3.2 专利权质押客体的有效性

专利权质押客体的有效性是指发明、实用新型、外观设计在质押期间享有专利权，专利权终止、被宣告无效、被撤销，则质权客体不具有专利权价值，需要补充提供其他担保。专利权不具有有效性，通常包括专利权的终止和专利权的无效和被撤销。

专利权的终止。专利权是一种垄断性权利，为了平衡个体与社会公共利益，法律赋予专利权人在一定时间内享有这种权利，一旦期限届满，则进入社会公有领域，任何人均可以无偿使用。我国《专利法》规定，发明专利权自申请之日起20年届满，实用新型专利权和外观设计专利权自申请之日起10年届满。专利权的终止是指专利权期限届满之前，由于其他原因而失效。主要有两种情形：专利权人应当自被授予专利权的当年开始缴纳年费，没有按照规定缴纳年费的；专利权人以书面声明放弃其专利权的。❶ 专利年费逐年增加的制度设计，实质上是对专利本身价值的市场检验过程，专利权有效期经过的时间越长，说明专利权客体进入市场的范围越广，其享有垄断权利的市场空间越小，因而丧失了批量制造使用的"实用性"。专利权保护期限届满，专利权进入公有领域，任何人可以无偿使用，从整个社会资源配置角度来看有利于科技进步。

专利权的无效和被撤销。我国专利法中规定了认定专利权无效和被撤销的程序，包括专利复审委员会的行政复审程序和司法最终解决的诉讼程序。被认定无效和可撤销的情形分散规定在《专利法》《专利法实施细则》《专利权质押登记办法》等相关法律法规中，主要包括：（1）不属于《专利法》第2条❷、第25条❸保护的客体。（2）授予专利权的发明和实用新型，不具备新颖

---

❶ 《专利法》第33～34条。

❷ 《专利法》第2条：本法所称的发明创造是指发明、实用新型和外观设计。

发明，是指对产品、方法或者其改进所提出的新的技术方案。

实用新型，是指对产品的形状、构造或者其结合所提出的适于实用的新的技术方案。

外观设计，是指对产品的形状、图案或者其结合以及色彩与形状、图案的结合所作出的富有美感并适于工业应用的新设计。

❸ 《专利法》第25条：对下列各项，不授予专利权：（一）科学发现；（二）智力活动的规则和方法；（三）疾病的诊断和治疗方法；（四）动物和植物品种；（五）用原子核变换方法获得的物质；（六）对平面印刷品的图案、色彩或者二者的结合作出的主要起标识作用的设计。对前款第（四）项所列产品的生产方法，可以依照本法规定授予专利权。

性、创造性和实用性。(3) 对违反法律、社会公德或者妨害公共利益的发明创造，不授予专利权。对违反法律、行政法规的规定获取或者利用遗传资源，并依赖该遗传资源完成的发明创造，不授予专利权。❶ (4) 专利申请涉及需要保密的事项，一是涉及国防利益的，应当及时移交国防专利机构进行审查，国务院专利行政部门认为其受理的发明或者实用新型专利申请涉及国防利益以外的国家安全或者重大利益需要保密的，应当及时作出按照保密专利申请处理的决定，并通知申请人。二是在国内完成的发明、实用新型向外国申请专利的，应向国务院专利行政部门提出保密审查。如果未进行保密审查，可能被专利复审委员会宣告无效等。❷ (5) 同样的发明创造只能授予一项专利权。但是，同一申请人同日对同样的发明创造既申请实用新型专利又申请发明专利，先获得的实用新型专利权尚未终止，且申请人声明放弃该实用新型专利权的，可以授予发明专利权。先获得的实用新型专利权无效。❸ 综合这些情形，如果一旦已被授予专利的发明、实用新型、外观设计被宣告无效或被撤销，则专利权出质的风险加大，可能导致质权人的权利实现落空。

3.3.3 专利权质押客体的完整性

完整性是指专利权的权属不存在瑕疵，不存在权利负担等。专利权存在瑕疵，是指专利权上存在权利负担。我国《专利法》规定，如果一项专利的实施又依赖于另一项专利的实施的，国务院专利行政部门可以根据专利权的申请，给予强制许可。❹ 这是改进发明中常见的情形，出质人以其中一项作为质押物，如果该项专利权要实施，则必须向另一项专利权人支付使用费，否则构成侵权，那么，此专利权的市场价值必然打折扣。专利权被强制实施许可的，明确许可使用费用于提前清偿债务或者予以提存。此外，专利权人行使专利权

---

❶ 《专利法》第5条。

❷ 《中华人民共和国专利法实施细则》(2010) 第7条、第9条。

❸ 《专利法》第9条。

❹ 《专利法》第51条：一项取得专利权的发明或者实用新型比前已经取得专利权的发明或者实用新型具有显著经济意义的重大技术进步，其实施又有赖于前一发明或者实用新型的实施的，国务院专利行政部门根据后一专利权人的申请，可以给予实施前一发明或者实用新型的强制许可。

在依照前款规定给予实施强制许可的情形下，国务院专利行政部门根据前一专利权人的申请，也可以给予实施后一发明或者实用新型的强制许可。

的行为被依法认定为垄断行为，❶ 在国家出现紧急状态或者非常情况时，❷ 或者为了公共利益的目的，为了公共健康目的，❸ 国务院专利行政部门可以给予实施发明专利或者实用新型专利的强制许可。因此，金融机构接受专利权质押时，还应就是否有改进发明进行尽职调查，制定相应的风险防范措施。

从理论上讲，专利侵权有字面侵权、等同侵权和帮助侵权三种，特别注意的是，“世界各国实践中，专利权被宣告无效的比例是较大的。这是因为，专利权是基于申请人所提供的资料和专利局所掌握的资料，经过专利局的审查程序而授予的，没有经过社会公众，包括被控侵权人或被许可人的挑战，专利局所授予的专利权就只能是一种推定有效的专利权，至于该项专利权是否有效，还应该在司法程序中加以检验”。❹ 因此，对于质权人而言，以专利权作为质押物，其风险防范必不可少。

此外，还应注意，实践中以专利权出质的，金融机构一般要求出质人承诺将将来改进专利一并质押，这也是一种专利权质押中的防御策略。

3.3.4 专利权质押的登记

以专利权出质的，出质人与质权人应当订立书面质押合同。质押合同可以是单独订立的合同，也可以是主合同中的担保条款。❺ 我国由国家知识产权局负责专利权质押登记工作。❻ 为了适应专利事业发展需求，国家知识产权局专利局依据《设立专利代办处申报办法》，❼ 在地方知识产权局设立专利业务派出机构专利代办处，受理专利申请、收缴专利费用，从事与专利申请相关事务的查询、咨询等服务性工作，开展专利局授权或委托的其他工作，包括专利权质押登记业务。❽ 专利权质押双方涉及外国人、外国企业或外国其他组织（包括我国港澳台地区）的，当事人应当到国家知识产权局专利局进行质押登记，目前该项工作由初审部发文处负责。专利权质押双方皆为国内个人或单位的，当事人可到国家知识产权局专利局设在地方的已开展质押登记业务的代办处办

---

❶ 《专利法》第49条。
❷ 《专利法》第50条。
❸ 《专利法》第51条。
❹ 李明德：《知识产权法》，法律出版社2014年第2版，第189－190页。
❺ 《专利权质押登记办法》第3条。
❻ 《专利权质押登记办法》第2条。
❼ 国知发管字〔2001〕第176号。
❽ 《国家知识产权局专利局代办处管理规定》。

理；当事人也可到国家知识产权局专利局办理。

申请专利权质押登记时，当事人应当向国家知识产权局提交下列文件：（一）出质人和质权人共同签字或者盖章的专利权质押登记申请表（见表3.1）；（二）专利权质押合同；（三）双方当事人的身份证明；（四）委托代理的，注明委托权限的委托书；（五）其他需要提供的材料。专利权经过资产评估的，当事人还应当提交资产评估报告。❶ 这一点与注册商标专用权出质略有不同：出质商标专用权的价值评估报告，如果质权人和出质人双方已就出质商标专用权的价值达成一致意见并提交了相关书面认可文件，申请人可不再提交。

表3.1 专利权质押登记申请表

<table>
<tr><td rowspan="3">质押专利</td><td colspan="2">专利名称</td><td colspan="3">专利号</td><td colspan="3">授权公告日</td></tr>
<tr><td colspan="2"></td><td colspan="3"></td><td colspan="3"></td></tr>
<tr><td colspan="2"></td><td colspan="3"></td><td colspan="3"></td></tr>
<tr><td rowspan="2">出质人</td><td>名称</td><td colspan="4"></td><td colspan="2">电话</td><td></td></tr>
<tr><td>地址</td><td colspan="4"></td><td colspan="2">邮编</td><td></td></tr>
<tr><td rowspan="2">质权人</td><td>名称</td><td colspan="4"></td><td colspan="2">电话</td><td></td></tr>
<tr><td>地址</td><td colspan="4"></td><td colspan="2">邮编</td><td></td></tr>
<tr><td rowspan="2">代理人</td><td>名称</td><td colspan="4"></td><td colspan="2">电话</td><td></td></tr>
<tr><td>地址</td><td colspan="4"></td><td colspan="2">邮编</td><td></td></tr>
<tr><td rowspan="4">债务合同信息</td><td>合同名称</td><td colspan="3"></td><td colspan="3">债务履行期限</td><td></td></tr>
<tr><td>债务金额</td><td colspan="2">（人民币）
（外汇）</td><td colspan="3">质押金额</td><td colspan="2">（人民币）
（外汇）</td></tr>
<tr><td>债权人</td><td colspan="2"></td><td colspan="3">债务人</td><td colspan="2"></td></tr>
<tr><td>经济活动简述</td><td colspan="7"></td></tr>
<tr><td rowspan="2">专利权是否经过资产评估</td><td>是 □</td><td colspan="2">评估单位名称</td><td colspan="5"></td></tr>
<tr><td colspan="8">否□</td></tr>
<tr><td colspan="2">出质人签章：

年 月 日</td><td colspan="3">质权人签章：

年 月 日</td><td colspan="4">代理人签章：

年 月 日</td></tr>
</table>

❶ 《专利权质押登记办法》第7条。

专利权质押合同应当包含以下内容：（1）当事人的姓名或者名称、地址，当事人在申请表中所填写的出质人、质权人名称，在材料中所附具的当事人身份证明材料，应当以合同中的相应名称为依据，并保持与合同中约定的一致；（2）被担保债权的种类和数额，当事人在申请表中所填的债务人和债权人姓名或名称、债务金额信息应当以合同中写明的为准；（3）债务人履行债务的期限；（4）专利权项数以及每项专利权的名称、专利号、申请日、授权公告日；（5）质押担保的范围。一般还可以包含以下内容：（1）质押期间专利权年费的缴纳；（2）质押期间专利权的转让、实施许可；（3）质押期间专利权被宣告无效或者专利权归属发生变更时的处理；（4）实现质权时，相关技术资料的交付。[1]

我国专利权质权采取登记生效主义。专利权质押登记申请经审查合格的，国家知识产权局在专利登记簿上予以登记，并向当事人发送《专利权质押登记通知书》，质权自国家知识产权局登记时设立。[2] 专利权质押期间，出质人未提交质权人同意转让或者许可实施该专利权的证明材料的，国家知识产权局不予办理专利权转让登记手续或者专利实施合同备案手续。出质人转让或者许可他人实施出质的专利权的，出质人所得的转让费、许可费应当向质权人提前清偿债务或者提存。[3]

专利权的保护期限自申请之日起计算，专利局在形式审查后发出公告，但是授予专利需要进行实质审查，对实质审查我国采取请求审查制，要求申请人向专利局提出申请。因此，专利权的保护实质上从授予之日才具有垄断性权利，当事人积极提出申请，则意味着专利权的保护期限相对较长。可见，是否已经获得专利权，是质权人应该关注的一个要点。如果仅仅是申请阶段的发明、实用新型、外观设计，其并未获得专利权，应督促申请人积极作为，否则其尚未取得担保价值，担保意义大打折扣，蕴含着较大的风险。

经专利局审查，发现有下列情形之一的，国家知识产权局作出不予登记的决定，并向当事人发送《专利权质押不予登记通知书》："（一）出质人与专利登记簿记载的专利权人不一致的；（二）专利权已终止或者已被宣告无效的；（三）专利申请尚未被授予专利权的；（四）专利权处于年费缴纳滞纳期的；（五）专利权已被启动无效宣告程序的；（六）因专利权的归属发生纠纷或者

---

[1] 载 http：//www.ynipo.gov.cn/newsview.aspx？id＝6317，最后访问日期2018年8月2日。

[2] 《专利权质押登记办法》第12条。

[3] 《专利权质押登记办法》第16条。

人民法院裁定对专利权采取保全措施，专利权的质押手续被暂停办理的；（七）债务人履行债务的期限超过专利权有效期的；（八）质押合同约定在债务履行期届满质权人未受清偿时，专利权归质权人所有的；（九）质押合同不符合本办法第九条规定的；（十）以共有专利权出质但未取得全体共有人同意的；（十一）专利权已被申请质押登记且处于质押期间的；（十二）其他应当不予登记的情形。”[1]

3.4 版权质押融资法律流程要点分析

2012年，党的十八大明确，“要推动文化产业快速发展，到2020年文化产业成为国民经济支柱性产业”。2015年10月，中央在《关于制定国民经济和社会发展第十三个五年规划的建议》中指出，“公共文化服务体系基本建成，文化产业成为国民经济支柱性产业”。2018年3月11日，十三届全国人大一次会议举行第三次全体会议，《文化产业促进法》列入十三届全国人大常委会今后五年的立法规划建议之中，这意味着《文化产业促进法》将于5年内出台。[2] 大力发展文化产业，增强我国的文化软实力，需要金融助力文化产业的发展，越来越多的金融机构主动开拓文化产业市场，创新文化金融服务。据国家统计局发布的数据，2016年我国文化产业增加值约为3万亿元，但无形资产涉及版权质押融资主债不到30亿元，文化企业通过其核心资产——版权资产实现债权融资解决资金需求的数量与产业发展速度存在较明显差距。[3] 版权质押流程与商标权、专利权质押流程有相似之处，本部分仅就其特殊之处做一梳理。

3.4.1 版权[4]质押客体的合法性

版权质押客体的合法性，是指质押客体属于《著作权法》保护的对象。

---

[1] 《专利权质押登记办法》第12条第2款。

[2] 参见魏晓阳：《〈文化产业促进法〉未来可期》，《中国社会科学网－中国社会科学报》2018年5月3日。

[3] 马霞、裴秋菊：《版权服务如何促进文化金融落地》，载光明网，http：//theory.gmw.cn/2018－05/31/content_29069178.htm，最后访问日期2020年1月5日。

[4] 版权与著作权是英美法系和大陆法系的不同提法，前者侧重于强调对作品利用的权利，后者侧重于作者享有的权利。我国《著作权法》第57条：“本法所称的著作权即版权。”因本书侧重于对作品利用的权利，将邻接权包含在内，除非特别指出，一般情况下统一称为版权。

我国《著作权法》从正反两方面界定了版权质押客体，对作品要求具备独创性，以下列形式创作的文学、艺术和自然科学、社会科学、工程技术等作品，受到著作权法的保护："（一）文字作品；（二）口述作品；（三）音乐、戏剧、曲艺、舞蹈、杂技艺术作品；（四）美术、建筑作品；（五）摄影作品；（六）电影作品和以类似摄制电影的方法创作的作品；（七）工程设计图、产品设计图、地图、示意图等图形作品和模型作品；（八）计算机软件；（九）法律、行政法规规定的其他作品。"[1] 同时，又规定了例外情况："（一）法律、法规，国家机关的决议、决定、命令和其他具有立法、行政、司法性质的文件，及其官方正式译文；（二）时事新闻；（三）历法、通用数表、通用表格和公式。"[2] 国家依法禁止出版传播的作品，因其违反社会公共利益，不具有合法性，无法体现一定的经济价值，不能作为质押客体。

3.4.2 版权质押客体的有效性

版权与商标权、专利权不同，后二者需要向相关主管机关提出申请，获得批准后才能享有专有使用权，而版权采取自动保护主义：依据《著作权法》规定，著作权自作品创作完成之日起产生。[3] 即不论是否发表，依法享有版权。但是，由于版权客体种类较多，不同客体、不同主体其有效期有所不同：（1）自然人的作品，财产权的保护期为作者终生及其死亡后五十年，截止于作者死亡后第五十年的 12 月 31 日；如果是合作作品，截止于最后死亡的作者死亡后第五十年的 12 月 31 日。（2）职务作品、法人或者其他组织的作品，著作权（署名权除外）由法人或者其他组织享有的职务作品，其发表权、财产权的保护期为五十年，截止于作品首次发表后第五十年的 12 月 31 日，但作品自创作完成后五十年内未发表的，不再保护。（3）电影作品和以类似摄制电影的方法创作的作品、摄影作品，其发表权、财产权的保护期为五十年，截止于作品首次发表后第五十年的 12 月 31 日，但作品自创作完成后五十年内未发表的，不再保护。（4）软件著作权的有效期，自软件开发完成之日起产生。自然人的软件著作权，保护期为自然人终生及其死亡后五十年，截止于自然人死亡后第五十年的 12 月 31 日。软件是合作开发的，截止于最后死亡的自然人

[1] 《著作权法》第 3 条。
[2] 《著作权法》第 5 条。
[3] 《中华人民共和国著作权法实施条例》第 6 条。

死亡后第五十年的12月31日。法人或其他组织的软件著作权，保护期为五十年，截止于软件首次发表后第五十年的12月31日，但软件自开发完成之日起五十年内未发表的，不再保护。（5）集成电路布图设计专有权。布图设计专有权的保护期为十年，自布图设计登记申请之日或者在世界任何地方首次投入商业利用之日起计算，以较前日期为准。但是，无论是否登记或者投入商业利用，布图设计自创作完成之日起十五年后，不再受该条例保护。❶布图设计专有权属于自然人的，该自然人死亡后，其专有权在该条例规定的保护期内依照继承法的规定转移。布图设计专有权属于法人或者其他组织的，法人或者其他组织变更、终止后，其专有权在该条例规定的保护期内由承继其权利、义务的法人或者其他组织享有；没有承继其权利、义务的法人或者其他组织的，该布图设计进入公有领域。❷《集成电路布图设计保护条例》第8条规定："布图设计专有权经国务院知识产权行政部门登记产生。未经登记的布图设计不受本条例保护。"

3.4.3　版权质押客体的完整性

版权质押时，金融机构一般要求质押客体是完整有效的。所谓完整性，是指版权之上无权利负担，不存在侵权行为等。如演绎作品，是以原有作品为基础而创作出来的新作品，包括改编作品、汇编作品、翻译作品、影视作品等，这些作品行使版权时应经过原作品作者许可，才能进行再创作而形成新的作品，对新作品享有版权。如果未经过原作者同意而创作的新作品，以此作为版权质押的客体，该权利之上存在权利负担，其担保价值将会减少，这点类似于专利法中的改进发明，可能损害质权人的债权实现。《著作权法》明确规定："改编、翻译、注释、整理已有作品而产生的作品，其著作权由改编、翻译、注释、整理人享有，但行使著作权时不得侵犯原作品的著作权。"❸"两人以上合作创作的作品，著作权由合作作者共同享有。没有参加创作的人，不能成为合作作者。合作作品可以分割使用的，作者对各自创作的部分可以单独享有著作权，但行使著作权时不得侵犯合作作品整体的著作权。"❹"汇编若干作品、

❶《集成电路布图设计保护条例》第12条。
❷《集成电路布图设计保护条例》第13条。
❸《著作权法》第12条。
❹《著作权法》第13条。

作品的片段或者不构成作品的数据或者其他材料，对其内容的选择或者编排体现独创性的作品，为汇编作品，其著作权由汇编人享有，但行使著作权时，不得侵犯原作品的著作权。❶ 在版权质押实践中，往往要求出质人将其拥有或将来拥有的该著作权改编作品的著作权一并质押，这也是金融机构防御风险的一种策略。

对于计算机软件出质而言，仍然要确定其是否属于对原来软件的改编、翻译、注释、整理等，如果属于在原有软件基础上的二次改进，依然要得到原来软件所有人的同意，否则就丧失权利的完整性。此外，软件著作权的保护期限与质权期限上注意协调，因为这个行业发展迅速，“破坏性创新”可能导致出质的软件迅速淘汰而失去原来的担保价值，质权人必须采取相应的防范措施。

相较于高科技行业多以专利权和商标权作为质押客体，文创行业能够质押的知识产权客体更多表现为版权，基于作品的表现形式多样化的特点，决定了质押客体版权完整性的重要意义。而且要特别注意的是，版权的人身权利和财产权利不可分离，在行使财产权利时，不得侵犯人身权利，包括署名权、发表权和保护作品完整权，注意人身权利和财产权利之间的统一和平衡。

以著作权出质的，融资机构可以要求出质人将其拥有或将来拥有的该著作权改编作品的著作权一并质押，❷ 这也是质权人采取的一种防御商标策略。

3.4.4 版权质押的登记

我国版权质押登记部门是中国版权保护中心。中国版权保护中心是国家设立的综合性的著作权社会管理和社会服务机构，行使部分原来由国家版权局行使的职能。

《著作权质权登记办法》第2条规定：“《中华人民共和国著作权法》规定的著作权以及与著作权有关权利中的财产权可以出质。”与著作权有关权利，是指作品传播者的权利，包括表演者、录音制品制作者、广播组织等享有的权利，国外称为邻接权，作品在传播过程中，传播者付出了创造性智力劳动，并形成以一定载体表现的成果，该邻接权也可以作为知识产权质押的客体。

按照我国《著作权法》规定，作品实行自愿登记，作品不论是否登记，作者或其他著作权人依法取得的著作权不受影响。但是经过登记的作品，有助

❶ 《著作权法》第14条。

❷ 《银监会关于商业银行知识产权质押贷款业务的指导意见》之二十三，银监发〔2013〕6号。

于解决因著作权归属造成的著作权纠纷，并为解决著作权纠纷提供初步证据。因此，1994年，国家版权局就发布了《作品自愿登记试行办法》，对作品自愿登记规定了相关程序。作品是否进行版权登记，并非著作权质权登记的前置程序，但在实践中，往往要求先去做版权登记查询，确认该版权的权利状态的真实性、完整性。著作权出质期间，未经质权人同意，出质人不得转让或者许可他人使用已经出质的权利。出质人转让或者许可他人使用出质的权利所得的价款，应当向质权人提前清偿债务或者提存。❶

版权质权登记，应由出质人与质权人共同到登记机关申请办理；但出质人或质权人中任何一方持对方委托书亦可申请办理；双方也可同时委托代理人办理，代理人持代理委托书申请办理。国家版权局是著作权质押合同登记的管理机关，国家版权局指定中国版权保护中心进行著作权质押合同登记。登记机关不予登记的情形有：(1) 出质人不是著作权人的；(2) 合同违反法律法规强制性规定的；(3) 出质著作权的保护期届满的；(4) 债务人履行债务的期限超过著作权保护期的；(5) 出质著作权存在权属争议的；(6) 其他不符合出质条件的。

当事人申请著作权质权登记时，应当向登记机关提供下列材料："（一）著作权质权登记申请表；（二）出质人和质权人的身份证明；（三）主合同和著作权质权合同；（四）委托代理人办理的，提交委托书和受托人的身份证明；（五）以共有的著作权出质的，提交共有人同意出质的书面文件；（六）出质前授权他人使用的，提交授权合同；（七）出质的著作权经过价值评估的、质权人要求价值评估的或相关法律法规要求价值评估的，提交有效的价值评估报告；（八）其他需要提供的材料。"❷

著作权质权合同一般包括以下内容："（一）出质人和质权人的基本信息；（二）被担保债权的种类和数额；（三）债务人履行债务的期限；（四）出质著作权的内容和保护期；（五）质权担保的范围和期限；（六）当事人约定的其他事项。"❸

《著作权质权登记证书》的内容包括："（一）出质人和质权人的基本信息；（二）出质著作权的基本信息；（三）著作权质权登记号；（四）登记日

---

❶《著作权质权登记办法》第14条。

❷《著作权质权登记办法》第6条。

❸《著作权质权登记办法》第7条。

期。《著作权质权登记证书》应当标明：著作权质权自登记之日起设立。❶

可见，登记是版权质押的生效要件，因此，签订质权合同后，必须到中国版权保护中心履行登记手续，否则，不具有担保物权的对抗效力，对于质权人是较大风险所在。有下列情形之一的，登记机构不予登记："（一）出质人不是著作权人的；（二）合同违反法律法规强制性规定的；（三）出质著作权的保护期届满的；（四）债务人履行债务的期限超过著作权保护期的；（五）出质著作权存在权属争议的；（六）其他不符合出质条件的。"❷

集成电路布图设计比较特殊，"布图设计专有权经国务院知识产权行政部门登记产生。未经登记的布图设计不受本条例保护"。❸ 该表述并未如《著作权法》《专利法》《商标法》明确规定具体登记部门，这一点学理上有三种观点：属于著作权法保护；属于专利法保护；介于二者之间，布图设计权作为一种独立的知识产权，其专有效力居于专利权与著作权之间。❹ 实践中对集成电路布图设计区别对待，其依据主要是对设计图的保护还是对其内容的保护，分别可由中国版权保护中心或国家知识产权局专利局登记。因此，必须要经过相应部门登记才能获得专有权的保护，否则不享有专有权，作为质权客体的价值将面临较大的风险。这一点集成电路布图设计既区别于一般著作权，后者无须登记自动获得著作权保护；又区别于软件著作权，登记之后可以作为高新技术产业认定的依据。

对登记机关撤销登记，列举了以下情形：（1）登记后发现有下列情况之一的：出质人不是著作权人的；合同违反法律法规强制性规定的；出质著作权的保护期届满的；债务人履行债务的期限超过著作权保护期的；出质著作权存在权属争议的；（2）质权合同无效或被撤销的；（3）根据司法机关、仲裁机关或行政管理机关作出的影响质权效力的生效判决或行政处罚决定书应当撤销的；（4）申请人提供虚假文件或者以其他手段骗取著作权人质权登记的；（5）其他应当撤销的。❺

在整个质押过程中，在版权保护方面有风控三重门：版权登记、版权查

---

❶ 《著作权质权登记办法》第 11 条。

❷ 《著作权质权登记办法》第 12 条。

❸ 《集成电路布图设计保护条例》第 8 条。

❹ 参见郭禾：《半导体集成电路知识产权的法律保护》，载《中国人民大学学报》2004 年第 1 期，第 102 – 110 页。

❺ 《著作权质权登记办法》第 15 条。

询、质押登记。版权登记是初步证明文件，起确权作用，进行质押登记之前会对质押物进行版权质押查询，查询的目的是帮助银行和担保机构了解版权的权利状态是否完整，比如是否存在已经质押给某银行的同时，企业还在用同一个版权去其他银行进行贷款。确认版权查询结果没有问题后，签订贷款协议和担保协议共同做质权登记，登记完成时质权生效。

3.5　本章小结

知识产权质押融资是一种法律行为，有一套完整的法律流程，依据《银监会关于商业银行知识产权质押贷款业务的指导意见》，本章首先梳理知识产权质押融资的一般流程，其次对不同客体从合法性、有效性、完整性三个方面，对质押的流程、要点进行简要分析，并提示了办理质押过程中可能存在的风险，目的在于帮助中小企业规范知识产权质押流程，防范其中的风险，使其知识产权真正发挥融资担保的作用，实现知识产权的价值。

第四章　知识产权质押融资政策及制度分析

知识产权质押作为一种担保方式，在我国首先出现在担保法立法中，而知识产权质押较大范围的商业实践则是在政府主导下通过政策推动的，由此也形成一系列的政策文件，在政策引导下各地开展了知识产权质押实践，由此亦出现了知识产权质押纠纷。学者因此开始关注研究我国现行知识产权质押制度的得失，尝试构建适合我国国情的知识产权质押制度，以引导和规范我国知识产权质押的商业实践，规避其中的法律风险。本章主要就现有政策制度进行梳理（参见附录二、附录三），以便读者了解现行知识产权质押制度的概要。

4.1　我国知识产权质押政策综述

4.1.1　知识产权质押政策发展历程

随着国家对科技创新的重视和知识经济强国战略的开展，全国知识产权融资实现了快速发展，其中政府有效的政策干预引导发挥了重要的作用。2005年，中共中央委员会通过了《中共中央关于制定国民经济和社会发展第十一个五年规划建议》，提出加大知识产权保护力度，鼓励自主创新，优化创新环境，建立以企业为主体、市场为导向、产学研相结合的技术创新体系，形成自主创新的基本体制架构。2006 年，我国提出自主创新战略，国务院颁布《国家中长期科学和技术发展规划纲要（2006—2020 年）》及其配套政策，提出“实施知识产权战略和技术标准战略，在若干重要领域掌握一批核心技术，拥有一批自主知识产权”。在国家政策的指引下，2006 年 10 月，首个知识产权质押融资的成功案例落地北京。交通银行北京分行推出全新的信贷产品“展业通”，以专利发明权作为质押物，为柯瑞生物医药技术有限公司发放了知识产权质押贷款150万元，此后知识产权质押融资的试点逐渐在全国展开，国内的知识产权质押融资业务得到快速的发展。

2013年7月30日，北京银行与普天信息技术研究院有限公司共同签署了知识产权融资服务合作协议，普天研究院将以专利权作为抵押，一次性从北京银行获得2亿元的贷款融资，一举刷新了迄今为止北京市单笔专利权质押融资的最高放贷额度。[1]

2008年4月9日，国务院常务会议审议并原则通过《国家知识产权战略纲要》。2008年6月5日，国务院印发《国家知识产权战略纲要》，知识产权得到前所未有的重视，强调要“促进自主创新成果的知识产权化、商品化、产业化，引导企业采取知识产权转让、许可、质押等方式实现知识产权的市场价值”，标志着知识产权质押融资作为提升企业知识产权运用能力的重要内容上升到国家战略的高度。

2009年，国务院发布《关于进一步促进中小企业发展的若干意见》，提出要“加强和改善对中小企业的金融服务，创新金融产品和服务方式，完善财产抵押制度和贷款抵押物认定办法，采取动产、应收账款、仓单、股权和知识产权质押等方式，缓解中小企业贷款抵质押不足的矛盾”。国家知识产权局在2009年也出台了《中国保护知识产权行动计划》，对知识产权的质押登记等问题进行规划，提出要“深入研究合同登记、作品登记、质押登记等问题，推进相关规定尽快出台，促进版权产业有序发展”。同年，银监会、科技部联合发布《关于进一步加大对科技型中小企业信贷支持的指导意见》，提出“明确和完善银行对科技型中小企业信贷支持的有关政策，积极开发适合科技型中小企业特点的金融服务产品，开展专利等知识产权质押贷款业务，并选择部分银行分支机构，开展科技金融合作模式创新试点”。

2010年，财政部、工业和信息化部、银监会、国家知识产权局、国家工商行政管理总局、国家版权局发布《关于加强知识产权质押融资与评估管理支持中小企业发展的通知》（财企〔2010〕199号），提出要“建立促进知识产权质押融资的协同推进机制，各部门要充分发挥各自的职能作用，积极探索促进本地区知识产权质押融资工作的新模式、新方法，完善知识产权质押融资的扶持政策和管理机制；创新知识产权质押融资的服务机制，充分利用知识产权的融资价值，开展多种模式的知识产权质押融资业务，扩大中小企业知识产

---

[1] 刘晓春：《知识产权质押融资发展迅猛》，载《电子知识产权》2013年第9期，第35页。

权质押融资规模；建立完善知识产权质押融资风险管理机制，鼓励融资性担保机构为中小企业知识产权质押融资提供担保服务，引导企业开展同业担保业务，构建知识产权质押融资多层次风险分担机制等”。

中央宣传部、中国人民银行、财政部等部委发布《关于金融支持文化产业振兴和发展繁荣的指导意见》（银发〔2010〕94 号），提出要推动多元化、多层次的信贷产品开发和创新，对于具有优质商标权、专利权、著作权的企业，可通过权利质押贷款等方式，逐步扩大收益权质押贷款的适用范围。

2012 年，中共中央、国务院发布《关于深化科技体制改革加快国家创新体系建设的意见》，指出要“促进科技和金融结合，创新金融服务科技的方式和途径”，综合运用多种金融工具，引导银行等金融机构加大对科技型中小企业的信贷支持，“推广知识产权和股权质押贷款”。国务院办公厅转发国家知识产权局等部门《关于加强战略性新兴产业知识产权工作若干意见的通知》，指出要“促进知识产权市场应用，推动战略性新兴产业实现知识产权价值，完善知识产权投融资政策，支持知识产权质押、出资入股、融资担保。探索与知识产权相关的股权债权融资方式，鼓励开展与知识产权有关的金融产品创新，探索建立知识产权融资机构，支持中小企业快速成长”。工商行政管理总局、国家知识产权局、商务部等部委印发《关于加快培育和发展知识产权服务业的指导意见》，在知识产权商用化服务方面要“发展知识产权评估、价值分析、交易、转化、质押、投融资、运营、托管等商用化服务，推动金融机构拓展知识产权质押融资业务，鼓励融资性担保机构为知识产权质押融资提供担保服务”。

2013 年 3 月，国家知识产权局会同银监会、国家工商总局和国家版权局联合印发《关于商业银行知识产权质押贷款业务的指导意见》（银监发〔2013〕6 号），提出“推动国家设立知识产权服务业发展专项资金，有条件的地区设立知识产权服务业发展专项资金。落实高技术服务业产业化专项对知识产权服务的支持。实施知识产权服务引导项目，培育知识产权服务品牌机构，支持和引导民营知识产权服务机构健康发展。鼓励金融机构加大信贷支持，推进知识产权质押融资、产业链融资等金融产品创新。综合运用基金、贴息、担保等多种方式，引导吸引信贷资金、外资和社会资本多渠道投向知识产权服务业”。

2014 年 1 月，国家知识产权局会同中国人民银行等部门联合印发《关于大力推进体制机制创新扎实做好科技金融服务的意见》（银发〔2014〕9 号），提出要“大力发展知识产权质押融资，加强知识产权评估、登记、托管、流转服务能力建设，规范知识产权价值分析和评估标准，简化知识产权质押登记流程，探索建立知识产权质物处置机制，为开展知识产权质押融资提供高效便捷服务。积极推进专利保险工作，有效保障企业、行业、地区的创新发展。国家知识产权局等七部委印发《关于深入实施知识产权战略，促进中原经济区经济社会发展的若干意见》，提出要“推动知识产权与产业融合发展，促进中原经济区新型工业化。试点推动战略性新兴产业知识产权集群管理，打造产业集群品牌，形成产业集聚区知识产权比较优势。加强知识产权投融资服务体系建设，着力推进知识产权质押融资和专利保险工作，有效推动企业创新发展”。国家知识产权局发布《关于知识产权支持小微企业发展的若干意见》，指出要“创新知识产权金融服务，建立小微企业知识产权金融服务需求调查制度，深入开展专利价值分析服务和政策宣讲，鼓励小微企业以质押融资、许可转让、出资入股等方式拓展知识产权价值实现渠道”。

2015 年 3 月，国家知识产权局发布《关于进一步推动知识产权金融服务工作的意见》（国知发管函字〔2015〕38 号），深化和拓展知识产权质押融资工作。它提出要“加强对企业知识产权质押融资的指导和服务，鼓励和支持金融机构广泛开展知识产权质押融资业务，推动并支持银行业金融机构开发和完善知识产权质押融资产品，鼓励各类金融机构利用互联网等新技术、新工具，丰富和创新知识产权融资方式”。2015 年 12 月，国务院发布《关于新形势下加快知识产权强国建设的若干意见》（国发〔2015〕71 号），提出在加强组织实施和政策保障方面，运用财政资金引导和促进科技成果产权化、知识产权产业化，深入开展知识产权质押融资风险补偿基金和重点产业知识产权运营基金试点。

2019 年 8 月，为落实《政府工作报告》关于“扩大知识产权质押融资”和国务院常务会议的工作部署，银保监会联合国家知识产权局、国家版权局发布《关于进一步加强知识产权质押融资工作的通知》（银保监发〔2019〕34 号），立足于当前银行保险机构开展知识产权质押融资业务形成的经验和存在的困难，提出了有关政策措施，以进一步促进银行保险机构加大对知识产权运营的支持力度，扩大知识产权质押融资。它主要集中在优化知识产权质押融资服务体系方面，主要包括以下方面：（1）银行保险机构、知识产权质权登记机构应当统一思想认识、保持战略定力，高度重视知识产权质押融资工作的重要性。鼓励银行保险机构积极开展知识产权质押融资业务，支持具有发展潜力的创新型（科技型）企业。（2）支持商业银行建立专门的知识产权质押融资管理制度。大型银行、股份制银行应当研究制定知识产权质押融资业务的支持政策，并指定专门部门负责知识产权质押融资工作。（3）鼓励商业银行在风险可控的前提下，通过单列信贷计划、专项考核激励等方式支持知识产权质押融资业务发展，力争知识产权质押融资年累放贷款户数、年累放贷款金额逐年合理增长。（4）支持商业银行建立适合知识产权质押融资特点的风险评估、授信审查、授信尽职和奖惩制度，创新信贷审批制度和利率定价机制。鼓励商业银行通过科技支行重点营销知识产权质押贷款等金融产品。鼓励商业银行积极探索知识产权金融业务发展模式，根据自身业务特色和经营优势，重点支持知识产权密集的创新型（科技型）企业的知识产权质押融资需求。（5）鼓励商业银行对企业的专利权、商标专用权、著作权等相关无形资产进行打包组合融资，提升企业复合型价值，扩大融资额度。研究扩大知识产权质押物范围，积极探索地理标志、集成电路布图设计作为知识产权质押物的可行性，进一步拓宽企业融资渠道。（6）鼓励商业银行建立对企业科技创新能力的评价体系，通过综合评估企业专利权、商标专用权、著作权等知识产权价值等方式，合理分析企业创新发展能力和品牌价值，通过知识产权质押融资业务把握企业发展方向。商业银行应当积极同相关部门合作，完善对创新型（科技型）企业的认定及评价机制。支持商业银行运用云计算、大数据、移动互联网等新技术研发知识产权质押融资新模式。鼓励商业银行在提供知识产权质押融资服务基础上，为企业提供综合金融服务。

2020 年 1 月，国家知识产权局发布了《关于深化知识产权领域“放管服”改革营造良好营商环境的实施意见》，提出要“促进知识产权运用，扎实推进国家知识产权运营公共服务平台建设，加速平台与机构、基金等要素融合。扩大知识产权金融服务范围，联合相关部门建立合作机制，引导银行业提供信贷支持，推动多类型知识产权混合质押，鼓励开发知识产权综合险种，加快推进知识产权证券化试点”。

以上梳理了国家层面对知识产权质押的宏观战略，主要发文主体包括国务院、国家知识产权局、国家版权局，此外包含银监会、工信部、财政部、国家工商行政管理总局（2018 年国务院机构改革改为“国家市场监督管理总局”）等，可见，国家层面从宏观上确立了知识产权质押对于解决融资难的重要意义，但是政策落地尚需要具体配套的措施。

4.1.2　工业产权质押融资政策概述

专利权和商标权一般合称为工业产权，与商标专用权、版权相比，专利权质押在实践中较为普遍，因此从国家层面到各地政府对专利权质押的政策措施引导方面更为规范。

近几年，针对专利权质押的政策有：2017 年 8 月，国务院发布《“十三五”国家知识产权保护和运用规划重点任务分工方案》（国知战联办〔2017〕17 号），提出要“加快知识产权运营公共服务平台体系建设，为专利转移转化、收购托管、交易流转、质押融资、专利导航等提供平台支撑，提高专利运用效益。制定出台相关政策，营造良好的专利保护环境，促进高质量创造和高价值专利实施”。2017 年 9 月，国务院印发《关于推广支持创新相关改革举措的通知》（国办发〔2017〕80 号），在京津冀、上海、广东（珠三角）、安徽（合芜蚌）、四川（成德绵）、湖北武汉、陕西西安、辽宁沈阳等 8 个区域开展全面创新改革试验，在推广改革举措的内容中科技金融创新方面项包括“以关联企业从产业链核心龙头企业获得的应收账款为质押的融资服务”“面向中小企业的一站式投融资信息服务”“贷款、保险、财政风险补偿捆绑的专利权质押融资服务”。

2017 年 10 月，国家知识产权局出台了《关于抓紧落实专利质押融资有关工作的通知》（国知办函管字〔2017〕733 号），提出要“加快扩展专利质押融资工作覆盖面，提出在 2018—2020 年以年均 20% 以上的增长目标（新增服务企业数量或项目数）制订各省推进专利质押融资工作方案（2018—2020 年）。抓紧建立健全风险分担及补偿机制，国家专利质押融资风险补偿试点省份要在落实《关于引入专利质押融资保证保险完善专利质押融资风险补偿机制的通知》（国知办函管字〔2017〕96 号）要求的基础上，加快组织省内有关地市深化创新试点工作。发挥试点效应，尽快建立健全专利质押融资风险分担及补偿机制。试点省份要在原要求的基础上加快组织省内有关地市深化创新试点工作，尚未建立风险补偿机制的省份，要引入专利保险机制，设立地方性风险补偿资金，积极引导企业为质押项目购买专利执行保险和融资保证保险，2018 年上半年实现贷款、保险、财政风险补偿捆绑的专利权质押融资项目落地”。

在中央政策的指引下，各地结合实际进行了有益的探索，据统计，至少有十二个省、自治区、直辖市颁布了关于专利权质押的规范性文件，包括北京、天津、甘肃、山东、河北、浙江、福建、海南、河南、贵州、新疆、广西等（参见附录三《知识产权质押融资地区性法规及相关政策》）。但是也存在一些问题：第一，鉴于专利权价值实现的不确定性，将一些专利权排除在专利权质押贷款的范畴之外。例如，北京市知识产权局发布施行的《关于促进专利权质押和专利项目贷款的暂行办法》和天津市知识产权局发布施行的《专利权质押贷款操作暂行办法》，均要求专利项目处于实质性的实施阶段，初具产业化经营规模，具有一定的市场潜力。这样一些技术不成熟、产业化困难、市场前景不好的专利技术排除在可质押担保的财产之外。第二，鉴于专利权价值难以评估及其实现的不确定性，专利权人只能以专利权评估价值的一定比例作为质押担保。例如，湘潭市的《专利质押贷款管理办法（试行）》规定："专利权质押贷款的额度最高不得超过专利权评估价值的30%。"第三，许多地方引入担保公司实现专利权质押贷款，加强对银行风险的控制，不接受专利权作为唯一的担保。北京市《关于促进专利权质押和专利项目贷款的暂行办法》不允许企业直接将专利权作为其借款合同的担保，而是由担保公司为企业借款合同提供担保，企业将专利权作为反担保措施质押给担保公司。在天津市《专利权质押贷款操作暂行办法》中，对实用新型、外观设计专利权也是先将其质押给担保公司，然后由担保公司为企业和银行之间的借款合同提供担保。第四，对大额借款合同，专利权质押只能作为该合同部分借款的担保方式。例如，天津市《专利权质押贷款操作暂行办法》规定："符合贷款银行制定的发明专利权质押贷款客户准入条件，企业法人单位注册资金在1500万元以上，事业法人单位注册资金在500万元以上的发明专利权质押贷款，只作为全部贷款的部分担保形式（专利权质押担保权重最高为40%），其余部分借款人仍须提供符合法律规定的贷款银行认可的其他担保（抵押、质押、保证）方式。"第五，质权人对专利权质押贷款项目将来实施情况的知情权缺乏规定，更谈不上质权人可以对专利项目产生的收益进行某种程度的控制，而专利项目的实施情况、专利项目产生的收益才是专利权质押担保实现的关键。要促进专利权质押担保，政策的设计必须就质权人对专利项目的知情权和收益的控制作出合适的制度安排。

从商标权质押的实践来看，多数和专利权等其他政策融合在一起，其中，近年来专门针对商标权质押的文件有：2016年，国务院在《关于发挥品牌引领作用推动供需结构升级的意见》（国办发〔2016〕44号）的制定激励政策方面提出，积极发挥财政资金引导作用，带动更多社会资本投入，支持自主品牌发展，鼓励银行业金融机构向企业提供以品牌为基础的商标权、专利权等质押贷款，发挥国家奖项激励作用，鼓励产品创新，弘扬工匠精神。

国家工商总局发布《关于深入推进“放管服”多措并举助力小型微型企业发展的意见》（工商个字〔2017〕70号），提出要指导小微企业利用注册商标质押融资，拓宽小微企业融资渠道，降低融资成本。

国务院在《关于推广第二批支持创新相关改革举措的通知》（国办发〔2018〕126号）提出要简化质押登记流程，建立商标质物处置机制，通过贷款贴息等方式，开展商标权质押贷款等无形资产质押融资，拓展中小企业融资途径。其中发布的23项举措，在科技金融创新方面涵盖了“以协商估值、坏账分担为核心的中小企业商标质押贷款模式”，由中国人民银行、中国银保监会、工业和信息化部、国家知识产权局负责指导“简化质押登记流程，建立商标质物处置机制，通过贷款贴息等方式，开展商标权质押贷款等无形资产质押融资，拓展中小企业融资途径”等具体内容。

2019年，国家知识产权局在《关于做好第一批知识产权强省建设试点经验与典型案例复制推广工作的通知》总结了各省的经验，对四川省的以协商估值、坏账分担为核心的中小企业商标质押贷款模式进行了肯定。针对中小企业因缺少土地、房屋、机器设备等有形资产，没有抵押物很难获得银行贷款，而商标作为无形资产被抵押时面临着价值评估难、贷款风险高等问题很难获得贷款的现状，四川省德阳市建立“质权商标估值”银企协商模式，通过建立“价值认定小组”和“价值认定内控程序”，全面推行质权商标协商估值，降低企业贷款成本。对确认开展商标质权贷款的合作银行和保险机构，政府按放贷金额给予一定比例的工作经费补助。对企业用商标专用权到合作银行进行质押贷款产生的评估费、保险费和利息，政府给予一定补贴。

4.1.3 著作权质押融资政策概述

著作权质押融资多数体现在文化产业，文化产业是与传统物质生产产业相对而言的概念。2004年，国家统计局在《文化及相关产业分类的报告》中，将文化产业覆盖的九大类别行业划分为核心层、外围层和相关服务层，同时界定文化产业的概念为“为社会公众提供文化、娱乐产品和服务的活动，以及与这些活动有关联的活动的集合”。而文化创意产业则是捕捉了大量“新经济”企业的动态，是以新媒体技术发展为背景，描述创意艺术（个人才能）和文化产业大规模在概念和实践层面上的融合，而发展创新的文化产业的更高形态，强调创意、创造力对于经济发展的创造力。❶ 在相关概念的使用方面，一直存在多种说法。我国政府及专家学者对文化创意产业进行了深入研究和市场调查，国家统计局及北京、上海等国内部分省市分别针对文化及相关产业、文化创意产业、创意产业等不同提法统一了分类标准，将我国的文化创意产业定义为“以创作、创造、创新为基本手段，以文化内容和创意成果为核心价值，以知识产权实现或消费为交易特征，为社会公众提供文化体验的具有内在联系的行业集群”。其具体包括十大类、三十八个小类。

2006 年 11 月 7 日，北京市委宣传部、北京市发改委公布《北京市促进文化创意产业发展的若干政策》，提出创新知识产权保护和服务体系，研究制定文化创意产业知识产权保护和促进办法。鼓励知识产权评价机构发展，建立健全知识产权信用保证机制。政府进一步完善中小企业融资担保机制，支持和引导担保机构为本市中小企业特别是中小文化创意企业、中小高新技术企业的融资提供担保，并鼓励金融机构开展文化创意企业知识产权权利质押业务试点。❷

2009 年 7 月 3 日，中国人民银行营业管理部、中国银行业监督委员会北京监管局公布《关于金融支持首都文化创意产业发展的指导意见》，指出首都文化创意资源正逐步转化为产业发展优势，初步形成以软件、网络及计算机服务，新闻出版，设计服务和广播、电视、电影等四大行业为主体，文化艺术、旅游休闲娱乐、广告会展、艺术品交易等行业快速增长的发展态势，在全国文化创意产业中形成相对优势。要深入调研文化创意产业的信贷需求，积极稳妥推出多层次信贷创新产品，对于拥有商标权、专利权、版权等核心知识产权的文化创意企业，通过与资产评估公司和律师事务所合作评估，以知识产权质押发放贷款给予重点支持，并可根据借款企业实际情况，采取多种还款方式。推进应收账款融资业务的顺利开展，逐步扩大收益权质押贷款范围，对未来收益现金流稳定的文化创意企业，根据现金流情况可采取等额本金、等额本息等还款方式，支持企业发展。❸

2009 年 9 月 26 日，国务院发布《文化产业振兴规划》，提出了加快文化产业振兴的重要性和紧迫性。2010 年，中宣部等多部门联合发布《关于金融支持文化产业振兴和发展繁荣的指导意见》，提出加大金融业支持文化产业的

---

❶ 参见李庆本等：《文化创意产业》，北京大学出版社 2015 年 1 月版，第 13 – 14 页。

❷ 《北京市促进文化创意产业发展的若干政策》第 10 条、第 16 条。

❸ 《关于金融支持首都文化创意产业发展的指导意见》之（五）、（十一）。

力度，推动文化产业与金融业的对接，对于具有优质商标权、专利权、著作权的企业，可通过权利质押贷款等方式，逐步扩大收益权质押贷款的适用范围。

2011 年，最高人民法院发布《关于充分发挥知识产权审判职能作用推动社会主义文化大发展大繁荣和促进经济自主协调发展若干问题的意见》，[1] 该文件虽然未明确提出知识产权质押的问题，但是其中蕴含的促进社会主义文化发展繁荣，“强化利益平衡观念，把利益平衡作为知识产权司法保护的重要基点，统筹兼顾智力创造者、商业利用者和社会公众的利益，协调好激励创造、促进产业发展和保障基本文化权益之间的关系，使利益各方共同受益、均衡发展”的思想，包含了知识产权合理商业化利用的精髓。在该意见指导下，北京市高级人民法院公布了《关于服务首都文化创意产业发展的指导意见》，[2] 分别就文化艺术行业、新闻出版行业、广播电视电影行业、软件、网络及计算机服务行业、旅游、休闲娱乐行业制定了加强首都文化创意产业知识产权司法保护的具体政策。

各地出台了加快发展文化创意产业的扶持政策，如上海、福州、深圳等，鉴于文化创意产业普遍具有“轻资产、高风险、高投入、高回报”的特点，加之资金回报周期长，目前银行对文化产业提供融资所要求的担保方式大致形成了三种模式：一是“政府专项基金 + 担保机构信用担保”。政府部门设立了文化产业发展专项资金，将文化产业发展专项资金的一部分托管给信用担保机构，为符合条件的文创企业申请银行贷款提供担保。二是“知识产权质押 + 专业评估”。银行借助评估机构对项目进行评估，以文创企业知识产权（如版权、专利权、商标权等）作为主要担保方式，这在一定程度上解决了中小文化创意企业缺乏传统抵押品的问题。三是“知识产权质押 + 其他担保手段”。如电影《十月围城》在拍摄初期曾面临千余万元的资金缺口，企业通过“版权质押加个人连带保证”方式从工商银行获得千余万元贷款，从而保证了拍摄的顺利进行。

4.1.4 知识产权质押融资风险分散措施

如前所述，我国知识产权质押主要是在政府主导下进行的，为了促进和发展知识产权质押融资，发展高科技产业和文化创意产业，解决中小企业融资难

---

[1] 法发〔2011〕18 号。

[2] 京高法发〔2013〕25 号。

问题，政府采取了包括财政、金融、信贷、税收以及风险控制等多种政策措施。鉴于本丛书其他著作已就前几个政策作出详细分析，本书仅限于对风险分散措施的分析，现有政策主要包括以下几个方面。

4.1.4.1 保证资产收购价格机制

保证资产收购价格机制是指当企业向金融机构提出知识产权质押融资请求时，信用担保机构或知识产权质押担保机构做出承诺，保证知识产权质押到期时由该机构用预定的价格予以收购。即当企业到期不能偿债时，如果提供融资的金融机构处置质押的知识产权有困难时，可以用预定的价格售予做出到期收购价格保证的机构。这种机制对企业所提供的知识产权给予信用加强，对于融资机构做出了到期购买的保证和价格的承诺，可以免除当企业不能偿还借款时，金融机构处置知识产权会面临的市场风险。这种机制与信用担保不同，它不是承担企业清偿融资债务的补偿担保责任，而是增强质押的知识产权的信用。其承诺的预期收购价格和融资全额之间有适当的比例，一般在 50% ~ 80%。这种机制的运作目前在美国有商业公司在开展，但在美国商业公司的实际操作中，对于企业所提供质押的知识产权有严格的评估机制和复杂的流程，对用于质押的知识产权质量要求苛刻，因此适用范围不广。

4.1.4.2 联合担保机制

我国一些金融机构在已开展的知识产权质押贷款业务中，采用了资产评估机构、律师事务所和质押人三方联合担保制度，即由资产评估机构对其针对的具体的知识产权做出的评估价值予以担保，律师事务所对其针对的具体的知识产权的法律状态予以担保。这种三方联合担保制度有一定的可取性，但在实践中很难推广。其根本原因在于知识产权价值的波动性，资产评估机构可能对当期的知识产权价值作出比较准确的评估，但对于知识产权质押合同到期日的价值预测很难作出判断，所以资产评估机构对于大多数的知识产权价值评估不敢给予充分保证。

4.1.4.3 知识产权质押反担保机制

所谓知识产权质押反担保，其实是对信用担保贷款的一种反担保。企业在向金融机构提出贷款请求，由信用担保机构给予信用担保，当企业到期不能偿债时，由信用担保机构承担补偿担保责任。而信用担保机构作为信用担保承诺的前提是，企业要用其所拥有的知识产权作为信用担保的反担保。当企业到期不能偿债，信用担保机构承担补偿担保责任后，就可以获得作为反担保的企业知识产权处置的优先受偿权。这项机制其实是信用担保的一种，把知识产权质押中可能产生的风险承担由金融机构转向担保机构。在实践中，这种担保还是基于对企业信用的评估，而不是基于对知识产权的考量。知识产权质押在此只是信用担保机构为了减少单纯的信用担保的风险而设置的，出于有胜于无的考虑。

4.1.4.4　风险补偿机制

知识产权质押融资风险补偿机制，是指设立一个专项基金，当金融机构发放知识产权质押贷款到期后，企业未能还款，通过处置质押品不能完全实现其债权时，由专项基金给予未实现债权的款项补偿。该专项基金可以由很多的中小企业联合设立，实行会员制，对基金成员企业给予知识产权质押融资的补偿担保，也可以由政府与企业共同出资设立。这种风险补偿机制是一个比较好的解决金融机构进行知识产权质押贷款商业风险过高的方法，但其局限性在于如果专项基金总额过小，基金成员太少，基金的运转就会产生问题。目前，这种补偿机制在我国的一些地方已开始进行地方层面的实践。

4.2　我国知识产权质押制度的主要内容

4.2.1　知识产权质押的客体

就知识产权质押的客体，立法上规定比较概括。1995 年颁布的《中华人民共和国担保法》是知识产权质押融资在我国发展的一个标志性文件，该法第七十五条规定，依法可以转让的商标专用权、专利权、著作权中的财产权可以质押。

2007 年《物权法》第 223 条规定，可以出质的权利范围包括：“……（五）可以转让的注册商标专用权、专利权、著作权等知识产权中的财产权……”从《担保法》到《物权法》，可质押的知识产权有所扩大，包含了除商标专用权、专利权、著作权中的财产权外，还包括其他形式的知识产权，从文义解释的角度看，例如，商业秘密、地理坐标、植物新品种、集成电路设专有权等均应包括在内，但是实践中主要限于明确列举的几种知识产权，具备以下特点。

（1）客体的非物质性。非物质性是指对知识产权的客体不发生有形控制的占有，不发生有形损耗的使用，不发生消灭的实事处分和有形交付的法律处分。知识产品的这一特点决定了知识产权质押担保不发生转移占有问题。出质人在出质期间对其出质知识产权的转让或许可他人使用等日常经营行为，有可能导致知识产权价值下降，影响担保债权的实现，对此贷款银行也很难了解。这与动产质押担保物的转移占有相比，债权的保障性较弱。

（2）价值的不确定性。知识产权的价值，是指知识产权能够为其拥有者创造未来收益的现值。因此，知识产权的价值具有较大的不确定性。与动产担保物价值的相对稳定性相比，这一特点是制约债权人接受知识产权质押担保的主要原因，因为担保物价值的相对稳定是主合同债权在未获清偿时得以实现的前提。专利权的价值随着专利技术产品市场的变化、技术的进步及相关技术的成熟、经济形势的变化和专利权有效期的变化而具有不断衰减性。因此，在专利权质押期间，加大专利技术的开发利用，使之转化为现实生产力，才是债权实现的有效担保。商标权价值依赖商标使用人对商标信誉的时刻谨慎地维护和对其标注产品质量的严格把关。随着产品质量的提高和商标信誉的增强，商标权的价值则会不断地增加，相反，任何一点纰漏都会使商标权的价值急剧下降，甚至变得一文不值，如果连续 3 年不用还要被撤销。因此，在商标权质押期间，商标使用人正确使用商标，保证产品质量，维护商标信誉，是保证商标权质押合同得以履行的关键。

（3）变现的高成本性。质押本质上是以质押物变价的交换价值作为债权实现的担保。银行之所以发放担保贷款，无非是在其所担保的债权届清偿期时，能获得及时足额的偿还。就知识产权质押而言，知识产权的转让或许可他人使用，往往受到技术、市场、法律、商品信誉等多种因素的影响，知识产权的流动性远远不及有形财产，因而对之进行处分相应要比处分有形财产更加困难。加之知识产权变现还需要聘请专家评估，并经过严格的转让程序等，牵涉银行较多的人力、物力和财力，致使变现成本往往高于其他物权。在现阶段国内知识产权意识普遍不高、知识产权交易市场还没有形成的情况下，知识产权的变现尤显困难。与有形财产担保物的易变现性相比，这一特点也是债权人难以接受知识产权质押担保的重要原因。

4.2.2 知识产权出质人的义务

我国《担保法》第 80 条规定:“权利出质后，出质人不得转让或者许可他人使用，但经出质人和质权人协商同意的可以转让或者许可他人使用。”但是无论从理论角度还是从实践操作层面看，该规定均具有不合理性。

从理论上看，担保物权的成立，以债权的存在和有效为基础，其直接目的在于保证债权的清偿，使得债权人对于担保标的物享有优先受偿的权利，从而加强和补充债权的效力，专利权质权亦不例外。理论上担保物权以“优先支配担保物之交换价值为内容，通过对担保物的交换价值的支配达到确保债权的目的”，因而担保物权与以物之使用收益为目的的用益物权不同。就用益物权而言，权利人对标的物进行具体的使用、收益或利用，而担保物权则不是以对标的物本身直接的使用、收益或利用为目的，而是以支配标的物的交换价值确保优先受偿为目的。正是上述差异的存在，用益物权被称为实体权，担保物权被称为价值权。也正是这种差异的存在使得在同一物（财产性权利）上设定用益物权和担保物权成为可能。

就专利权而言，权利人既可以利用其交换价值进行出质担保，又可以对专利权进行具体的实施、许可实施并获取收益。尤其是在法律明文规定质权及于实施的收益、许可实施费等收益时，出质专利权的实施、许可实施并不当然危害质权人的利益。正如有学者所论及的，质权为支配质物的交换价值的权利，对于出质人不妨碍质物交换价值的处分或用益没有干涉的必要。因此，不问具体情形仅以质权的存在就限制出质人对出质专利权的转让、许可实施是不恰当的。另外，物（财产性权利）的主要作用体现在两方面，一是利用其使用价值在生产经营中发挥现实的作用；二是利用其交换价值作信用担保以保证债务的履行来获取必需的资金技术设备等。从物（财产性权利）的社会经济效益上看，上述两种使用并存是十分必要的。

从实践层面看，该规定忽视了专利权作为质权标的的特殊性，忽视了专利权的价值特点。与其他质权标的不同，专利权的经济价值主要为转让、实施、许可实施而获得收益。离开了专利权转让、实施、许可实施这些中间环节，专利权的经济价值无从体现，限制出质专利权的转让、实施、许可实施实际上限制了专利权人经济利益的实现。主要存在以下几个方面的问题。

第一，忽视了专利权人的利益。专利权具有时间性，只在法律规定的期间受到保护，而出质的期间也只能在专利权存续期间内。如果因出质而限制出质人对出质专利权的转让、许可实施，实际上等于限制甚至剥夺了专利权人转让、许可实施的权利，使权利人的权利在出质期间有其名而无其实。即使出质期间届满，权利回复圆满状态，权利人在出质期间的损失也无法弥补。由于当代技术进步加快，专利技术无形损耗加剧，对出质专利权转让、许可实施的限制就显得更不合理。

第二，忽视了质权人的利益。从立法者的本意来看，限制出质专利权的实施在于防止出质人的转让、许可实施危害质权的实现，损害质权人的利益。但是，这种不惜以损害出质人对出质专利权转让、许可实施的权利来保护质权人的优先受偿权的立法目的难以实现：一方面，限制出质专利权的转让、许可实施导致出质人未能获取足够的收益来确保质权人的优先受偿；另一方面，由于专利权价值的不断衰减性，在质权实现时，其折价或者拍卖、变卖的价款逐渐减少，远远低于当初设定质押时专利权的价值量，甚至有可能由于专利权期满，进入公有领域，丧失了因独占性实施而产生经济价值的可能。无论何种情形，对质权人都是不利的，因此从质权人的利益角度看，立法者限制出质专利权转让、许可实施的制度设计事与愿违。

第三，不利于专利技术的转化。我国专利技术转化率本来就低，促进专利技术的转化已成为我国专利制度所追求的价值目标之一。事实上，专利技术的转让、许可实施是促进专利技术产业化的具体措施，各地出台促进专利权质押的政策的目的也在于通过专利融资促进专利技术的产业化，然而限制出质专利权转让、许可实施与这一目标背道而驰。基于上述理论与实践层面的种种理由，限制出质专利权转让、许可实施的制度必须予以改变，赋予出质人对出质专利权享有转让、实施、许可实施的权利是必然的制度选择。

4.2.3 知识产权质押登记机关和程序

知识产权质押的一般法律服务流程包括：企业基本状况的尽职调查，融资机构贷前的尽职调查，选择适当的质押融资机构，对知识产权的经济价值评估，出质人与银行签订借款合同，签订知识产权质押融资合同，确定知识产权质押担保机构等内容。基于商标权、专利权与版权质押的不同特点，质押登记机关与程序都有不同的规范化要求，详细内容参见本书第三章“知识产权质押融资的法律流程”中的相关部分。

4.2.4　知识产权质押价值评估制度

如何衡量知识产权质押担保的价值，以往简单地采用成本投入或市场参照很难获得客观的评价，而资产评估的价值发现功能有力地解决了这一问题。《国际评估准则》（2005 版）明确规定："抵押贷款价值是由评估师对财产的未来可售性进行谨慎的估算来决定的财产价值。抵押贷款价值评估成为计算风险权重的众多风险分析技术中的一种，也是一种长期的风险评估技术。"评估机构凭借丰富的评估经验、合理的人员配置及深厚的理论基础，能够准确地评估抵质押物的价值及还贷风险，从而降低银行质押贷款业务的风险，拓展银行业务范围，为银行发展提供契机。

财政部、工业和信息化部、银监会、国家知识产权局、国家工商行政管理总局、国家版权局 2010 年 08 月 12 日公布的《关于加强知识产权质押融资与评估管理支持中小企业发展的通知》中提出：要完善知识产权质押融资评估管理体系。各有关部门要鼓励商业银行、融资性担保机构、中小企业充分利用专业评估服务，由经财政部门批准设立的具有知识产权评估专业胜任能力的资产评估机构，对需要评估的质押知识产权进行评估。要指导商业银行、融资性担保机构、中小企业等评估业务委托方，针对知识产权质押融资的评估行为，充分关注评估报告披露事项，按照约定合理使用评估报告。

一般而言，知识产权价值评估制度包括以下内容。

（1）评估主体。发挥评估专业优势，有利于更准确地衡量知识产权质押物价值。对于商业银行而言，利润最大化是其经营活动的主导思想。而作为知识产权质押贷款的质押物，特别是专利技术，由于普遍具有复杂性及专业性，使得其财务经营状况和未来发展前景不易判断，而不能准确定位专利价值，就很难决定银行贷款多少。专利资产的专业特点构成了银行对专利资产质押贷款的先天屏障。评估机构作为专业机构，利用专业知识，充分发挥其独立、客观发表意见的执业特性，为银行点多、面广、样样兼顾的信贷作业提供更深层次的信息分析结果和更为科学的决策参考意见。如山东某造纸厂拥有一项专利技术，使该企业每年节省几百万元的"三废"处理费用。当该企业向当地银行以此专利技术作为质押物提出贷款申请时，银行虽然认为该技术具有价值，但其价值究竟体现在什么地方，以及如何确定其价值，成为银行放贷的障碍。同时让银行感到困惑的是，企业拥有的技术价值，如何与企业自身的价值分解，从而使该质押物成为能够独立处置的质押物。评估机构通过对该造纸厂的生产工艺及流程深入了解后，确定该技术的价值主要体现在对企业运营成本的节约，并且运用自身的专业知识，将该技术价值与企业价值进行分离，最终确定质押物的价值。评估机构为银行推行该质押贷款业务提供了专业知识，降低了银行贷款风险。

（2）评估价值。资产评估的作用往往不可忽视，在银行质押贷款业务中发挥着重要作用。评估可以发现资产价值，为企业融资拓宽渠道。自 1998 年以来，各商业银行普遍推行了抵押、担保贷款。然而，众多拥有知识产权的企业很难找到符合商业银行要求的有形资产进行抵押贷款活动。例如，厦门某服饰公司是一家制造女士手袋的公司，该公司既无工厂，也无销售队伍，几乎没有符合银行贷款要求的有形资产。然而在短短三年时间内，该公司的销售收入从几百万元，迅速发展到上亿元。当其向银行申请质押贷款时，银行感到这将是一个优质客户，却无法判断其价值究竟在何处，为此邀请评估机构对该服饰公司进行无形资产评估。当评估机构深入了解该服饰公司后，发现了真实的皮尔·卡丹式的品牌营运。与其说该服饰公司是一家制造女士手袋的公司，不如说这是一家经营品牌的公司，其企业价值集中体现在拥有的商标上，而商标也正是该企业最重要且不可或缺的资产。评估机构通过对该公司拥有商标的价值评估，使银行切实了解贷款企业的资产状况、质押物价值及还款能力，从而促进了质押贷款业务的开展。

（3）评估标准。知识产权质押评估的规范及相关制度的建立对于研究相关权利质押同样具有重要意义。为了加强知识产权资产评估管理，规范知识产权的评估行为，使知识产权资产评估更好地服务于创新型国家建设和知识产权保护工作。2006 年 4 月，财政部、国家知识产权局联合下发《关于加强知识产权资产评估管理工作若干问题的通知》（以下简称《通知》），对知识产权资产评估管理工作进行规范。《通知》规定，知识产权评估应当依法委托经财政部门批准设立的资产评估机构进行评估。评估机构应遵守国家的有关法律法规与行业管理制度，正确理解和执行资产评估的规范，合理运用有关的技术标准和专业判断，遵循资产评估的工作程序，对知识产权资产价值做出准确的评估报告。

（4）评估准则。在知识产权质押评估的准则规范方面，目前我国虽然制定了无形资产评估准则，但准则的可操作性较弱，而且对于专利技术、专有技术、商标及版权等各类的知识产权没有单独的准则。由于各类知识产权的特性有着显著的不同，没有系统的评估标准，评估水平难以衡量，造成公众难以信任评估结果，也使行业管理部门难以有效地对评估报告的质量进行监管。美国最早制定了规范无形资产评估的准则性文件。目前，中国资产评估协会拟在无形资产评估准则的框架下，分步制订专利、商标、著作权等具体评估指南，完善知识产权评估的准则体系，并加强知识产权评估课题的研究，逐步建立知识产权评估数据平台。另外，可以设立知识产权质押评估报告报备制度。国家知识产权局在办理出质登记时建立知识产权评估报告报备制度，为知识产权评估进行数据积累，提供信息及数据上的支持，以便尽快建立和完善知识产权数据库及共享机制。❶

（5）评估方法。关于知识产权的价值，根据对象的评估特点、类型、目的以及外部的环境大致可以分为三种评估方法：收益法、成本法、质押法。三种方法既存在不同差异，又有各自的不足，对质押对象要全面考察，合理分析、选择方法。

在知识产权质押评估方面，上海居于全国前列。2010 年 7 月，上海市财政局、上海市金融办、上海市知识产权局联合印发了经中国资产评估协会授权制定的《上海市知识产权质押评估实施办法（试行）》和《上海市知识产权质押评估技术规范（试行）》，于 2010 年 7 月 1 日起正式实施。此举标志着上海在全国率先建立了知识产权质押评估的管理体系，填补了国内知识产权质押评估领域的制度空白，突破了知识产权质押融资工作中的瓶颈制约，对引导企业自主创新、降低银行信贷风险、拓宽企业融资渠道起到基础性的作用。❷

4.3 我国知识产权质押政策制度的特点

从以上对我国知识产权质押融资的政策制度分析可以看出，总体上我国知识产权质押是在政府主导下，逐步摸索推进的过程，制度生成可能也要遵循“试点一批、成熟一个、制定一个”的逻辑，具体有以下几个特点。

---

❶ 杨松堂：《知识产权质押融资中的资产评估》，载《中国金融》2007 年第 5 期，第 16 – 17 页。

❷ 林衍华：《上海市近年来知识产权质押融资工作的实践和思考》，载《中国发明专利》2014 年第 9 期，第 90 页。

4.3.1 知识产权质押政策制度具有阶段性

迄今为止，我国知识产权质押制度大体上经历了两个阶段：第一个阶段，起始于1995年颁布的《中华人民共和国担保法》，为知识产权质押贷款提供了基本的法律依据。2005年，国家知识产权局出台了《商标专用权质押登记程序》和《专利权质押合同登记管理暂行办法》；2010年，颁布了《专利权质押登记办法》和《著作权质权登记办法》，也为知识知识产权质押融资提供了具体操作方面的规定。2007年颁布的《物权法》则扩大了《担保法》规定的质押客体范围，巩固了知识产权以担保形式从商业银行质押贷款的地位。第二个阶段，从2008年国务院确立《知识产权战略发展纲要》至今。2008年修改后的《科学技术进步法》第18条规定，"国家鼓励金融机构开展知识产权质押业务，鼓励和引导金融机构在信贷等方面支持科学技术应用和高新技术产业发展……政策性金融机构应当在其业务范围内，为科学技术应用和高新技术产业发展优先提供金融服务"，表明国家鼓励和支持知识产权质押融资业务，其后相应的立法、政策纷纷出台，为知识产权质押实践提供了制度依据。

4.3.2 知识产权质押政策制度具有一定的制约性

知识产权质押是指由债务人或第三人以特定的知识产权向债权人出质用于担保债权的实现，并因此获得融资的借贷行为。简而言之，是以合法有效的知识产权为标的设定质押的债的担保方式。在法律性质方面，知识产权质押是以知识产权为标的的债的担保方式；在法律构成方面，知识产权质押以标的适格、合意为主要要件；法律效力层面，知识产权质押的法律效力在于出质知识产权的登记与质押权人对拟制转移占有的知识产权依法享有质押权。从本质上也是一种融资方式，但由于质押物的性质与传统的担保物权具有较为明显的区别，知识产权融资又具有一定的特殊性。质押与抵押的区别在于是否转移标的占有。我国担保法和物权法都是以质押模式设立了知识产权担保制度，但在所谓的知识产权质押中，对知识产权的准占有并没有转移，采取登记生效等特点，因此其名为知识产权质押，实为知识产权抵押。而按照我国现行的担保法律制度，《担保法》《物权法》基本上是以担保形式作为体系划分标准，如"第一章　总则""第二章　保证""第三章　抵押""第四章　质押""第五章　留置""第六章　定金"。抵押既可以是"不动产"，也可以是"动产"，而质押的对象则只能是“动产”或“权利”，这样知识产权便与其他权利（债权、票据权利等）被“当然”地划入质押担保部分。立法者并没有就权利担保作进一步的区分，即哪些适用质押、哪些适用抵押，而是统统纳入“权利质押”部分，这无疑是受我国现有立法体系制约的结果。[1]

4.3.3　知识产权质押制度与产业政策的契合性

政府主导下的知识产权质押政策制度与国家的产业政策密切相关。如前期的知识产权质押实践主要以专利权为质押标的，从国家到地方的政策制度也围绕专利权质押展开，而专利权主要集中在高科技行业。如2007年中国银行业监督管理委员会发布《关于商业银行改善和加强对高新技术企业金融服务的指导意见》，鼓励银行向企业提供知识产权质押贷款业务。随着我国产业结构逐渐升级，国家不仅注重传统产业的发展，还侧重传统产业向现代产业的升级，从物质产业向精神产业发展。以北京、上海、广州、深圳等为代表，文化创意产业发展较早，关于知识产权质押的金融扶持政策陆续颁布实施。2009年9月26日，国务院发布《文化产业振兴规划》之后，各地相继出台有关文件，并设置相应机构专门负责知识产权质押工作，进行相关的指导扶助。总体而言，知识产权质押政策制度与国家产业政策的指向具备契合性。

4.3.4　知识产权质押因应商业实践的创新性

在知识产权质押的商业实践中，基于知识产权本身价值的不确定性，为了确保债权不能实现时，知识产权质押能够实现担保的功能，具有相对的确定性，采用两种担保：第一种是采取以集合财产（或组合财产、人身）作为担保物，即以整个企业内的所有的权利、物等各种财产捆绑进行担保，其优势在于：集合财产的价值要远远大于单个财产价值的简单相加，如品牌、经营权、声誉、知识产权，它们一旦与生产条件结合，就具有远比单独转让价格高得多的使用价值；以集合财产作为担保就可以对集合财产进行利用；可以将集合财产进行整体处置，而整体处置的价值比拆散后处置的价值要高；集合财产更容

---

[1] 参见安中业、杜蓓蕾：《专利权质押的难点研究》，载《特区经济》2008年第11期，第256页。

易找到受让人。[1] 第二种是以知识产权应收账款质押融资为担保。从担保物权的角度而言，社会的财富分为两个部分，即动产和不动产，动产又可以分为机器设备、存货、应收账款三部分。需要注意的是，从担保物权角度看的应收账款与一般会计上的概念有较大的区别，它涵盖的范围要宽泛得多，是企业因销售商品、提供劳务或许可他人使用企业资产而形成的，并预期将为企业带来一定的现金流的债权。知识产权在许可他人使用或者作为商品转让销售时都可以为企业带来一定的现金，基本符合应收账款的定义，因此在担保法律上，知识产权质押融资也属于应收账款质押融资的一种。在西方国家，从法律上单独对知识产权用于担保融资进行规定的并不多。即使在动产担保法律最为有效和成熟的美国和加拿大，也仅仅是注重对知识产权的认可和保护，并未从担保物权的角度明确优先权。同时，国外法律又采用了另一种变通的方式，即如果知识产权能够带来确定的现金流，则可以引用应收账款优先权保护条款。目前，世界上有 110 多个国家的法律允许应收账款融资。这些国家既有大陆法国家，又有普通法国家；既有发达国家，又有发展中国家。在许多国家，应收账款质押融资已经成为一种非常完善的传统信贷产品。可见，商业实践的需要必然要求知识产权质押制度不断创新，正所谓“法律的生命在于经验，而不是逻辑”。

4.4 国外知识产权质押制度及其借鉴

4.4.1 国外知识产权质押制度的发展

“它山之石，可以攻玉”，知识产权质押融资在发达国家商业实践中适用较早，特别是美国、日本、德国和韩国在具体实施中出现的问题也在不断地予以修正，对我国推行知识产权质押融资具有重要的借鉴价值。

4.4.1.1 日本知识产权质押制度

日本自 20 世纪 90 年代以来一直没有走出“泡沫经济”的阴影，加上近年来，在中国等新型产业国家的冲击下，日本政府深刻地感觉到自身产业模式的

---

[1] 参见杨延超：《为知识产权担保正名——质押还是抵押》，载《电子知识产权》2008 年第 4 期，第 15 – 18 页。

局限性。所以，在2001年，日本制定《文化艺术振兴基本法》之后逐渐通过《租税特别措施法》与《内容产业振兴法》等单行法。2002年7月，该国制定出《知识产权法发展战略纲要》，同年12月又出台了《知识产权基本法》。在日本实现"技术赶超"的道路上，加强知识产权的制度建设成为其重要手段。它确立了"推进实施创造、保护、利用知识产权的政策措施、振兴科学技术、强化国际竞争力"的战略。[1] 而作为知识产权制度建设的一个重要环节，知识产权融资制度建设也逐步得到日本社会重视。为此，日本政府积极采取措施，推进知识产权质押融资担保机制的建设。日本1950年制定的《文化财保护法》，源于战争对传统文化资产的破坏所产生的危机感。这也是人类历史上第一次明确以法律形式为无形文化财产提供保护，其中规定了无形文化财产保持人的认定制度和文化财产登记制度。[2] 在制度保护下提升效率与水平，促进无形财产及内容产业的保护与活用。除了质押融资之外，日本还通过《信托业法》的修订补充了利用信托来进行知识融资的形式。在动画、电影等领域还有合伙、"特殊目的事业体"（SPV）等形式的融资方式。[3]

4.4.1.2 美国知识产权抵押制度

美国知识产权抵押融资体现为早期的实践先行和及时的统一规范化。早在1876年，托马斯·爱迪生就用白炽灯的专利作为借款担保，创办了爱迪生电灯公司，并于1892年与汤姆森·休斯敦电器公司合并，成立通用电气公司。至今通用电气公司仍是成功科技企业的代表，在美国知识产权所有者协会公布的2018年美国实用新型专利授予机构的300强名单中，通用电气公司名列第4。[4] 随着知识产权价值及其认知程度的相应提升，美国知识产权融资的数量和价值都在20世纪末有了大幅度增加。这一点从美国知识产权相关案例的数量上也有所体现。美国知识产权的担保融资影响辐射到几乎全部涉及知识产权的行业，如生物制药、医疗、银行、能源、技术、通信、娱乐、传媒和食品行

---

[1] 转引自吴汉东：《中国知识产权法制建设的评价与反思》，载《中国法学》2009年第1期，第51-68页。

[2] 参见曹新明：《非物质文化遗产保护模式研究》，载《法商研究》2009年第2期，第75-84页。

[3] 参见李龙：《日本知识产权质押融资和评估》，载《华东理工大学学报》2009年第4期，第79-85,99页。

[4] 参见2019年8月美国知识产权所有者协会（IPO）公布的"Patent Docs：IPO Releases List of Top 300 Patent Holders for 2018"。

业等。在行业实践的过程中金融融资产品随之丰富，也涌现出许多以知识产权质押融资为特色的专门性机构，如美国硅谷银行等。[1]

尽管美国并没有调整知识产权抵押融资的专门法律，而是通过《美国统一商法典》《动产担保交易法》《商标法》《中小企业法》《公平信贷机会法》等一系列法律法规完善知识产权法律担保体系。《美国统一商法典》中第九编动产抵押（Personal Property Mortgage）[2] 的规定，也适用于包括诸如专利、商标、版权以及商业秘密等知识产权在内的无形财产（General Intangibles）。而且根据《美国统一商法典》第 9311 条，知识产权应由联邦法规条文等调整，在涉及各州法和联邦法的冲突时，优先考虑联邦程序，换句话说，专利、商标和版权的抵押融资在美国由联邦法律和法规统一约束。这从某种程度上解决了各州广泛存在的担保法冲突问题，同时也简化了担保形式，降低了知识产权的质押融资成本、增强了知识产权质押程序的稳定性。此外该法还确立了担保财产的各利益当事人的优先顺序，以此保护担保交易的当事人，特别是担保权人的利益，对抗担保财产的买受人和债权人的抗辩。只要不违约，企业就能持续拥有所抵押的知识产权的所有权利，包括将知识产权持续用于商业经营，利用该知识产权继续研究开发，以及建立和扩大对该项知识产权的投资组合，这些都无须征得担保权人的同意。[3] 这一点也充分体现出无形财产抵押融资的特点，即不以移转动产占有为要件，抵押人在保留对其占有、继续使用的情形下，将该无形财产用于担保，获得融资。

4.4.1.3 德国知识产权质押制度

金融体系以信贷为基础，但是由金融机构主导，金融机构的实力能够影响产业发展。在德国，企业（特别是中小企业）是最活跃的创新主体。2019 年，德国评出的最具创新力企业排行榜中，在来自 20 个行业的入围企业中，有 192 家超大型企业、98 家大型企业，252 家中小型企业，中小企业占比接近 50%。[4] 德国采用的积极政策功不可没，包括以财政资金为杠杆带动社会资

---

[1] 参见 Melvin Simensky&Lanning G. Bryer，The New Role of Intellectual Property in Commercial Transactions 8.4（a），300（J. Wiley&Sons 1994）.

[2] 该编也被称为《动产担保交易法》，于 2001 年 7 月 1 日生效。

[3] 参见：祝宁波：《美国知识产权抵押担保法律制度述评》，载《华东理工大学学报（社会科学版）》2009 第 4 期，第 72－78 页。

[4] 评价报告参见 https：//www. brandeins. de/magazine/brand－eins－thema/innovation－2019/interaktive－karte－ranking－bestenliste（2020 年 3 月 9 日最后一次访问）。

本，以政策性银行为先导带动商业信贷，同时设立信用保证协会等信用担保平台，利用包含知识产权担保融资在内的多种融资途径，服务科技企业。因此，金融体系中的知识产权质押行为，便完全交由金融机构主导，以市场化融资为主，政府不参与担保、评估与信用评级。❶

4.4.1.4 韩国知识产权质押制度

韩国是东亚模式的另一个典型代表。自20世纪中叶以来，韩国通过《信用担保基金法》《技术开发促进法》《中小企业系列化促进法》《专业信贷金融业法》等一系列政策法规，加强政策性金融的支持措施，规范融资担保的对象、模式和金额，充分利用非市场的政府资源成立各种融资机构，在对知识产权采用直接投资的同时，逐渐推广知识产权证券化的融资方式，且收效甚大。韩国知识产权质押融资模式的特点表现为财政与政策性信贷机制、信用担保机制、风险投资机制和科技资本市场机制相结合，且由政府强势主导干预。❷ 1989年，韩国设立了为高新技术中小企业提供信用担保的专门机构（KTCGF）。❸ 2000年，该国设立韩国技术产权交易所KTTC作为专门的知识产权质押融资的专业场所，提供专业的技术转让数据库和转让网络，服务知识产权转让方和需求方的信息对接。从效果来看，韩国知识产权融资运行机制为促进科技革命和文化产业发展都发挥了积极作用。❹

韩国对知识产权投资实行税前扣除、对技术转让收入减免税收，此外通过政策性贷款、技术开发基金和信用担保基金等多种形式对知识产权提供融资支持。韩国技术金融公司针对知识产权等具体项目投融资时，除了要求专家评审，对科技成果的市场前景进行评估外；还要求对知识产权持有者的信用和经营能力进行考察，经过相关的程序后，根据综合分析和判断作出最终决策。❺在韩国，只有经过政府许可的金融和评估机构才能进行知识产权质押融资，在

---

❶ 参见财政部财政科学研究所课题组，贾康：《财政支持中小企业信用担保政策研究》，载《经济研究参考》2010年第31期，第2-34页。

❷ 参见李善民、杨荣：《韩国科技与金融的结合机制研究》，载《南方金融》2014年第2期，第40-45页。

❸ 陈美佳：《知识产权质押融资模式的国际比较与选择》，载《财会通讯》2019年第2期，第125-128页。

❹ 有关韩国文化创意产业知识产权融资参见刘平：《英国、日本、韩国创意产业发展举措与启示》，《社会科学》2009年第07期，第53-60，188页。

❺ 参见李善民，杨荣：《韩国科技与金融的结合机制研究》，载《南方金融》2014年第2期，第40-45页。

技术信用保证基金提供担保的前提下，由技术交易中心对所质押知识产权项目进行资产管理，形成中小企业和金融机构之间的知识产权质押融资协议，最终由金融机构根据评估报告和贷款申请额度提供贷款服务。❶

4.4.2 国外知识产权质押制度对我国的启示

4.4.2.1 立法定位对知识产权质押制度的推行有重大影响

在知识产权质押制度发展较早的一些国家，企业在利用知识产权融资担保方面已经形成一些行之有效的制度，形式上比我们讨论的更为多样。如《美国统一商法典》第九编专门规定包括知识产权在内的动产担保交易，规定除了质押方式之外，其他如抵押、附条件买卖等皆可成为知识产权担保交易方式；《日本民法典》与知识产权法共同规制著作权、专利、商标等知识产权质权制度；《韩国知识产权基本法》第25条关于促进知识产权的应用方式，包括知识产权质押与抵押担保；我国台湾地区在“民法物权编”规定为权利质权制度。国内对知识产权质押的规定如前所述，散见于《物权法》等法律之中，知识产权的商业化利用缺少统一的法律规定。

4.4.2.2 知识产权质押客体范围对商业化利用产生正向激励

我国知识产权质押客体范围主要有两方面的问题，一方面法律规定较为狭窄，法律的限定有较大的制约作用；另一方面相关法律规则不具体，理论上还存在许多争议。如知识产权许可使用权是否属于《担保法》第79条规定的可以转让的权利；“专利权”在《担保法》和《专利法》中是否包括许可使用权；如何对专利许可使用权、著作权或者著作权的许可使用权进行质押登记等。对此，《美国统一商法典》中的法律规定将其作为动产担保交易的类型对待的形式值得借鉴。❷ 扩展担保类别，对促进企业融资具有正向激励的作用。风险控制最终可以交由市场主体双方去评估、认可。与美国相比，日本对可质押的知识产权范围的规定更为明确，包括：发明专利、实用新型外观设计、商标的工业产权。以文学艺术、音乐、电影、软件程序、数据库等为主的著作

---

❶ 参见陈美佳：《知识产权质押融资模式的国际比较与选择》，载《财会通讯》2019年第2期，第125－128页。

❷ 有关《美国统一商法典》的相关规定，参见本书美国知识产权质押制度的内容。

权。半导体集成电路布图设计、植物新品种、商品包装形态。以知识产权使用费，或将利用知识产权生产产品的制造系统全体或者工厂。前述这些知识产权类型可以单独作为质押融资的对象，也可以组合进行质押融资，但专利申请公开前的专利权，不具有可流通性以及担保价值不能充分评估认定的知识产权被排除在融资对象之外。❶

4.4.2.3　政府对知识产权质押的支持和监管体系至关重要

美国经济学家齐斯曼将各国金融体系归纳为三种模式❷：第一种是以美国为模型，其金融体系以资本市场为基础，通过竞争性价格分配资源，与公司主导的调整战略联系在一起。第二种是金融体系以信贷为基础，由国家主导，政府通过管制金融产品价格有目的地塑造特定产业部门，日本和法国属于这种情况。第三种是德国式样，其金融体系以信贷为基础，但是由金融机构主导，金融机构的实力能够影响产业并创造协商式现代资本主义模式。各国金融体系的模式直接影响了知识产权质押融资在各国的制度实践。

在美国模式的金融体系中，企业在初创阶段，基于资本自身对风险和收益的评估准则，起到关键作用的是天使投资。大多数天使投资人自身也是优秀的创业者，因此在创新价值的发现与培育上有独特的眼光。20 世纪 50 年代，美国推出以政府为主导的“小企业投资公司”计划，规定加入该计划的风险投资人每将 1 美元投入风险投资项目中，便可从美国小企业管理局（SBA）得到 4 美元的低息贷款，并享受特定的税收优惠。这一计划在保障风险投资人的利益的同时，促进资本市场对科技型企业募集初始资金。❸ 当企业渐入正轨进入发展阶段，一些较大的风险投资机构就会进一步进行投资。在这些投资中，估值比重很大甚至最大的往往就是知识产权，包括一个独特的创意、一种新的商业模式、一本著作、一首歌曲、一部电影，等等，都成为市场化融资的主要标的。在市场化融资中，企业以知识产权或信用为基础，以商业贷款、发行债券股票等商业化融资为手段筹集资金并加以运用。市场化的民间金融机构和资本

---

❶ 参见李龙；《日本知识产权质押融资和评估》，载《华东理工大学学报》2009 年第 4 期，第 79－85、99 页。

❷ ［美］齐斯曼著，刘娟凤、刘骥译：《政府、市场与增长——金融体系与产业变迁的政治》，吉林出版集团股份有限公司，2009 年版。

❸ 参见肖奎喜、谢玥玥、徐世长：《创新驱动背景下实现中国科技金融突破性发展的制度安排及政策建议——基于发达国家和地区科技金融体制创新的借鉴》，载《科技进步与对策》2016 年第 23 期，第 105－110 页。

是知识产权融资的主要来源，民间成立的中小企业投资公司可以通过知识产权抵押等多种担保形式对中小企业直接投资，由美国中小企业管理局提供担保方案。美国小企业管理局在担保过程中，不直接提供贷款，也不提供足额的担保，而是为担保增信，并对此类贷款设置了合理期限以利于中小企业专注于自身发展，快速提升企业实力。❶ 美国金融体系对于创新创业的支持非常有效，因此也是值得借鉴的对象。特别是小企业管理局充分扮演了政策方针制定者和公共服务提供者的角色，政府机构在融资过程中应积极为企业和银行搭建良好的沟通平台。❷

日本模式也被称为政策投资银行模式（DBJ），知识产权质押融资以政策投资银行融资为主协同其他商业银行。❸基于《日本信用保证协会法》成立的信用担保协会作为政策性金融机构，为中小企业提供信用担保，增强融资水平，由中小企业信用保险公库提供信用保险，作为直接债务融资模式的补充。❹中小企业以质押知识产权贷款申请信用保证，由协会调查审核后，发出《信用保证书》，随后发放贷款。审核调查包括对质押的知识产权进行价值评估和法律风险评估，也包括对企业信用状况的初步审查。融资企业如果没有按时偿还贷款，协会就需要弥补提供担保的金融机构的损失，信用保险公库和地方政府会按 7∶3 的比例对中小企业知识产权质押融资债务进行偿还。当企业无法偿还贷款时，信用保证协会就会通过拍卖等市场化方式处置质押的知识产权。由于日本没有知识产权流通市场，企业以知识产权质押融资时，形式上是知识产权融资担保，实质上仍考察企业经营状况的特殊模式。❺ 政策投资银行将相关企业具有市场潜力的知识产权以担保的形式固定后，再实施知识产权融资。

我国的金融体系与前述第二种模式更接近。中国知识产权质押融资起步较晚，但增长迅速。根据国家知识产权局的数据，自 2008 年到 2014 年年底，专利质押融资金额增速超过 90%。2019 年一年专利商标的质押融资总额超过 1500 亿元。然而，中国目前的专利权质押登记量与有效发明专利和信贷规模

---

❶❸ 参见宋光辉、田立民：《科技型中小企业知识产权质押融资模式的国内外比较研究》，《金融发展研究》2016 年第 2 期，第 50－56 页。

❷❹ 参见曾莉、王明《美日科技型中小企业知识产权质押融资的经验及启示》，《中国注册会计师》2016 年第 10 期，第 101－105 页。

❺ 参考李龙《日本知识产权质押融资和评估》，《华东理工大学学报（社会科学版）》，2009 年第 4 期，第 79－85，99 页。

相比都严重失调。[1] 对比年度专利权总量远远低于中国的美国，根据 Mann，William "Creditor Rights and Innovation：Evidence from Patent Collateral" 的研究结论，16% 的美国发明专利都作为企业融资的抵押物。而著作权质押融资的数字则更为尴尬。对比各国知识产权质押融资的制度和历史发展，有利于我们提出真正的产业促进制度。在金融市场中主要是银行借贷市场，知识产权质押融资机制主要体现为银行借贷支持机制，这与从国家层面进行经济辅助的手段有较大差异。无论是国库编列预算支出的补贴、奖助金、国立基金提供的贷款、债务保证，还是租税优惠，国家给予知识产权的经济辅助手段不可避免地受到非市场化的影响。知识产权只有进入商业化阶段，才有可能产生稳定的现金流，在此之前准确评估知识产权的价值存在较大风险，这也导致知识产权质押融资的规模、质量、期限和金额都偏低。政府在资金上的主导性支持，势必转化为在内容上的引导，既不利于多元社会的建立，也不符合知识产权自身的发展特性。特别是在公正的评鉴体系以及市场化的知识产权交易流通渠道建立以前，更要警惕行政之手的强势干预。

4.5　本章小结

本章对我国知识产权质押融资政策及制度进行了梳理，其特点体现为：知识产权质押政策制度具有阶段性、知识产权质押政策制度具有一定的制约性、知识产权制约制度与产业政策的契合性、知识产权质押因应商业实践的创新性。同时，介绍了日本、美国、德国、韩国的相关立法及实践，由此引发的启示有：立法定位对知识产权质押制度的推行有重大影响、知识产权质押客体范围对商业化利用产生正向激励、政府对知识产权质押的支持和监管体系至关重要。这为从宏观上确立我国知识产权质押法律制度的价值理念，微观上建构知识质押的基本规则及纠纷解决机制提供了有益的思考路径。

---

[1] 参见中国知识产权研究会 2015 年《中国知识产权发展报告》。

第五章 知识产权质押融资诉讼案例实证分析

2008 年 6 月，国务院发布《国家知识产权战略纲要》，此后十年间国家知识产权局连续部署了三批各为期三年的知识产权质押融资试点工作，试点数量由最初的 6 家单位扩展到 51 个市（区）和园区，遍布全国从东南沿海到西部内陆的大部分省（自治区、直辖市）。❶ 质押融资试点的地域分布、质押项目数量和融资规模逐年扩大，拓宽了中小微企业融资渠道。同时，引导金融资本向高新技术产业转移，推动传统产业转型升级。❷ 各地的知识产权质押实践运行在司法诉讼层面发生了哪些纠纷呢，本章以 2009—2019 年为时间界限，选取知识产权、质押、融资、商标、著作权、专利权为关键词，通过中国裁判文书网、北大法宝、天同诉讼网等多个途径检索知识产权质押案例以把握概貌，选取其中 72 件案例为依据，从案件的总体情况、案由、标的、质押担保种类、办理质押登记情况、争议焦点、裁判要点、纠纷原因等方面进行统计分析，对 16 件案例重点分析，以期从中发现知识产权质押纠纷的一般规律和特点，以及知识产权质押融资实践存在的法律风险，尝试为防范和解决知识产权质押实践纠纷提供一些思路。

---

❶ 《国务院关于新形势下加快知识产权强国建设的若干意见》（国发〔2015〕71 号）；《国家知识产权局关于进一步推动知识产权金融服务工作的意见》（国知发管字〔2015〕21 号）；《国家知识产权局关于在广州市等地区和单位开展专利质押融资及专利保险试点示范工作的通知》（国知发管函字〔2016〕160 号）。

❷ 根据 2019 年 7 月 9 日国家知识产权局新闻发言人、办公室主任胡文辉在国家知识产权局举行的 2019 年第三季度例行发布会上发布的数据，2019 年上半年，全国专利和商标新增质押融资金额为 583.5 亿元，同比增长 2.5%，质押项目数为 3086 项，同比增长 21.6%。其中，专利质押融资金额为 404 亿元，质押项目 2709 项，涉及专利 1.3 万件。

5.1　2009—2019 年我国知识产权质押司法案例统计概述

以 2009—2019 年为时间界限，截至 2019 年 10 月 22 日，选取知识产权、质押、融资、商标、著作权、专利权为关键词，通过中国裁判文书网、北大法宝、天同诉讼网等多个途径检索知识产权质押案例，共有 502 例。其中，与专利权质押相关的案件有 333 例，与商标权质押相关的案件有 140 例，与著作权质押相关的案件有 29 例。

5.1.1　知识产权质押融资案件所涉质押客体对比

在中国裁判文书网中使用“专利权质押”“商标权质押”“著作权质押”等关键词进行检索，相关数据统计如表 5.1、表 5.2 所示。

表 5.1　知识产权质押融资案件总数对比（2009—2019 年）

年份	专利权质押	商标权质押	著作权质押	案件总数
2019	31	9	3	43
2018	95	44	5	144
2017	88	18	2	108
2016	48	41	7	96
2015	30	18	3	51
2014	30	4	5	39
2013	10	3		13
2012			1	1
2011	1	1	2	4
2010		2		2
2009			1	1

数据来源：中国裁判文书网

数据截止日期：2019 - 10 - 22

表 5.2　人民法院审结知识产权质押案件统计表（2009—2019 年）

	民事案件	行政案件	刑事案件	执行案件
专利权质押	283	25	4	21
商标权质押	74	25	1	40

续表

	民事案件	行政案件	刑事案件	执行案件
著作权质押	28	0	1	0
案件总数	385	50	6	61

数据来源：中国裁判文书网

数据截止日期：2019-10-22

5.1.2 知识产权质押融资案件性质对比

表5.1和表5.2显示与同类刑事案件相比，知识产权质押民事案件的占比较大，执行案件数量相对较小，刑事案件、行政案件数量屈指可数。从这个角度上讲，使用知识产权质押需要承担的刑事、行政风险责任较小。

刑事案件中，依据案源分类，刑事案件主要集中在非法吸收公众存款罪、诈骗罪等相关罪名。其中所涉及的知识产权质押融资问题多为在借款合同中，当事人以专利权为债务人的债务提供担保。例如，在娄某非法吸收公众存款一案中，[1] 公诉人提交的一项证据为，“5. 借款合同、质押合同、项目合作协议等证明：贷款人北京金荣盛投资中心（有限合伙）决定对借款人王某实际控制管理的三色源菌剂项目进行债权性投资，投资总额不超过人民币五千万元，实际投资数额根据乙方资金募集情况确定。北京三色微谷科技有限公司愿意以其所有或现有处分权的专利权质押给乙方，为主合同项下债务人的债务提供担保”。虽然该案中涉及专利权质押，但法院在进行刑事审判时未对专利权质押予以认定。

行政案件中，与商标权质押相关的案件中有23例都是泉州市福尚品牌管理有限公司不服原国家工商行政管理总局商标局所作的《商标转让/移转申请不予核准通知书》提起的行政诉讼。[2] 2015年8月26日，福尚公司与爱尚公司向商标局提交关于23枚涉案商标的转让申请。商标局于2016年3月28日收到泉州中院〔2016〕闽05民初169号《协助执行通知书》及所附《民事裁定书》，要求商标局协助冻结爱尚公司名下包括涉案23枚商标在内的33枚商标，禁止转让、注销、变更注册事项和办理商标权质押登记等，冻结期限为二年。2016年5月9日，商标局针对23枚商标转让申请作出相关编号的《商标转让/移转申请不予核准通知书》，以涉案的23枚商标已被泉州中院冻结为由不予核准。北京知识产权法院审理后认为，根据《中华人民共和国行政许可

[1] 参见北京市朝阳区人民法院（2018）京0105刑初199号刑事判决书。

[2] 参见北京知识产权法院（2016）京73行初4566号行政判决书。

法》第2条规定，行政许可是指行政机关根据公民、法人或者其他组织的申请，经依法审查，准予其从事特定活动的行为。商标权虽经向行政机关商标局申请注册登记而产生，但其性质属于民法意义上的私权，属于商标权人依法享有的财产性权利。商标转让的受理审核程序，系基于商标权人依民事相关法律对商标权作出处分后，商标局依当事人申请对相关处分行为的确认，明显不属于行政许可的范畴。该案针对被诉通知合法性的审查，不适用行政许可的相关规定。根据《中华人民共和国商标法》与《中华人民共和国商标法实施条例》的相关规定，商标局具有受理转让注册商标申请并作出决定的法定职责，但未有关于在决定作出前举行听证或决定作出期限的相关规定。故法院对福尚公司关于商标局未举行听证与超期作出行政行为违反法定程序的主张，未予采纳，认定商标局作出被诉通知，程序合法。从实体角度分析，根据《中华人民共和国民事诉讼法》第242条第2款之规定，人民法院决定扣押、冻结、划拨、变价财产，应当作出裁定，并发出协助执行通知书，有关单位必须办理。该案中，商标局在收到泉州中院关于冻结涉案商标的协助执行通知后，针对尚未完成商标转让申请作出不予核准通知，属于履行民事诉讼法赋予其的法定义务。鉴于该条款明确要求协助执行单位无条件的协助人民法院执行相关裁定的内容，并未赋予协助执行单位任何暂缓、中止或变通执行的权利。因此，人民法院对于福尚公司关于商标局应当中止核准程序待民事纠纷定案后再依法予以核准的主张，未予采纳。由于本案属于行政诉讼，系对被诉行政行为合法性的审查，不涉及福尚公司、爱尚公司的民事权利。北京市知识产权法院指出，被诉通知所针对的仅为本次的商标转让申请，并非永久性禁止涉案商标的转让，相关权利人可待民事诉讼程序终结后视具体情况再次向商标局提起商标转让申请。

执行类案件中，有关商标权质押的案件也充分体现出司法实践中，被查封的商标，在查封期间，禁止转让、注销注册商标，变更注册事项和办理商标权质押登记等原则的贯彻。例如，在徐某亮、盱眙耐芯特电子科技有限公司买卖合同纠纷执行案件中，[1] 为执行需要，安徽省天长市人民法院查封了被执行人盱眙耐芯特电子科技有限公司名下注册有“耐芯特”商标，并依照《中华人民共和国民事诉讼法》第242条、第243条、第244条的规定，裁定：查封被执行人盱眙耐芯特电子科技有限公司所有的“耐芯特”商标，申请/注册号20039654，国际分类12，查封期限为6个月；查封期限内被执行人盱眙耐芯特电子科技有

[1] 参见安徽省天长市人民法院（2018）皖1181执1876号之一执行裁定书。

限公司禁止转让、注销注册商标、变更注册事项和办理商标权质押。

又如，申请人鞠某党与被申请人建昌县六股河农业综合开发有限公司、任某堂因借款合同纠纷一案中，❶ 申请人鞠某党于 2018 年 8 月 31 日向法院提出诉前财产保全申请，要求对被申请人建昌县六股河农业综合开发有限公司在商标局注册的核定使用商品进行保全。申请人鞠某党提供二户楼房作为担保。辽宁省葫芦岛市连山区人民法院依照《中华人民共和国民事诉讼法》第 101 条、第 102 条、第 103 条规定，裁定：查封被申请人建昌县六股河农业综合开发有限公司在商标局注册的核定使用商品，查封期限内，非经法院允许，不得转让、注销注册商标，变更注册事项和办理商标权质押登记等事项；查封申请人鞠某党提供二户楼房，查封期间内不得出售、转让、赠与和抵押。

再如，在浙江尔乐干燥设备有限公司、谷神生物科技集团有限公司执行一案中，❷ 由于被执行人谷神生物科技集团有限公司至今未履行山东省德州市中级人民法院作出的（2018）鲁 14 民终 430 号民事生效判决，山东省德州市陵城区人民法院依照《中华人民共和国民事诉讼法》第 242 条、第 244 条，《最高人民法院关于人民法院执行工作若干问题的规定（试行）》第 50 条的规定，裁定：查封被执行人谷神生物科技集团有限公司名下注册号为 13053332 的商标。查封期限为一年，查封期间不得转让、注销该注册商标、不得变更注册事项、不得办理商标权质押等。

5.2　72 件代表性知识产权质押民事案件统计分析

在与知识产权质押相关的 502 件案例的已公开裁判中，揭示知识产权质押融资法律关系和法律风险的案例主要是以下 72 件民事案件（如表 5.3 所示，案件详情参见附录四：《知识产权质押融资司法案例一览表》）。

表 5.3　72 件知识权质押案件一览

序号	案号	案件名称	行业分布
1	（2009）门民初字第 350 号	北京农村商业银行股份有限公司门头沟支行诉北京幻聪影视文化有限公司等金融借款合同纠纷案	1

❶ 参见葫芦岛市连山区人民法院（2018）辽 1402 执保 6 号执行裁定书。

❷ 参见山东省德州市陵城区人民法院（2018）鲁 1403 执 448 号执行裁定书。

续表

序号	案号	案件名称	行业分布
2	(2010) 嘉桐商初字第930号	浙江千年菊坊生物技术有限公司诉桐乡市春发菊业有限公司买卖合同纠纷案	3
3	(2012) 浦民二(商)初字第2031号	××中心诉上海××通讯技术有限公司追偿权纠纷案	2
4	(2012) 镇民初字第185号	原告镇平县农村信用合作联社诉被告南阳开天工程机械有限公司借款合同纠纷案	3
5	(2013) 丰民初字第19832号	潘某亮诉北京康乾光渤影视投资有限公司民间借贷纠纷案	1
6	(2013) 朝民初字第34519号	国龙联盟投资股份有限公司诉兰某寅民间借贷纠纷案	1
7	(2013) 浦民二(商)初字第S3867号	上海浦东生产力促进中心诉上海雅达特种涂料有限公司等追偿权纠纷案	2
8	(2013) 浦民二(商)初字第3278号	上海浦东生产力促进中心诉上海泰正实业有限公司等追偿权纠纷案	3
9	(2013) 浦民六(商)初字第5349号	上海浦东发展银行股份有限公司张江支行诉上海派恩科技有限公司等金融借款合同纠纷案	1
10	(2013) 穗天法民二初字第5184号	广东合润融资担保有限公司诉广州市最爱文化传播有限公司等担保追偿权纠纷案	1
11	(2013) 清中法民二初字第23号	广东清远农村商业银行股份有限公司与清远黄腾峡生态旅游开发有限公司、黄某明金融借款合同纠纷案	1
12	(2013) 浙嘉知初字第197号	彭某与亚威朗光电(中国)有限公司专利合同纠纷案	2
13	(2013) 温鹿商初字第4159号	温州银行股份有限公司瓯海支行与温州市天龙轻工设备有限公司、孙某隆等金融借款合同纠纷	3
14	(2013) 杭滨商外初字第29号	杭州银行股份有限公司科技支行诉杭州永莹光电有限公司等金融借款合同纠纷案	2

续表

序号	案号	案件名称	行业分布
15	(2013) 宁商外初字第51号	江苏融众投资担保有限公司诉德马数控机床（南京）有限公司等追偿权纠纷案	3
16	(2013) 西民初字第00252号	国家开发银行股份有限公司诉湖南老爹农业科技开发股份有限公司等金融借款合同纠纷案	2
17	(2013) 浦民二（商）初字第3281号	上海浦东生产力促进中心与润百计算机（上海）有限公司、陈某杰追偿权纠纷案	1
18	(2014) 海民（商）初字第18656号	北京龙凤之邦国际文化交流有限公司与交通银行股份有限公司北京中关村园区支行案	1
19	(2014) 京铁中民（商）初字第87号	中国进出口银行诉天津天成制药有限公司等金融借款合同纠纷案	3
20	(2014) 东民初字第07412号	文华盛典（北京）投资有限公司诉北京阳光盛通文化艺术有限公司等合同纠纷案	1
21	(2014) 沪一中民四（商）终字第1711号	陈某青等诉上海浦东生产力促进中心（上海市浦东新区知识产权中心）等追偿权纠纷案	3
22	(2014) 湖安商初字第987号	浙江安吉交银村镇银行股份有限公司诉浙江三祺科技有限公司等金融借款合同纠纷案	2
23	(2014) 甬仑商初字第148号	兴业银行股份有限公司宁波分行诉宁波文百机械制造有限公司等金融借款合同纠纷案	3
24	(2014) 其民二终字第24号	河北广电信息网络集团股份有限公司诉中国银行股份有限公司怀来支行等借款合同纠纷案	2
25	(2014) 豫法民三终字第82号	兰考有线广播电视台等诉上海普天邮通科技股份有限公司等追偿权纠纷案	1
26	(2014) 鄂武汉中民商初字第00966号	武汉众一投资担保股份有限公司与湖北股权托管股份有限公司、湖北天马研磨材料有限公司追偿权纠纷案	3

续表

序号	案号	案件名称	行业分布
27	（2014）泉民初字第 444 号	晋江市融资担保有限责任公司诉福建玛莱特针织制衣有限公司等追偿权纠纷案	3
28	（2014）白民初字第 1347 号	贵州天信担保有限公司诉贵州三占集团股份有限公司等担保追偿权纠纷案	3
29	（2014）荔民初字第 55 号	鼎盛鑫融资担保有限公司黔南州分公司诉高某印等追偿权纠纷案	3
30	（2014）新商初字第 0561 号	中国农业银行股份有限公司无锡科技支行诉无锡金磊冷却设备制造有限公司等金融借款合同纠纷案	3
31	（2014）崂民二商初字第 373 号	青岛担保中心有限公司诉青岛美隆砂浆科技有限公司等保证合同纠纷案	2
32	（2014）城中民二初字第 350 号	柳州银行股份有限公司与广西维尼纶集团有限责任公司、丁某金融借款合同纠纷案	3
33	（2014）陕民二终字第 00080 号	陕西广电网络传媒（集团）股份有限公司诉中国农业银行股份有限公司汉中分行等公司借款合同纠纷案	1
34	（2014）苏知民终字第 0170 号	上海晋鑫影视发展有限公司诉北京金色里程文化艺术有限公司、李某军等著作权权属、侵权纠纷案	1
35	（2014）温鹿商初字第 5108 号	罗某风诉温州正栩影视制作有限公司、股东孙某损害公司债权人利益责任纠纷案	1
36	（2015）年西民（商）字第 00396 号	天津银行股份有限公司北京分行与张某强等借款合同纠纷案	1
37	（2015）沪一中民四（商）终字第 344 号	宁波经济技术开发区亚太实业有限公司与上海三融股权投资管理有限公司等合同纠纷上诉案	2
38	（2015）温乐商初字第 1397 号	兴业银行股份有限公司温州乐清支行诉浙江大洋风汽车电子科技有限公司等金融借款合同纠纷案	2
39	（2015）温瑞商初字第 3682 号	王某明诉谢某娜等民间借贷纠纷案	1

续表

序号	案号	案件名称	行业分布
40	（2015）杭拱商初字第1534号	杭州市拱墅区利尔达小额贷款股份有限公司与施某1、施某2、柳某、杭州多讯科技有限公司小额借款合同纠纷案	2
41	（2015）浙甬商终字第1598号	温州银行股份有限公司宁波分行与宁波三浪环球车辆部件有限公司等金融借款合同纠纷上诉案	3
42	（2015）二中民二初字第62号	交通银行股份有限公司天津市分行诉鼎正动物药业（天津）有限公司等借款合同纠纷案	3
43	（2015）二中民二终字第536号	天津诺尔电气集团股份有限公司诉天津市滨海新区投资担保有限公司等担保责任追偿权纠纷案	3
44	（2015）鄂武汉中民商初字第00249号	武汉光谷风险投资基金有限公司与湖北中试电力科技股份有限公司、操某军等追偿权纠纷案	2
45	（2015）鄂江岸民商初字第01061号	国中融资租赁有限公司与湖北三环发展股份有限公司、王某英融资租赁合同纠纷案	3
46	（2015）昆民四初字第650号	招商银行股份有限公司昆明爱菱路支行与云南傣佳牧业有限公司等金融借款合同纠纷案	3
47	（2015）庆商初字第163号	中国工商银行股份有限公司大庆开发区支行诉大庆乳品厂有限责任公司等借款合同纠纷案	3
48	（2015）长民四初字第35号	交通银行股份有限公司吉林省分行与吉林吉瑞莱板材科技有限公司等金融借款合同纠纷案	2
49	（2016）浙0523民初2690号	浙江安吉农村商业银行股份有限公司诉浙江法拿克机械科技股份有限公司等金融借款合同纠纷案	2
50	（2016）津01民初87号	天津铭信嘉德小额贷款有限公司与天津一可科技有限公司、天津百畅医疗器械有限公司等企业借贷纠纷案	2

续表

序号	案号	案件名称	行业分布
51	（2016）鄂民终 91 号	宜昌劲森光电科技股份有限公司与汉口银行股份有限公司宜昌分行合同纠纷上诉案	2
52	（2016）鄂 07 民终 85 号	汉口银行股份有限公司鄂州分行与鄂州三维铸业有限公司、神牛拖拉机有限公司等金融借款合同纠纷案	3
53	（2016）新民初 36 号	长城国兴金融租赁有限公司与唐山蓝猫饮品集团有限公司、张某印等融资租赁合同纠纷案	3
54	（2017）浙 0282 民初 12264 号	平安银行股份有限公司宁波分行与宁波习羽电气科技股份有限公司、慈溪埃弗克电气控制设备有限公司金融借款合同纠纷案	2
55	（2018）粤 1403 民初 512 号	梅县客家村镇银行股份公司与广东金森林实业有限公司、王某林金融借款合同纠纷案	3
56	（2018）粤 1403 民初 500 号	梅县客家村镇银行股份公司与梅州市淦源建材科技有限公司、吴某淦金融借款合同纠纷案	3
57	（2018）粤 05 民终 512 号	汕头经济特区和通电讯有限公司、郑某池金融借款合同纠纷案	3
58	（2018）浙 0402 民初 8206 号	中国工商银行股份有限公司嘉兴分行与嘉兴川页奇精密自动化机电有限公司、嘉兴伺康机器人有限公司金融借款合同纠纷案	2
59	（2018）浙 0402 民初 8003 号	中国农业银行股份有限公司嘉兴科技支行与嘉兴百佳机械有限公司、何某庆金融借款合同纠纷案	2
60	（2018）青民初 153 号	青海海晏农村商业银行股份有限公司、乌兰县农村信用合作联社等诉青海弘川新源实业股份有限公司、江油炳辉改性沥青有限公司等借款合同纠纷案	3

续表

序号	案号	案件名称	行业分布
61	（2018）皖1282民初2695号	界首市发展中小企业融资担保有限责任公司诉界首市立天包装材料销售有限公司、安徽新能电源科技有限公司等追偿权纠纷案	2
62	（2018）浙0411民初5050号	浙江禾城农村商业银行股份有限公司秀洲支行诉嘉兴川页奇精密自动化机电有限公司、邱某贤金融借款合同纠纷案	2
63	（2018）吉01民初171号	交通银行股份有限公司吉林省分行诉曲某深等金融借款合同纠纷案	3
64	（2018）川民终934号	恒丰银行成都分行诉攀枝花花舞人间旅游景区开发有限公司、四川江瀚工业股份有限公司、华瀚科技有限公司等借款合同纠纷案	1
65	（2018）粤01民终238号	广东粤合租赁融资租赁股份有限公司诉广州奥迪通用照明有限公司融资租赁合同纠纷案	2
66	（2018）沪0104民初3191号	卢某与刘某梅民间借贷纠纷	1
67	（2018）沪民终414号	厦门颉轩光电有限公司与孙某青企业借贷纠纷案	2
68	（2018）京02民终6399号	唐某梅等与安某廷民间借贷纠纷案	3
69	（2018）京04民初270号	南京银行股份有限公司北京分行与霸州市昌隆新能源有限公司等金融借款合同纠纷案	2
70	（2018）京0105民初21056号	中国医药对外贸易有限公司与北京金源化学集团有限公司等买卖合同纠纷案	3
71	（2019）粤0605民初3716号	广东南海农村商业银行股份有限公司科创支行与佛山市耀世照明电器有限公司、欧阳某尧金融借款合同纠纷案	3
72	（2019）京民终98号	神雾科技集团股份有限公司等与南京银行股份有限公司北京分行金融借款合同纠纷案	2

说明：1文化创意公司，2科技公司，3实业公司

5.2.1　地域分布情况

从地域分布看，知识产权质押案件多发生在北京、上海、广州、浙江等省市，其中浙江所占比重最高，有 15 件；北京次之，有 12 件；上海位列第三，有 10 件，主要集中于浦东新区；广东紧随其后；湖北、天津次之；其他省份都是 2 件及以下（见图 5.1）。

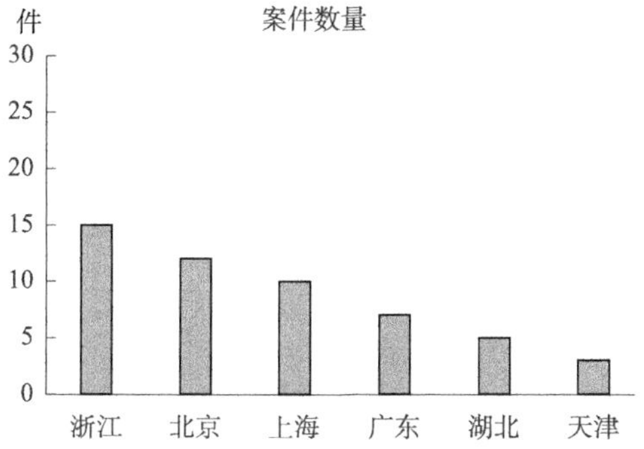

图 5.1　72 例知识产权质押案件的地域分布情况

从时间分布看，从 2009—2019 年，案件数依次为 1 件、1 件、0 件、2 件、14 件、17 件、13 件、5 件、1 件、16 件、2 件。如图 5.2 所示，2013—2015 年案件数量较多，呈现明显增长趋势，且案件主要集中在浙江、上海、北京这些经济发达区域，与企业融资需求旺盛直接相关，同时与地方政府的扶持政策推动有一定的内在联系。

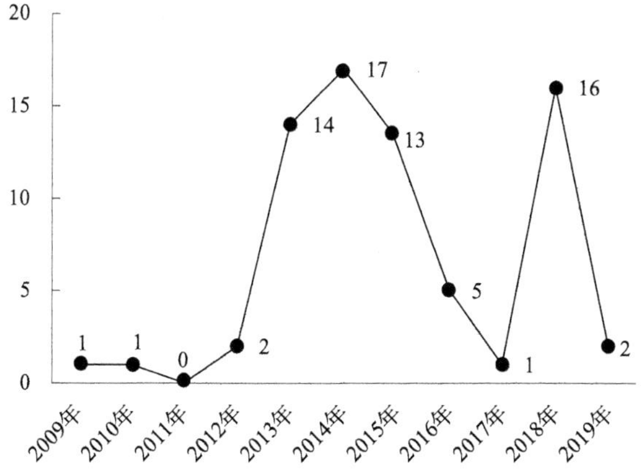

图 5.2　72 例知识产权质押案件的时间分布情况

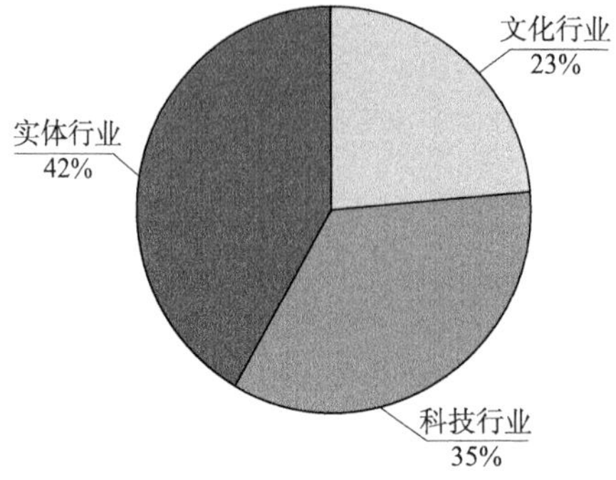

图 5.3　72 件案例行业分布

在行业分布上，知识产权质押主要分布于科技行业、实体行业（包括制药、生物、车辆、制衣、牧业、乳品、尼龙、冷却设备等）、文化创意行业（文化公司、生态旅游等），各自所占比例如图 5.3 所示。侧面说明科技、文化创意行业适用知识产权质押融资较多，就实体行业而言，由于行业领域比较分散，总体上对知识产权质押需求旺盛。科技和文化创意产业采用知识产权质押的方式融资，是政府主要引导的行业领域，符合科技与文化双轮驱动战略规划，有较好的发展前景。

5.2.2　知识产权质押案件案由分析

法院受理案件确定的案由（见图 5.4 所示）包括：保证合同纠纷、追偿权纠纷、借款合同纠纷、民间借贷合同纠纷、买卖合同纠纷、专利合同纠纷、租赁合同纠纷等类型。其中借款合同纠纷最多，其次是追偿权纠纷。仔细分析案情不难发现，这些合同的本质均为以知识产权质押为担保的借款融资合同，案由为借款合同、民间借贷合同、专利合同、质押合同等；由于有的合同中采取组合担保方式，因此发生纠纷时法院以保证合同案由受理此案；当合同不能按期履行时，担保权人实现优先受偿权，保证人、第三人则行使追偿权，法院则以追偿权纠纷为案由受理案件。

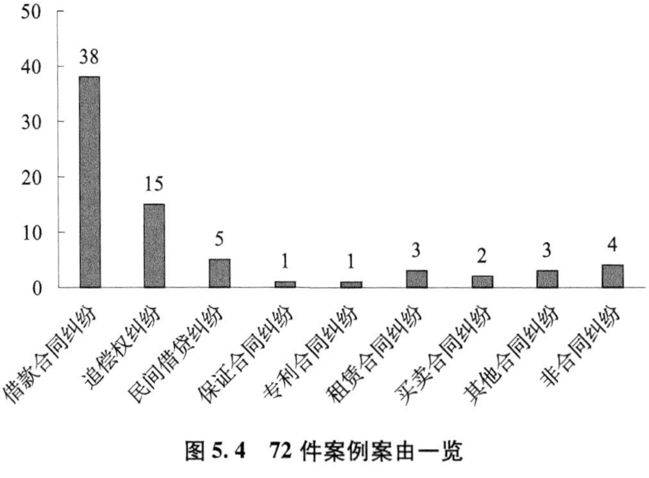

图 5.4　72 件案例案由一览

5.2.3　知识产权质押的标的

知识产权质押标的在一定程度上反映出市场对担保标的的接受程度。如图5.5所示，在72例案件中，以专利权作为质押合同标的的有26件；以著作权出质的，多为著作财产权中的广播权以及信息网络传播权作为质押标的的案件，有11件；以未来收费权和应收账款为质押标的的有6件；❶ 以商标权出质的有4件。由于目前专利权的市场价值评估体系相对完善，因此，专利权质押是融资服务机构更乐意接受的知识产权质押标的，应收账款质押、未来收费权质押等在未来有较大的发展空间。

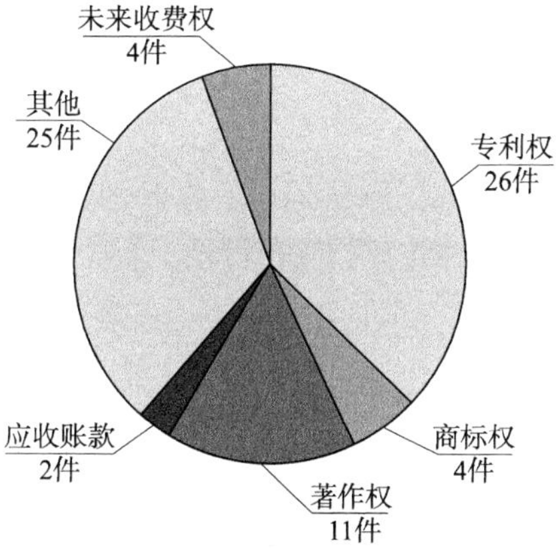

图5.5　知识产权质押的标的占比

5.2.4　知识产权质押担保的种类

如图5.6所示，知识产权出质多采用组合担保，且接受担保双方对于权利质权登记的居多。可见，作为融资服务机构对单一的知识产权担保方式持谨慎态度，组合担保形式因其分散风险而更容易被接受。在文化创意行业，以著作权加上保证人承担连带责任的组合担保形式最为普遍，以应收账款、未来收费

❶ 未来收费权质押的案件：河北省高级人民法院民事判决书（2014）冀民二终字第24号、河北省高级人民法院民事判决书（2014）豫法民三终字第82号、广西壮族自治区柳州市城中区人民法院民事判决书（2014）城中民二初字第350号、陕西省高级人民法院民事判决书（2014）陕民二终字第00080号；应收账款质押的案件：北京市东城区人民法院民事判决书（2014）东民初字第07412号、天津市第二中级人民法院民事判决书（2015）津二中民二终字第536号。

权作为质押担保的情况下，单一担保亦被认可。

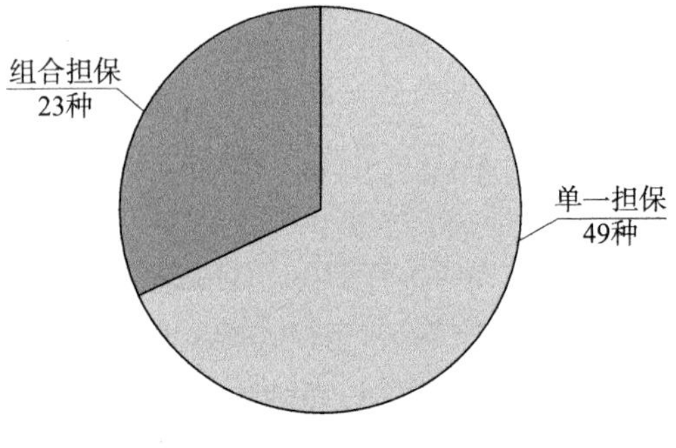

图 5.6　担保种类对比

5.2.5　办理知识产权质押登记

以知识产权出质，由于我国现行知识产权分别管理的行政体制，在组合担保的情形下，根据我国《著作权质权登记办法》《专利权质押登记办法》《注册商标专用权质权登记程序规定》《动产抵押登记办法》《应收账款质押登记办法》等相关立法规定，对同一笔贷款提供的担保可能需要分别到相应的归口管理部门办理登记手续，这些部门包括国家版权局、国家知识产权局、原国家工商行政管理局商标局、中国人民银行征信中心等。在表 5.3 所示的 72 件案件中，52 件办理了质押登记，20 件未办理质押登记，因此后期合同不能履行时，由于质权是担保物权，物权的取得应以登记为公示方式，登记直接影响质权的效力，决定质权人能否据此行使优先受偿权，极易成为争议的焦点问题。

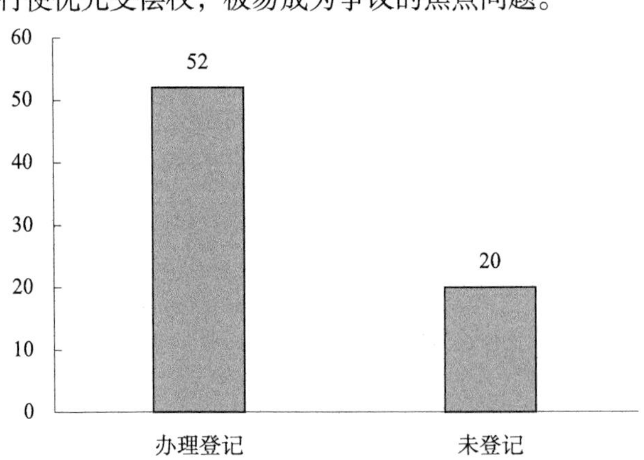

图 5.7　登记情况对比

5.2.6 案件争议的焦点问题

如图 5.8 所示，因知识产权本身价值的波动性较大，出质和处分环节的价值评估、赔偿数额的多少等，多数情况下是双方争议的焦点问题，该类案例占比高达 41%。在合同约定期限届至时，知识产权质押的实质是优先受偿权能否实现，担保责任的履行意味着由保证人和债务人承担连带责任。组合担保情形下，连带责任承担更为复杂，这两类案例共占比 35%。合同效力问题的案例在争议焦点中占比 10%，该问题的产生与质押合同是否进行权利登记直接相关。

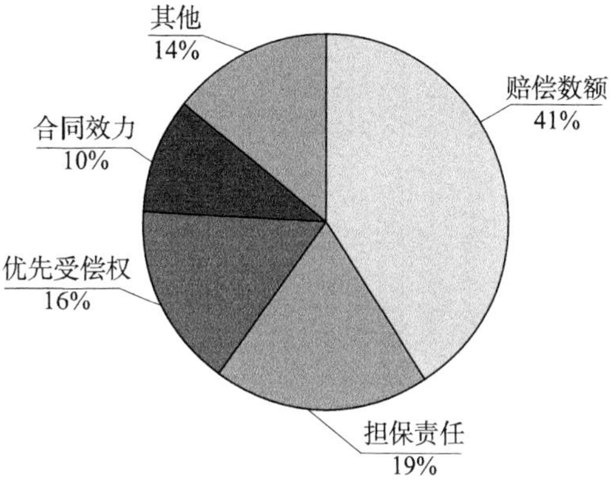

图 5.8 争议焦点一览

5.2.7 法院裁判要点及理由

针对知识产权质押案件的焦点问题，法院审理案件时在裁判理由部分作出相应的分析，如图 5.9 所示，是否具有优先受偿权、是否应承担连带责任、未设立质押或质押不成立构成裁判理由的前三位，也是法院裁判合同数额的主要依据。法院严格区分知识产权质押合同的效力与质权合同的效力，“质权自有关主管部门办理出质登记时设立，即出质登记是知识产权质权的生效要件，区别于知识产权质权合同的生效，系争《知识产权质押合同》系原告与被告派恩公司的真实意思表示，内容不违反法律、行政法规的强制性规定，因此本院依法确认知识产权质权合同成立并生效，对原告的诉请予以支持。”[1] 据此，法院判决被告承担违约责任，但由于专利权未办理质押登记，原告不能据此行

[1] 上海市浦东新区人民法院（2013）浦民六（商）初字第 5349 号民事判决书。

使质权，不能享有就该专利权优先受偿的权利。在另一起案件中，法院的裁判理由也采取同样的法律依据："原告交通银行股份有限公司北京中关村园区支行有权以被告北京龙凤之邦国际文化交流有限公司出质并登记在国家版权局的质押财产（《说汉语》系列丛书 Series）在第一项规定的债务范围内优先受偿。"[1]

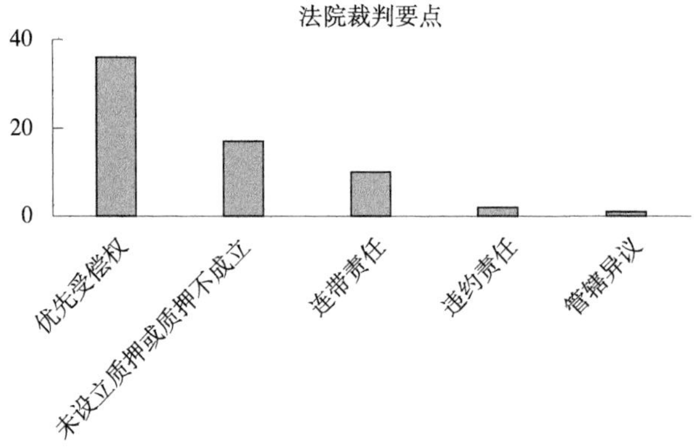

图 5.9　法院裁判要点一览

5.2.8　知识产权质押纠纷产生原因

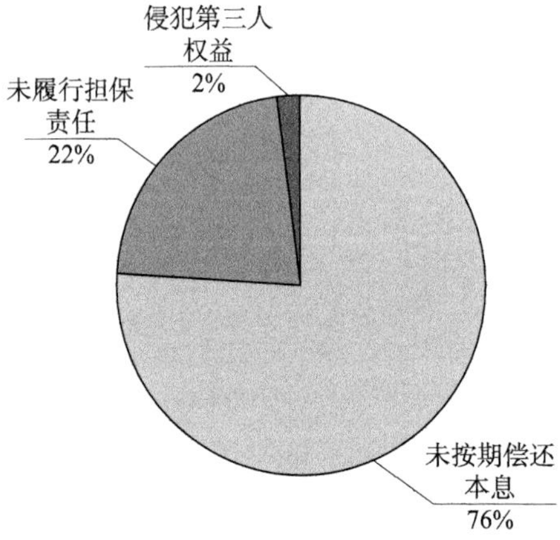

图 5.10　案件纠纷产生原因一览

知识产权质押案件中，以债务人未按期履行还款义务为纠纷发生的主要原因，76% 的案件属于这种情况；保证人未履行保证责任占 22%，侵犯他人的相关权益而导致的纠纷占 2%（见图 5.10）。这是因为知识产权质押本质上是一种融资手段，只有债务人未按期偿还债务时，债权人才对质押财产行使优先受偿权，未偿还债务是纠纷产生的首要原因。其次，作为组合担保，在债务人未按期履行债务时，承担连带责任的当事人之间可能互相推诿，成为

[1] 北京市海淀区人民法院（2014）海民（商）初字第 18656 号民事判决书。

产生纠纷的导火索。

5.3 16件典型知识产权质押融资案例分析

以上分析了知识产权质押案件的总体情况，本节选取16件知识产权质押案例，按照主要争议焦点将知识产权质押纠纷归纳为七类：质权人的优先受偿权、知识产权展期内质押的效力、知识产权的有效性对质押合同的效力、知识产权的担保期间和担保责任的关系、知识产权质押登记、知识产权权属争议对知识产权质押的影响等。对16件个案从案情简介、裁判要点及理由两方面进行介绍，在此基础上，归纳分析知识产权质押融资诉讼纠纷中存在的主要问题。

5.3.1 确认质权人的优先受偿权

案例1 中国医药对外贸易有限公司与北京金源化学集团有限公司等买卖合同纠纷案[1]

（一）案情简介

原告：中国医药对外贸易有限公司

被告：北京金源化学集团有限公司

2014年12月23日，甲方中国医药对外贸易有限公司与乙方北京金源化学集团有限公司、金源东和公司签订《货款给付协议》，约定：甲方与乙方合作经营化工产品进口销售业务，自2009年1月至2010年3月，甲方向乙方销售了3000余万元货物，其中乙方已给付了800余万元货款，还欠甲方2500余万元货款至今未付。金源化学公司与金源东和公司向甲方郑重承诺，对上述提到的欠款2500余万元三年内还清，自2015年1月1日至2018年1月1日。金源化学公司与金源东和公司对上述提到的欠款向甲方承担连带偿还责任。金源化学公司与金源东和公司对债务的履行向医药公司提供担保。

同日，金源东和公司作为抵押人（甲方），医药公司作为抵押权人（乙方）签订《房地产抵押合同》，约定甲方以其有权处分的房地产作抵押，债务

[1] 北京市朝阳区人民法院民事判决书（2018）京0105民初21056号。

人为金源化学公司、金源东和公司，乙方债权标的额为2500余万元，担保范围为债务本息及实现债权一切费用，包括但不限于：违约金、赔偿金、诉讼费和律师费。债务人履行债务的期限为自2015年1月1日至2018年1月1日。

2015年2月15日，医药公司取得甲方所有房屋的抵押权，被担保主债权数额为2500余万元，抵押方式为一般抵押。

同日，金源化学公司作为出质人（甲方）、医药公司作为质权人（乙方）签订《专利权质押合同》，约定甲方以其有权处分的专利作质押，乙方经审查，甲方以质押财产清单所列之财产设定质押。甲乙双方确认：债务人为金源化学公司、金源东和公司，乙方债权标的额即质押担保额为2500余万元，债务人履行债务的期限为自2015年1月1日至2018年1月1日。甲方保证对质押物依法享有完全的所有权。甲方应于办理完专利权质押登记之日起5日内，将质押专利的权利凭证交付乙方占有。质押担保的范围：债务金额及利息、违约金（包括罚息）、赔偿金、质物权利凭证保管费用及实现债权和质权的费用。该合同附件《质押财产清单》载明：专利名称为通过鼻黏膜给药的药物制剂，申请日为1998年5月20日，颁证日为2001年2月24日，有效期为二十年，专利权证号为ZL98108852. X。2015年3月13日，该公司办理了专利权质押登记，质权自2015年3月13日起设立。

但至立案之日，金源东和公司、金源化学公司尚有2000余万元货款未付。原告医药公司于是要求判令：（1）判令金源东和公司、金源化学公司连带偿还货款20880421元；（2）判令金源东和公司、金源化学公司连带赔偿因迟延付款而给医药公司造成的损失；（3）判令医药公司对金源东和公司提供的抵押物位于北京市朝阳区北苑路180号加利大厦E座7层701号房产享有优先受偿权；（4）判令医药公司对金源化学公司提供的质押物通过鼻黏膜给药的药物制剂的专利享有优先受偿权；（5）金源东和公司、金源化学公司承担本案诉讼费用。

（二）裁判要点及理由

法院认为：医药公司与金源化学公司之间存在买卖合同关系，医药公司与金源化学公司、金源东和公司签订之《货款给付协议》，该协议系各方真实意思表示，不违反法律、行政法规强制性规定，各方均应依约履行。金源化学公司、金源东和公司承诺连带偿还医药公司货款，其应依约如期承担清偿责任。由于各方均确认金源化学公司、金源东和公司尚欠货款20880421元，对医药公司要求金源东和公司、金源化学公司连带给付剩余货款的诉讼请求，法院予以支持。

医药公司与金源东和公司签订之《房地产抵押合同》、医药公司与金源化学公司签订之《专利权质押合同》为各方真实意思表示，不违反法律、行政法规强制性规定，应属合法有效。以建筑物抵押的，应当办理抵押登记，抵押权自登记时设立。以专利权出质的，当事人应当订立书面合同。质权自有关主管部门办理出质登记时设立。金源东和公司已就抵押房屋，金源化学公司已就出质专利权，分别办理了以医药公司为抵押权人、质权人的登记，抵押权及质权均已合法设立。根据各方约定，在债务人不能偿还债务本息时，医药公司有权就抵押财产、质押财产折价或拍卖、变卖所得价款优先受偿。故对医药公司要求就抵押物及质押物享有优先受偿权的诉讼请求法院予以支持。本案判决被告北京金源东和化学有限责任公司、北京金源化学集团有限公司于本判决生效后七日内向原告中国医药对外贸易有限公司连带偿还货款，并连带赔偿利息损失；原告中国医药对外贸易有限公司对被告北京金源东和化学有限责任公司涉案房屋折价或拍卖、变卖所得价款，在本判决第一项、第二项所确定的债权范围内享有优先受偿权；原告中国医药对外贸易有限公司对被告北京金源化学集团有限公司持有的通过鼻黏膜给药的药物制剂的专利权享有优先受偿权，以上述专利权折价或以拍卖、变卖的价款，在本判决第一项、第二项所确定的债权范围内优先受偿。

该案一审宣判后，双方当事人均未提出上诉，一审判决已发生法律效力。

案例2 厦门颉轩光电有限公司诉孙某青企业借贷纠纷案[1]

（一）案情简介

原告：厦门颉轩光电有限公司

被告：孙某青

2015年9月，上海斐君钛晟投资管理合伙企业（有限合伙）（以下简称斐君企业）作为乙方、厦门颉轩光电有限公司（简称颉轩公司）作为丙方以及孙某青与案外人黄某和案外人孙某某（共同作为甲方），共同签订借款协议，约定：乙方同意在本协议签署之日起5日内向丙方提供借款2000万元，借款期限自该借款支付至丙方账户之日起算，该借款的到期日为2016年5月31日。2015年9月29日，斐君企业向颉轩公司转账放款2000万元。

因颉轩公司未按约还款，2016年6月1日，上述借款协议的三方当事人

[1] 上海市高级人民法院民事判决书（2018）沪民终414号。

又签订《备忘录》，约定：关于借款事项，2015年9月，斐君企业与颉轩公司及业绩承诺人签订了借款协议……根据约定，乙方（斐君企业）现要求丙方（颉轩公司）归还2000万元借款本金及支付相应的利息。各方同意，业绩承诺人及颉轩公司应在2016年8月31日前办理完毕上述归还借款的程序……针对2000万元借款事项，双方经协商一致同意，丙方归还乙方2000万元借款本金，并支付相应的利息。甲方（孙某青与案外人黄某和案外人孙某某）和丙方应敦促并确保各股东同意按照上述安排进行归还借款的程序。同时，协议各方一致同意，各方应在2016年8月31日之前办理完毕归还借款的事项。

2016年12月2日，斐君企业的黄某彬和陈某、颉轩公司法定代表人孙某青共同召开“关于厦门颉轩光电有限公司履行业绩补偿及归还借款义务”会议，并形成《备忘录（二）》载明：将颉轩公司所有授权专利进行质押……颉轩公司若于2017年1月31日前全额偿还2000万元本金及利息，则斐君企业将在5日内解除颉轩公司所有授权专利……的质押……

2017年1月20日，斐君企业与颉轩公司签订补充协议，再次同意有条件延长还款期限。2017年1月23日，斐君企业与颉轩公司签订了相应的《专利权质押合同》。2017年1月23日、24日，颉轩公司分两次共向斐君企业归还欠付利息12万余元。

2017年2月6日，债权人斐君企业办理了专利权质押登记。2017年3月1日，国家知识产权局发布了相应的《中国专利公布公告》。

2017年4月25日、5月17日，斐君企业要求人民法院向颉轩公司发出支付令，督促颉轩公司向斐君企业偿还：（1）借款本金1900万元；（2）借款利息300万余元。

截至该案立案之日，颉轩公司仍有借款未归还，因此，斐君企业诉至法院，请求法院判令：判令颉轩公司返还斐君企业借款本金1900万元；判令颉轩公司向斐君企业支付借款利息；判令颉轩公司赔偿斐君企业律师费50万元；判令颉轩公司以其享有专用权的已经质押给斐君企业的七项专利权折价或以拍卖、变卖质押专利权所得的款项优先向斐君企业偿付上述1、2、3项应付款项；判令孙某青对颉轩公司上述1、2、3项应付款项承担连带赔偿责任。

（二）裁判要点及理由

一审法院认为，首先，颉轩公司作为借款人应当按照借款协议的约定向款项出借人斐君企业返还借款本金并支付借款期内的利息，逾期还款部分，还应当依照相应规定支付逾期利息。故斐君企业要求颉轩公司归还借款本金1900

万元以及支付借款利息、逾期付款利息的诉请有相应的事实与法律依据，一审法院予以支持。其次，关于斐君企业要求颉轩公司支付律师费 50 万元的诉请，因在该两当事人于 2017 年 1 月 20 日签订的补充协议中已经作出明确的约定，故一审法院对此部分诉请亦予支持。再次，颉轩公司作为借款协议的债务人有权将其可以转让的专利权予以出质作为债务担保，且颉轩公司就此与斐君企业签订了书面专利权质押合同，并在我国国家专利局办理了出质登记手续。因此，在颉轩公司不履行到期债务的情况下，斐君企业作为质权人有权要求以法律规定的方式实现其债权，故一审法院对斐君企业的该项诉请亦予支持。最后，孙某青作为连带责任的保证人，在债务人颉轩公司逾期未履行债务的情况下，有义务在其保证范围内向债权人斐君企业承担保证责任，故一审法院对斐君企业的该项诉请亦予支持。

据此，一审法院判决：颉轩公司返还斐君企业借款本金人民币 1900 万元；颉轩公司向斐君企业支付借款利息；颉轩公司向斐君企业赔偿律师费人民币 50 万元；斐君企业可以与颉轩公司协议以涉案的七项专利权中的财产权折价或以拍卖、变卖质押专利权所得的款项优先受偿。

厦门颉轩光电有限公司不服一审判决，向上海市高院提出上诉，请求撤销原审判决，驳回斐君企业的全部诉讼请求。二审法院认可斐君企业对涉案的七项专利权中的财产权折价或以拍卖、变卖质押专利权所得的款项有优先受偿的权利。

二审法院判定颉轩公司的上诉请求不能成立，驳回上诉并维持原判。

案例 3　杭州市拱墅区利尔达小额贷款股份有限公司诉施某 1、施某 2 等小额借款合同纠纷案[1]

（一）案情简介

原告：杭州市拱墅区利尔达小额贷款股份有限公司

被告：施某 1、施某 2

2014 年 6 月 20 日，施某 1 作为借款申请人，向杭州市拱墅区利尔达小额贷款股份有限公司（简称利尔达公司）提交个人借款申请表一份，申请个人经营性贷款 1000 万元。同日，施某 1 作为甲方（借款人），利尔达公司作为乙方（贷款人），双方签订个人借款合同一份。

---

[1] 杭州市拱墅区人民法院民事判决书（2015）杭拱商初字第 1534 号。

2014 年 6 月 20 日，施某 2、多讯公司作为保证人，与利尔达公司签订编号为杭拱利高保 2014 年 0296 号最高额保证合同一份，约定施某 2、多讯公司为施某 1 自 2014 年 6 月 20 日起至 2015 年 6 月 19 日止在利尔达公司处最高额为 1000 万元的债务提供连带责任保证，保证期间为自主合同债务人履行债务期限届满之日起两年，每笔具体业务项下的债权单独计算，担保范围为主合同项下的债务本金、利息、逾期利息、利尔达公司为实现债权而发生的费用（包括但不限于诉讼费、财产保全费、律师费等）等。

2014 年 6 月 20 日，施某 1 作为出质人，与利尔达公司签订编号为杭拱利质 2014 年第 0296 号质押合同，施某 1 以其持有的多讯公司 350 万元（万股）股权为其在 2014 年 6 月 20 日至 2015 年 6 月 19 日向利尔达公司所借的本金为 1000 万元的债务提供质押担保，质押担保的范围包括债务本金、利息、逾期利息、利尔达公司为实现债权而发生的费用（包括但不限于诉讼费、财产保全费、公告费、律师费等）等。双方亦于 6 月 20 日办理上述股权出质登记手续。

2014 年 6 月 20 日，施某 2 作为出质人，与利尔达公司签订质押合同，施某 2 以其持有的上海希肯网络科技有限公司 70 万元股权为施某 1 在 2014 年 6 月 20 日至 2015 年 6 月 19 日向利尔达公司所借的本金为 1000 万元的债务提供质押担保，质押担保的范围包括债务本金、利息、逾期利息、利尔达公司为实现债权而发生的费用双方于 2014 年 7 月 29 日办理了上述股权出质登记手续。

2014 年 6 月 20 日，多讯公司作为出质人，与利尔达公司签订了质押合同，多讯公司以其持有的软件著作权（软件名称及版本号分别为：多讯视窗智能系统服务集成平台软件）的全部财产权为施某 1 在 2014 年 6 月 20 日至 2015 年 6 月 19 日向利尔达公司所借的本金为 1000 万元的债务提供质押担保，质押担保的范围包括债务本金、利息、逾期利息、利尔达公司为实现债权而发生的费用等。双方于 2014 年 11 月 24 日办理上述软件著作权出质登记手续。

2014 年 6 月 27 日，利尔达公司将 250 万元借款分 5 笔，每笔各 50 万元转入施某 1 的个人账户，双方签订的借款凭证中约定该笔借款的期限为 2014 年 6 月 27 日至 2015 年 6 月 26 日。

但截至该案立案之日，施某 1 未归还借款，因此，原告利尔达公司向法院提起诉讼，请求法院判令：（1）被告施某 1 向原告偿还借款本金 500 万元；被告施某 1 向原告支付利息 20 万余元；（2）被告施某 2、柳某、多讯公司对被告施某 1 所负债务承担连带偿还责任；（3）确认原告对拍卖被告施某 1、施某 2 质押给原告的多讯公司的 70% 的股权、上海希肯网络科技有限公司的 70%

的股权经司法处置后享有优先受偿权；（4）确认原告对拍卖被告多讯公司质押给原告的多讯公司的计算机著作权经司法处置后享有优先受偿权；（5）被告承担本案诉讼费、财产保全费等相关诉讼费用，以及其他原告为实现该债权所支出的必要费用。

（二）裁判要点及理由

法院认为，利尔达公司与施某1、施某2、多讯公司签订的《个人借款合同》《最高额保证合同》《质押合同》系各方当事人的真实意思表示，内容合法，应确认有效。故对利尔达公司起诉时主张的归还所欠借款本息承担连带清偿责任，对质押的权利经司法处置后享有优先受偿权的诉讼请求予以支持。

判决如下：被告施某1于本判决生效之日起十日内归还原告杭州市拱墅区利尔达小额贷款股份有限公司借款及利息。被告施某2、杭州多讯科技有限公司对被告施某1涉案的应付款项承担连带清偿责任。原告杭州市拱墅区利尔达小额贷款股份有限公司对被告施某1持有的杭州多讯科技有限公司350万元股权、被告施某2持有的上海希肯网络科技有限公司70万元股权依法处理所得价款享有优先受偿权。原告杭州市拱墅区利尔达小额贷款股份有限公司对被告杭州多讯科技有限公司出质的软件著作权中的财产权依法处理所得价款享有优先受偿权。

该案一审宣判后，双方当事人均未提出上诉，一审判决已发生法律效力。

案例4　青海海晏农村商业银行股份有限公司、乌兰县农村信用合作联社等诉青海弘川新源实业股份有限公司、江油炳辉改性沥青有限公司等借款合同纠纷案[1]

（一）案情简介

原告：青海海晏农村商业银行股份有限公司、乌兰县农村信用合作联社

被告：青海弘川新源实业股份有限公司

被告：江油炳辉改性沥青有限公司

2017年6月29日，原告青海海晏农村商业银行股份有限公司、乌兰县农村信用合作联社等与被告青海弘川新源实业股份有限公司（以下简称弘川新源公司）签订借款合同。同日，被告弘川新源公司与原告签订抵押合同，以抵押物清单所列的原材料、机器设备等为上述债务提供抵押担保，并办理了动

[1] 青海省高级人民法院民事判决书（2018）青民初153号。

产抵押登记。同日，被告弘川新源公司与原告签订《专利权质押合同》，以一种沥青入针度检测辅助装置、一种利用锅炉余热加温净化改性沥青的方法、自愈型预养护沥青的制备方法、SBR 改性道路沥青的实用新型和发明专利，为上述债务在 800 万元借款本金及利息、实现债权费用等范围内提供质押担保，办理了质押登记号为 2017630000016 的专利权登记。被告弘川新源公司与原告签订合同编号为 2017 晏信联社质合字第 001 号《商标权质押合同》，以第 4519488 号商标注册证“路天立”商标为上述债务提供质押担保，办理了商标质字〔2017〕第 669 号商标质押权登记。

同日，被告江油炳辉公司与原告签订编号为 2017 晏信联社抵合字第 002 号《银（社）团抵押合同》，约定被告江油炳辉公司以抵押物清单所列的原材料、机器设备等为上述债务借款本金及利息、实现债权费用等范围内设立抵押担保，并办理了动产抵押登记。

2017 年 6 月 30 日、2017 年 8 月 28 日，被告弘川新源公司向原告分别偿还本金 100 万元、200 万元；偿还 2017 年 7 月、8 月、9 月的利息和复利，合计 2464119.99 元。

但至立案之日，弘川新源公司在合同约定的还款期间内不能偿还到期债务，原告提起诉讼请求法院判令：（1）判令被告弘川新源公司偿还借款本金 19300 万元。（2）判令被告弘川新源公司支付 2018 年 11 月 5 日之前的利息、罚息、复利。（3）判令被告弘川新源公司承担案件受理费、诉讼保全费。（4）判令被告弘川新源公司按实际发生额支付一审律师费、二审和执行程序的律师费等原告因实现债权产生的费用。（5）判令原告对被告弘川新源公司提供动产抵押担保的《抵押合同》项下的原材料、货物、机器设备拍卖、变卖的价款，在以上诉求的第 1、2、3、4 项范围内优先受偿。（6）判令原告对被告弘川新源公司提供质押担保的一种沥青入针度检测辅助装置、一种利用锅炉余热加温净化改性沥青的方法、自愈型预养护沥青的制备方法、SBR 改性道路沥青的专利拍卖、变卖的价款在第 1、2、3、4 项诉求的 800 万元本金及利息（包括正常利息、逾期利息、复利和罚息等）、实现债权费用等范围内优先受偿。（7）判令原告对被告弘川新源公司提供质押担保的“路天立”商标拍卖、变卖的价款在以上诉求的第 1、2、3、4 项范围内优先受偿。（8）判令原告对被告江油炳辉公司提供抵押担保的位于四川省江油市厚坝镇万寿村 18401.6 平方米国有土地使用权及附着物以及抵押的动产原材料、机器设备等拍卖、变卖的价款，在以上诉求的第 1、2、3、4 项范围内优先受偿。（9）判令被告青海信保公司在以上第1、2、3、4项诉求的6500万元本金及利息（包括正常利息、逾期利息、复利和罚息）、实现债权的费用等范围内承担连带责任保证担保义务。（10）判令被告江油炳辉公司、王某、刘某霞、刘某珍在以上诉求的第1、2、3、4项范围内向原告承担连带责任保证义务。

（二）裁判要点及理由

法院认为，原告与被告弘川新源公司签订的《银（社）团借款合同》《专利权质押合同》《商标权质押合同》系各方当事人真实意思的表示，不违反法律规定，亦未损害第三人权益，为有效合同。关于原告要求对被告弘川新源公司提供的已办理抵押担保的抵押物及已办理专利权质押登记的专利质押物、已办理商标专用权质押登记的商标实现担保物优先受偿权的问题，因该抵押关系的设立是双方当事人的真实意思，不违反法律规定，原告依据合同约定主张该项权利的诉讼请求并无不当，法院予以支持。

因此，青海省高级人民法院判决被告青海弘川新源实业股份有限公司偿还借款本金及利息；对被告青海弘川新源实业股份有限公司提供的质押担保的一种沥青入针度检测辅助装置、一种利用锅炉余热加温净化改性沥青的方法、自愈型预养护沥青的制备方法、SBR改性道路沥青的专利在800万元本金及相应利息、罚息、复利及律师费的范围内享有优先受偿权。

5.3.2 知识产权展期内可质押

案例5 界首市发展中小企业融资担保有限责任公司诉界首市立天包装材料销售有限公司、安徽新能电源科技有限公司等追偿权纠纷案[1]

（一）案情简介

原告：界首市发展中小企业融资担保有限责任公司

被告：界首市立天包装材料销售有限公司

被告：安徽新能电源科技有限公司

2017年3月15日，被告界首市立天包装材料销售有限公司向安徽界首农村商业银行股份有限公司贷款1900万元并签订《流动资金借款合同》，借款期限为一年，原告界首市发展中小企业融资担保有限责任公司为该笔借款提供了保证担保，并与安徽界首农村商业银行股份有限公司签订《保证合同》，期

[1] 安徽省界首市人民法院民事判决书（2018）皖1282民初2695号。

限为一年。被告安徽新能电源科技有限公司用其公司专利权和在安徽界首农村商业银行股份有限公司股权（974.11 万股）向原告提供反担保质押，分别签订了《专利权质押合同》《股权质押协议合同》和《股金质押担保合同》，并办理股权出质变更登记。被告宋某辉夫妻二人、徐某民夫妻二人、刘某平夫妻二人、张某杰向原告提供个人不可撤销连带保证责任担保并签订《个人不可撤销连带责任保证书》。

2018 年 3 月 15 日贷款到期后，被告界首市立天包装材料销售有限公司无力清偿贷款，故申请展期 6 个月并办理专利权质押登记（专利权质押登记号：2018990000213），展期贷款于 2018 年 9 月 15 日到期。后因被告界首市立天包装材料销售有限公司未按期结息，导致贷款提前到期。安徽界首农村商业银行股份有限公司于 2018 年 8 月 1 日向原告发送《扣划通知书》，双方按约定比例将代偿本息合计 12643993.91 元（其中本金 12136066.91 元，利息 507927 元）划至安徽界首农村商业银行股份有限公司的账户内用于还款，为此引起纠纷。原告界首市发展中小企业融资担保有限责任公司向法院提出诉讼请求并要求判令：（1）请求判令以上被告偿还原告代偿款本息合计 12643993.91 元；（2）请求判令以上被告将自 2018 年 8 月 1 日（代偿之日）起至执行完毕之日止的利息（利率按同期中国人民银行逾期贷款利率）偿还原告；（3）请求判令以上被告将自 2018 年 8 月 1 日（代偿之日）起至执行完毕之日止的违约金（利率按每天千分之一）偿还原告；（4）本案诉讼费、保全费、评估费、律师费等实现债权的全部费用由以上被告承担。

（二）裁判要点及理由

法院审理认为，原告界首市发展中小企业融资担保有限责任公司与被告签订的《抵押担保合同》是双方当事人真实意思表示，合法有效。原告界首市发展中小企业融资担保有限责任公司为被告界首市立天包装材料销售有限公司向安徽界首农村商业银行股份有限公司的贷款提供担保，因被告逾期未履行还款义务，原告为此承担了保证责任。根据《中华人民共和国担保法》第 31 条的规定“保证人承担保证责任后，有权向债务人追偿”，故原告对被告界首市立天包装材料销售有限公司依法享有追偿权。因此，原告要求被告界首市立天包装材料销售有限公司支付其代为偿还的借款本息的诉讼请求，法院予以支持。

判决被告界首市立天包装材料销售有限公司支付原告界首市发展中小企业融资担保有限责任公司代为偿还的借款本息 12643993.91 元，及以后利息；对质押的专利权就上述债务在其抵押担保的责任范围内承担还款责任。

5.3.3 专利权设立最高额权利质押的效力认定

案例6　中国农业银行股份有限公司嘉兴科技支行诉嘉兴百佳机械有限公司、何某庆金融借款合同纠纷案❶

（一）案情简介

原告：中国农业银行股份有限公司嘉兴科技支行

被告：嘉兴百佳机械有限公司

被告：何某庆

2016年10月26日，被告嘉兴百佳机械有限公司与原告中国农业银行股份有限公司嘉兴科技支行签订《最高额权利质押合同》，并在国家知识产权局办妥了质押登记手续，约定由被告嘉兴百佳机械有限公司提供十二项专利权为自身2016年10月26日至2019年10月25日期间与原告形成的债务提供最高额质押担保，担保债权最高额度为4008200元。

2016年11月29日，被告何某庆、被告刘某与原告签订《最高额保证合同》，约定其为被告嘉兴百佳机械有限公司2016年11月29日至2018年11月28日止与原告发生的债务提供最高额抵押担保，担保债权最高额度为220万元。

被告何某庆与原告于2017年12月27日签订《权利质押合同》，并于当日办妥存单质押冻结止付手续，约定为原告与被告嘉兴百佳机械有限公司签订的编号为《流动资金借款合同》形成的债权提供质押担保，担保债权本金数额为1000000元。

被告嘉兴百佳机械有限公司与原告于2017年12月27日签订了编号为33010×××033456的《流动资金借款合同》，贷款金额200万元，借款期限2017年12月27日至2018年12月2日，利率执行4.35%，还款方式为一次性还本按约还息。

上述合同签订后，原告按约于2017年12月27日发放贷款200万元。2018年，被告嘉兴百佳机械有限公司因供应商纠纷导致资金链断裂，该笔贷款出现风险后，2018年11月6日由保证人嘉兴市中小企业担保有限公司按约定代偿了100万元及相应利息。

到立案之日，10月份利息已逾期，原告催讨未果后宣布贷款提前到期。

---

❶ 浙江省嘉兴市南湖区人民法院民事判决书（2018）浙0402民初8003号。

被告嘉兴百佳机械有限公司在贷款提前到期后未能及时还款，目前贷款已经逾期。其他被告作为担保人，也未履行担保责任。原告请求法院判令：（1）被告嘉兴百佳机械有限公司立即归还借款本金100万元、支付利息5820.78元（暂计算至2018年11月7日，此后要求按合同约定计收至实际清偿之日止）。（2）原告对质押的人民币定期存单的处置享有优先受偿权。（3）被告何某庆、刘某对上述第一项债务承担连带保证责任。（4）原告对专利权质押登记号2016×××091项下的十二项专利权的处置享有优先受偿权。（5）本案诉讼费用由三被告连带承担。

（二）裁判要点及理由

审理法院认为，该案系金融借款合同纠纷，原告与各被告签订的合同系各方当事人真实意思表示，不违反法律法规的禁止性规定，合同合法有效，各方当事人应按合同约定行使权利、履行义务。现原告已按约发放了贷款，然借款人嘉兴百佳机械有限公司于借款到期后未按约还款，故原告可依据合同主张被告嘉兴百佳机械有限公司还本付息。原告作为权利人对已办理抵（质）押的存单，已办理出质登记的专利权享有优先受偿的权利。被告何某庆、刘某应在各自担保的限额内承担保证责任。判决被告嘉兴百佳机械有限公司于返还原告中国农业银行股份有限公司嘉兴科技支行借款本金100万元并支付利息5820.78元；原告对专利权质押登记号2016×××091项下的十二项专利的专利权享有优先受偿权。

案例7　浙江禾城农村商业银行股份有限公司秀洲支行诉嘉兴川页奇精密自动化机电有限公司、邱昌贤金融借款合同纠纷案[1]

（一）案情简介

原告：浙江禾城农村商业银行股份有限公司秀洲支行

被告：嘉兴川页奇精密自动化机电有限公司

被告：邱某贤

2017年6月13日，被告嘉兴川页奇精密自动化机电有限公司（以下简称川页奇公司）与原告浙江禾城农村商业银行股份有限公司秀洲支行签订《最高额质押合同》，约定川页奇公司以其拥有的15项专利，为原告向川页奇公司自2017年6月13日至2020年6月12日期间最高融资限额2500万元的融资债权提

[1] 浙江省嘉兴市南湖区人民法院民事判决书（2018）浙0411民初5050号。

供最高额质押担保。2017 年 6 月 21 日，双方办理质押登记手续。后由于川页奇公司未偿还借款，原告向法院提起诉讼，请求法院判令：（1）判令被告川页奇公司归还原告借款本金 340 万元，支付利息（含罚息、复息，自 2018 年 6 月 21 日起暂计至 2018 年 10 月 18 日计 89280.37 元，之后按合同约定计算至借款实际清偿之日），并赔偿原告实现债权的律师费 11 万元（庭审中变更为 8 万元）。（2）确认原告对被告川页奇公司提供的抵押物〔高精度两瓣扁平夹头装置等 15 项专利，抵押权证号：2017330000056〕的拍卖、变卖款享有优先受偿权。（3）确认原告对被告邱昌贤提供的抵押物〔嘉兴市秀洲区高桥花园鸣翠苑 10 幢 401 室房屋及车库，房权证：嘉房权证秀洲字第＊＊，土地证：嘉秀洲国用（2012）第 26421 号〕的拍卖、变卖款在最高债权数额 60 万元及相应比例的利息和实现债权费用范围内享有优先受偿权（除去第一顺位抵押权后剩余价款）。（4）判令被告丽创公司、付某、北崎公司、伺康公司、谢某安对上述第 1 项债务承担连带清偿责任。（5）本案诉讼费用由七被告共同承担。

（二）裁判要点及理由

审理本案的嘉兴市秀洲区法院认为，原被告签订的《最高额质押合同》，是当事人真实意思的表示，内容不违反法律、行政法规的强制性规定，具有法律约束力。被告川页奇公司以专利权作质押，进行了登记，质押权依法设立，原告有权在最高额担保范围内以实现质押权价款优先受偿债权。

因此，法院判决被告嘉兴川页奇精密自动化机电有限公司偿付原告浙江禾城农村商业银行股份有限公司秀洲支行借款 340 万元，并支付利息；原告浙江禾城农村商业银行股份有限公司秀洲支行有权以拍卖、变卖被告嘉兴川页奇精密自动化机电有限公司拥有的 15 项专利质押权的价款，优先受偿。

案例 8　交通银行股份有限公司吉林省分行诉曲某深等金融借款合同纠纷案[1]

（一）案情分析

原告：交通银行股份有限公司吉林省分行

被告：曲某深

2016 年 12 月 22 日，原告交通银行股份有限公司吉林省分行（以下简称交行吉林省分行）与被告吉林天景食品有限公司（以下简称天景公司）签订

[1] 吉林省长春市中级人民法院判决书（2018）吉 01 民初 171 号。

了《最高额质押合同》，约定以天景公司自有的商标注册号为第 8840547 号等的 39 个商标专用权作为质押财产为天景公司与交行吉林省分行在 2016 年 12 月 22 日至 2020 年 12 月 13 日期间签订的全部主合同提供最高额质押担保，质押担保的主债权为主合同项下的全部债权，最高债权额为人民币 2.75 亿元。担保范围为主合同项下全部主债权本金及利息、复利、罚息、违约金、损害赔偿金、实现债权及质权的费用。双方为前述质押财产办理了商标质字〔2016〕第 1524 号《商标专用权质权登记证》。

2017 年 6 月 7 日至 2017 年 12 月 25 日期间，天景公司与交行吉林省分行先后签订了三份《流动资金借款合同》，且贷款已经实际发放。

至该案立案之日起，被告天景公司未归还贷款，故原告交行吉林省分行向吉林省长春市中院提起诉讼，请求法院判令：（1）请求原告宣布贷款全部提前到期，天景公司、曲某深立即偿还 1 亿元贷款本金及利息、罚息和复利，均要求计算至贷款实际清偿完毕之日止。（2）请求判令天景公司以长交银 2416D20001 号《最高额质押合同》项下财产对其与交行吉林省分行订立的长交银 8917A003702 号、长交银 8917A003703 号《流动资金借款合同》和长交银 8917A003704 号《流动资金借款合同》项下债务承担质押担保责任并判决交行吉林省分行对该质押合同项下质押财产享有质押权和优先受偿权。（3）请求判令曲广深对天景公司于诉求第一项中所负债务向交行吉林省分行承担连带保证责任。（4）该案案件受理费、保全费和律师代理费等诉讼费用由天景公司、曲某深承担。

（二）裁判要点及理由

审理该案的吉林省长春市中院认为，交行吉林省分行与天景公司签订的三份《流动资金借款合同》系双方当事人的真实意思表示，且不违反法律法规的禁止性规定，合法有效，双方当事人均应按照合同约定行使权利、履行义务。对于天景公司与交行吉林省分行签订的 2416D20001 号《最高额质押合同》系双方当事人的真实意思表示，且不违反法律法规的禁止性规定，合法有效，双方当事人均应按照合同约定行使权利、履行义务。合同中约定，以天景公司自有的商标注册号为第 8840547 号等的 39 个商标专用权作为质押财产为天景公司与交行吉林省分行在 2016 年 12 月 22 日至 2020 年 12 月 13 日期间签订的全部主合同提供最高额质押担保。质押担保的主债权为主合同项下最高债权额为人民币 2.75 亿元的全部债权。且双方已经就该商标权进行了质押登记，故天景公司应以其 39 个商标专用权向交行吉林省分行长交银

8917A003702 号《流动资金借款合同》、长交银 8917A003703 号《流动资金借款合同》、长交银 8917A003704 号《流动资金借款合同》项下贷款本息最高额 2.75 亿元债务承担质押担保责任，交行吉林省分行有权对上述商标专用权折价或拍卖、变卖的价款优先受偿。

法院判决被告吉林省天景食品有限公司向原告交通银行股份有限公司吉林省分行偿还借款本金 1 亿元及期内利息；交通银行股份有限公司吉林省分行对被告吉林省天景食品有限公司的质押物有优先受偿权。

5.3.4 专利权的终止影响专利权质押的效力

案例 9 天津银行股份有限公司北京分行诉张某强等借款合同纠纷案[1]

（一）案情简介

原告：天津银行股份有限公司北京分行

被告：张某强

原告天津银行股份有限公司北京分行（以下简称天津银行）与被告嘉德兴业公司于 2012 年 11 月 2 日签订《流动资金借款合同》，约定嘉德兴业公司向天津银行借款 1300 万元，借款期限自 2012 年 11 月 2 日至 2013 年 11 月 1 日。同时，天津银行与嘉德兴业公司签订了《权利质押合同》，约定嘉德兴业公司为自身所享有的专利技术向天津银行提供权利质押担保，担保范围包括借款本金、利息、复利、罚息、违约金、赔偿金以及实现债权的费用。双方办理了权利质押登记。至立案之日起，嘉德兴公司未偿还借款，故天津银行要求：（1）判令嘉德兴业公司偿还天津银行借款本金 889384.74 元、利息 466738.83 元；（2）判令天津银行对嘉德兴业公司名下的以下专利实现质权。

（二）裁判要点及理由

法院认为，天津银行依据权利质押合同的约定，要求对嘉德兴业公司名下的专利实现质权。经过法庭核实后发现出质的十项专利均由于未缴年费终止失效或届满终止失效。专利权保护期限届满或未缴年费，不再受到专利法保护，相关专利技术进入公有领域成为公知技术。专利权质押属于权利质押，以专利权中的财产权作为质押标的，在债务人履行期限届满不能偿还债务时，债权人有权以该专利权转让的价款优先受偿。现该案所涉十项专利均不再受到专利法

[1] 北京市西城区人民法院民事判决书（2015）年西民（商）初字第 00396 号。

保护，债权人天津银行客观上已不可能将该专利权拍卖、变卖、折价取得价款，更无从实现对该价款的优先受偿，故天津银行要求对嘉德兴业公司名下专利实现质权的诉讼请求，无事实依据，法院未予支持。

法院判决如下：被告北京嘉德兴业科技有限公司向原告天津银行股份有限公司北京分行偿还借款本金 889384.74 元及相应利息和罚息。

案例 10　恒丰银行成都分行诉攀枝花花舞人间旅游景区开发有限公司、四川江瀚工业股份有限公司、华瀚科技有限公司等借款合同纠纷案[1]

（一）案情简介

原告：恒丰银行成都分行

被告：攀枝花花舞人间旅游景区开发有限公司

被告：四川江瀚工业股份有限公司

被告：华瀚科技有限公司

2013 年 3 月 18 日、9 月 17 日、24 日、25 日，恒丰银行成都分行与江瀚公司、华瀚科技有限公司、华瀚管道公司、华瀚控股公司、郑某欢、唐某娣分别签订《流动资金借款合同》《最高额保证合同》，约定了各自的权利义务。

2013 年 9 月 25 日，华瀚科技有限公司与恒丰银行成都分行签订《专利权质押合同》，约定以六项专利权作质押担保，质押担保的贷款金额为 3800 万元，贷款期间 2013 年 9 月 26 日至 2014 年 9 月 24 日，担保范围为贷款金额 3800 万元及利息、违约金（包括罚息）、赔偿金、质物保管费用及实现贷款债权和质权的费用（包括诉讼费、律师代理费等）。至该案立案之日，华瀚科技有限公司未归还借款，故恒丰银行成都分行向法院提起诉讼，请求法院判令：（1）判令江瀚公司立即归还借款本金 3800 万元及至借款本金还清之日止的利息。（2）判令江瀚公司赔付花舞人间公司实现债权的律师代理费 400 万元。（3）判令华瀚科技有限公司、华瀚管道公司、华瀚控股公司、郑某欢、唐某娣对江瀚公司的借款本息及实现债权的费用承担连带赔偿责任。（4）判令华瀚科技有限公司拥有六项专利拍卖后的价款优先用于归还花舞人间公司借款本息及实现债权的费用。（5）本案诉讼费由江瀚公司及担保人负担。

（二）裁判要点及理由

一审法院认为，该案涉《流动资金借款合同》《最高额保证合同》《专利

[1] 四川省高级人民法院民事判决书（2018）川民终 934 号。

权质押合同》均系合同当事人真实意思表示，不违反法律、行政法规的强制性规定，合法有效，应受法律保护。2014 年 4 月 11 日，四川省成都市成都公证处就上述合同分别作出《公证书》，对前列的保证担保和质押担保赋予强制执行效力。

华瀚科技有限公司与恒丰银行成都分行签订的《专利权质押合同》系本案借款合同的从合同，该质押权为债权的从权利。《中华人民共和国合同法》第 81 条"债权人转让债权的，受让人取得与债权有关的从权利，但该从权利专属于债权人自身的除外"，因此债权人依法转让债权，花舞人间公司同时取得与债权相关的上述六项专利权的质押权，对质押物在约定范围内享有优先受偿权。

故一审法院判决江瀚公司向花舞人间公司归还借款本金 3800 万元及利息，并对判决第一项、第二项确定的债权，花舞人间公司有权就华瀚科技有限公司拥有的六项专利权折价或者拍卖、变卖后的价款优先受偿。

华瀚管道公司不服一审判决，向四川省高院提出上诉，请求撤销原审判决，驳回斐君企业的全部诉讼请求，由斐君企业承担诉讼费用。

在二审中，法院查明该案《质押财产清单》涉及的六项专利，其中一项专利号为 ZL20082023××××.7，专利权申请时间为 2008 年 12 月 26 日，该专利权已于 2018 年 12 月 25 日到期。

二审法院认为，华瀚科技有限公司抗辩提出花舞人间公司对专利号为 ZL20082023××××.7 的专利权不享有质权的问题。该案《质押财产清单》涉及的六项专利，其中一项专利号为 ZL20082023××××.7 的专利权申请时间为 2008 年 12 月 26 日，该专利权已于 2018 年 12 月 25 日到期。根据《中华人民共和国专利法》第 42 条的规定，该实用新型专利权的期限为十年，自申请日起计算，即该专利权已于 2018 年 12 月 25 日到期，故花舞人间公司对该项专利权享有的质权归于消灭。

据此华瀚管道公司的上诉主张不能成立，二审法院不予支持。而二审改判的原因系出现新证据。二审法院判决撤销一审判决；四川江瀚工业股份有限公司于判决生效后十日内向攀枝花花舞人间旅游景区开发有限公司归还借款本金及利息；深圳市华瀚管道科技股份有限公司、深圳市华瀚科技控股有限公司、郑某欢、唐某娣对四川江瀚工业股份有限公司的上述第二项、第三项债务承担连带清偿责任；华瀚科技有限公司对确定的四川江瀚工业股份有限公司所负债务承担连带清偿责任。攀枝花花舞人间旅游景区开发有限公司应通过向华瀚科技有限公司管理人申报债权的方式，在破产清算程序中依法获得清偿；攀枝花花舞人间旅游景区开发有限公司对确定的债权，其中第二项的利息，以本金3800万元为基数，按年利率10%的标准，从2015年1月1日起计至2018年8月27日止，有权就华瀚科技有限公司拥有的ZL20112004××××.3、ZL20112001××××.7、ZL20092026××××.6、ZL20102061××××.×、ZL20102060××××.7共五项专利权折价或者拍卖、变卖后的价款优先受偿。

5.3.5 知识产权质押的担保期间与担保责任的关系

案例11 广东粤合租赁融资租赁股份有限公司诉广州奥迪通用照明有限公司融资租赁合同纠纷案[1]

（一）案情简介

上诉人（原审被告）：广州奥迪通用照明有限公司

被上诉人（原审原告）：广东粤合融资租赁股份有限公司

原审被告：广州市傲迪照明科技有限公司

原审被告：关某安

原审被告：关某东

2014年3月14日，广东粤合融资租赁股份有限公司（简称粤合租赁公司）与广州奥迪通用照明有限公司（以下简称奥迪公司）签订《融资租赁合同（售后回租）》，合同约定：双方依约进行融资租赁交易，采用售后回租的交易形式，由乙方将自有标的物出卖给甲方，乙方向甲方承租、使用该租赁标的物并向甲方支付租金；租赁本金为2000万元，租金包括租赁本金和利息，合同项下的租金总额为2300.81万元；租金按月支付，乙方应在每月的15号前支付当月租金；实际起租日为甲方支付购买价款之日。合同期限三年，自实际起租日起算，至合同规定的最后一期租金支付完毕为止。

2014年3月14日，奥迪公司与粤合租赁公司签订《著作权质押合同》和《专利权质押合同》，约定奥迪公司以10件软件著作权及43项专利为其在上述融资租赁合同项下的债务提供质押担保，主债权本金数额为2300.81万元，期限为2014年4月1日至2017年3月31日；担保债权范围包括融资租赁合同约定的和法律规定的奥迪公司应当承担的所有债务，包括不限于租金、利息、违

[1] 广东省广州市中级人民法院（2018）粤01民终238号。

约金、实现质权的费用等；质权存续期间自奥迪公司按融资租赁合同约定应当向粤合租赁公司履行债务之日起两年止。2014 年 3 月 27 日，双方就上述 43 项专利办理了专利权质押登记。

2014 年 3 月 20 日，粤合租赁公司向奥迪公司的指定账户汇入租赁物购买款 2000 万元，奥迪公司出具收据及《租赁标的物接收证明》，确认收到上述款项及租赁标的物。

至立案之日起，奥迪公司仅支付了前 25 期租金及第 26 期租金的 5000 元（按 2016 年 4 月 19 日《调整租金支付表的协议的补充协议》），并以租赁保证金 300 万元在尚欠租金中抵扣，剩余的租金共计约 1186.24 万元未付。粤合租赁公司于是要求法院判令：（1）奥迪公司向粤合租赁公司支付到期未付和未到期的租金及利息合计约 1186.24 万元；（2）奥迪公司向粤合租赁公司支付标的物留购款 100 万元；（3）奥迪公司向粤合租赁公司支付逾期付款违约金 58620 元；（4）奥迪公司、关某安、关某东对案涉债务承担连带清偿责任；（5）粤合租赁公司对奥迪公司提供抵押的机器设备折价或拍卖、变卖后的款项在诉讼请求第 1、2、3、8 项范围内享有优先受偿权；（6）粤合租赁公司对奥迪公司提供质押的软件著作权折价或拍卖、变卖后的款项在诉讼请求第 1、2、3、8 项范围内享有优先受偿权；（7）粤合租赁公司对奥迪公司提供质押的专利权折价或拍卖、变卖后的款项在诉讼请求第 1、2、3、8 项范围内享有优先受偿权。

（二）裁判要点及理由

一审法院认为：该案为融资租赁合同纠纷。该案涉《融资租赁合同（售后回租）》和相关担保合同、补充协议等，均系各方当事人的真实意思表示，未违反法律、行政法规的禁止性规定，应属有效，各方当事人应恪守约定。粤合租赁公司依约履行了交付租赁物的合同义务，奥迪公司应当依照约定支付租金。一审诉讼中，粤合租赁公司主张奥迪公司仅支付了前 25 期租金及第 26 期租金的 5000 元，尚欠租金 1186.24 万元未付，奥迪公司未提出异议及相反的证据，一审法院对此予以确认。奥迪公司欠款未付，属于违约，应承担相应的违约责任。粤合租赁公司有权宣布合同项下的租金全部到期，并向奥迪公司主张支付全部租金及违约金。由于截至起诉时，合同约定的租赁期已届满，现粤合租赁公司主张奥迪公司支付全部租金及应付款项，并以 100 万元的价格留购案涉租赁标的物，有合同依据，一审法院予以支持。

奥迪公司自愿以其名下的计算机软件著作权、专利权及机器设备为上述债务设定质押和抵押，且向粤合租赁公司交付了案涉权利证书，并办理了质押登记备案和抵押登记，上述担保应为合法有效。奥迪公司不履行上述债务时，粤合租赁公司有权就上述软件著作权、专利权及机器设备行使质押权和抵押权。

据此，法院判决奥迪公司向粤合租赁公司支付租金合计 11862430.88 元；当奥迪公司未履行本判决第一、第二项确定的付款义务时，公司有权以《著作权质押合同》（合同编号 NPRZ20140001）、《专利权质押合同》（合同编号 NPRZ20140001）项下质押物优先受偿。

奥迪公司不服一审判决中的“当奥迪公司未履行本判决第一、第二项确定的付款义务时，公司有权以《著作权质押合同》（合同编号 NPRZ20140001）、《专利权质押合同》（合同编号 NPRZ20140001）项下质押物优先受偿”，向二审法院提出上诉，请求法院变更一审判决第二项为：奥迪公司向公司支付逾期付款违约金。

奥迪公司在二审中提出，一审法院对著作权和专利权质押合同的质权存续期间认定错误。奥迪公司与公司签订《著作权质押合同》和《专利权质押合同》，约定奥迪公司以案涉软件著作权及专利为其在与公司签订的《融资租赁合同》合同项下的 2300.81 万元主债务提供质押担保；质权存续期间自奥迪公司按融资租赁合同约定应当向公司履行债务之日起两年止。按照《融资租赁合同》的约定，奥迪公司向公司支付租金的起始时间是 2014 年 4 月 15 日，奥迪公司已经按约履行了义务。因此，奥迪公司质押担保期间为 2014 年 4 月 15 日至 2016 年 4 月 15 日。公司在 2017 年 5 月 4 日才向法院起诉要求奥迪公司承担质押担保责任，其质权担保期间已过，不应再以软件著作权和专利承担担保责任。

粤合租赁公司不同意奥迪公司提出的上诉请求，认为一审判决具有充分的事实依据和法律依据。首先，双方虽然在《著作权质押合同》和《专利权质押合同》中约定了质权的存续期间自奥迪公司按主合同约定应当向公司履行债务之日起两年止，但同时也在合同第 7.1 条中明确约定：“在主合同约定的租赁期限届满后，或依据法律规定及主合同约定，公司宣布主合同项下债务提前到期后，若奥迪公司未依约履行偿债义务的，公司有权处分本合同项下质押财产。”结合上述两合同条款的约定可知，所谓主合同约定的履行债务之日，实际上指的是主合同约定的租赁期限届满或债权人宣布主合同项下债务提前到期的时间。因此，本案公司在奥迪公司违约未支付租金之后向法院提起诉讼要求实现质权，并未超过合同约定质权的存续期间。其次，根据《中华人民共和国担保法》第74条的规定，质权与其担保的债权同时存在，债权消灭的，质权也消灭，即当主债权消灭后，质权才消灭。质权作为一个物权，具有物权法定的性质。因此，质权的消灭，应当根据法律的规定，在该案主债权尚未消灭的情况下，质权并不归于消灭。

二审法院认为，根据物权法定原则，质押权作为一项担保物权，其设定及消灭均应依照法律规定。根据《最高人民法院关于适用〈中华人民共和国担保法〉若干问题的解释》第12条规定："当事人约定的或者登记部门要求登记的担保期间，对担保物权的存续不具有法律约束力"，该案双方当事人在《著作权质押合同》和《专利权质押合同》中约定的两年质权存续期间违反了上述规定，对公司的担保物权不具有法律约束力，案涉质押权尚未消灭，奥迪公司认为案涉质押权的存续期间已过的上诉理由不成立。据此，广州市中院驳回了奥迪公司的上诉请求，维持了一审判决。

5.3.6 未办理登记的知识产权质押的效力

案例12 北京农村商业银行股份有限公司门头沟支行诉北京幻聪影视文化有限公司等金融借款合同纠纷案[1]

（一）案情简介

原告：北京农村商业银行股份有限公司门头沟支行

被告：北京幻聪影视文化有限公司

2007年3月30日，北京幻聪影视文化有限公司（以下简称幻聪公司）与北京农村商业银行股份有限公司门头沟支行（以下简称农商行门头沟支行）订立了借款合同，约定农商行门头沟支行向幻聪公司提供短期借款500万元人民币，用于偿还合同项下借款人欠贷款人贷款本金，借款期限为2007年3月30日至2008年3月1日。同日，农商行门头沟支行与幻聪公司签订了质押合同，约定幻聪公司以电视连续剧《生死邂逅》《非常道》《烈火金刚》《沙家浜》著作权中的财产权为上述借款提供质押担保，质押担保范围为主合同项下的债务本金及其利息、罚息、复利、违约金、损害赔偿金、实现质权和债权的费用（包括但不限于诉讼费、律师费、差旅费等）和其他应付费用；质物价值1300余万元；关于质权的实现，主合同债务履行期限届满未受清偿，权

[1] 北京市门头沟区人民法院民事判决书，（2009）门民初字第350号。

利人有权对质押的权利进行转让或许可他人使用，以取得的转让费、许可费优先受偿；关于争议的解决，双方因本合同发生争议可协商解决，如协商不成，由农商行门头沟支行所在地法院管辖。合同附件《权利质押清单》中对质押权利进行了记载。

2007 年 3 月 14 日，幻聪公司与农商行门头沟支行在国家版权局办理了《著作权质押合同登记证》，登记证载明：质权人农商行门头沟支行，出质人幻聪公司，质押合同编号（2006）年（质）字（32）号，质押作品名称及质押著作权：《生死邂逅》在中国大陆地区（不含港、澳、台地区及首轮黑龙江省、陕西省、青海省、甘肃省、新疆维吾尔自治区）有线、无线和卫星电视放映权；《烈火金刚》在中国大陆地区（不含港、澳、台地区）电视台和电视频道的独家放映权及音像制品发行权；《非常道》在全国范围内除北京、江苏、浙江、湖北、河北、西北五省以外地区的无线、有线电视放映权；《沙家浜》电视剧的发行权。

2017 年 3 月 30 日，农商行门头沟支行向幻聪公司发放贷款 500 万元。借款合同期满后，幻聪公司于 2008 年 9 月 19 日偿还借款本金 7.2 万元。截至 2008 年 12 月 20 日，幻聪公司累计欠息 47 万余元。2008 年 12 月 30 日，幻聪公司又偿还借款本金 2 万元。

至立案之日起，幻聪公司未偿还剩余借款，原告农商行门头沟支行请求法院判令：被告幻聪公司偿还借款本金 490 万余元及利息；并判令农商行门头沟支行对幻聪公司行使质押的著作权中财产权所取得的财产性收益享有优先受偿权。

（二）裁判要点及理由

法院审理认为，农商行门头沟支行与幻聪公司、朱学峰订立的借款合同、质押合同、保证合同，均系当事人真实意思表示，约定内容未违反法律行政法规的强制性规定，借款合同、质押合同、保证合同当属有效，当事人应当严格依照约定履行各自义务。农商行门头沟支行依约放贷履行了合同义务，幻聪公司作为借款人，在借款期限届满后，未能履行全部还本付息的合同义务，构成违约，除偿还借款本金、利息外，还应当按照约定承担逾期还款的违约责任。

《中华人民共和国物权法》第 227 条第 1 款规定："以注册商标专用权、专利权、著作权等知识产权中的财产权出质的，当事人应当订立书面合同。质权自有关主管部门办理出质登记时设立。"在该案中，幻聪公司与农商行门头沟支行虽签订质押合同，但双方未办理质押合同登记，质权人农商行门头沟支行的质权未依法设立。故农商行门头沟支行关于对幻聪公司行使质押著作权中财产权所取得的财产性收益享有优先受偿权的诉讼请求，无事实和法律依据，法院未予支持。

据此法院判决：被告北京幻聪影视文化有限公司偿还原告北京农村商业银行股份有限公司门头沟支行借款本金490余万元及利息。对于农商行门头沟支行对幻聪公司行使质押的著作权中财产权所取得的财产性收益没有优先受偿权。一审宣判后，双方当事人均未提出上诉，一审判决已发生法律效力。

案例13 文华盛典（北京）投资有限公司诉北京阳光盛通文化艺术有限公司等合同纠纷案❶

（一）案情简介

原告：文华盛典（北京）投资有限公司

被告：北京阳光盛通文化艺术有限公司

2013年2月5日，原告文华盛典（北京）投资有限公司（以下简称文华盛典）作为甲方，与被告北京阳光盛通文化艺术有限公司（以下简称阳光盛通公司）作为乙方签订投融资合作合同，主要约定：甲方向乙方提供总计金额人民币1500万元的投融资安排，双方同意乙方项目《建元风云》《小两口》的收入中分别不低于1800万元应收账款或《建元风云》《小两口》任一份首轮卫视播出权授权协议中约定的授权许可费做质押。

同日，原告（甲方）与被告阳光盛通公司（乙方）签订应收账款质押合同，主要约定：乙方将其拥有收益处置权的电视剧《建元风云》《小两口》两个项目的首轮卫星播出权授权费取得的合同汇款分别不低于1800万元应收账款质押给甲方……甲方应于本合同签订之日起三个工作日内向中国人民银行征信机构办理应收账款质押登记手续；专用银行账户的户名为被告东阳盛通公司，开户行浦发银行北京富力城支行；乙方未按时足额偿还全部或部分被担保债权时，甲方有权依法拍卖、变卖应收账款，并以所得价款优先受偿。合同后附空白应收账款清单、被告阳光盛通公司承诺函、委托收款账户确认函。

同日，原告（质权人）与被告阳光盛通公司（出质人）签订著作权质押合同，主要约定：出质人同意出质的权利标的为其持有的电视剧《小两口》不少于25%的著作权权益，出质人担保的范围包括：出质人应向质权人履行

❶ 北京市东城区人民法院民事判决书，（2014）东民初字第07412号。

的全部结算、支付以及违约赔偿等义务，双方到有关部门办理权利出质登记手续。原告（质权人）与被告阳光盛通公司（出质人）又签订著作权质押合同，主要约定：出质人同意出质的权利标的为其持有的电视剧《建元风云》不少于40%的著作权权益，出质人担保的范围包括：出质人应向质权人履行的全部结算、支付以及违约赔偿等义务，双方到有关部门办理权利出质登记手续。合同签订后，原、被告阳光盛通公司未到中国版权保护中心办理著作权质押登记手续。

2013年3月4日，被告阳光盛通公司与浦发银行北京分行签订借款合同，约定：浦发银行北京分行提供给被告阳光盛通公司1500万元，用于电视剧《小两口》《建元风云》的后期制作和宣传，借款期限为1年，利率为年利率7.2%，还款日为2014年3月3日。同日，浦发银行北京分行将1500万元划入被告阳光盛通公司账户。

2013年4月27日，原告在中国人民银行征信中心办理了应收账款质押登记手续，质权人为原告，出质人为被告阳光盛通公司、东阳盛通公司，质押财产为电视剧《忽必烈传奇》（原名《建元风云》）的许可费1750万元。5月31日，原告在中国人民银行征信中心办理了应收账款质押登记手续，质权人为原告，出质人为被告阳光盛通公司、东阳盛通公司，质押财产为电视剧《忽必烈传奇》（原名《建元风云》）的许可费550万元。2014年4月17日，原告办理了展期登记。

后借款到期，阳光盛通公司没有偿还借款，原告要求法院判令：要求被告阳光盛通公司偿还贷款本金1500万元及截至2014年3月10日的利息522309.84元、支付融资安排费1395000元、支付从2014年3月17日起至实际清偿之日止的利息、支付律师费10万元，被告盛漯松对上述债务承担连带清偿责任，原告有权对被告阳光盛通公司、被告东阳盛通公司出质的应收账款行使质权，以电视剧《建元风云》的应收账款优先受偿上述债务，原告有权对被告阳光盛通公司出质的著作权行使质权，就电视剧《建元风云》及《小两口》的著作权处置所得价款优先受偿上述债务，三被告承担本案的诉讼费。

在审理过程中，北京市东城区法院查明，被告阳光盛通公司不是电视剧《小两口》著作权人，电视剧《建元风云》没有在中国版权保护中心登记。

（二）裁判要点及理由

法院审理认为，通过原告提供的投融资合作协议、借款合同、保证金最高额质押合同的内容，可以反映出原告是为被告阳光盛通公司融资提供帮助而收取融资安排费，为被告阳光盛通公司向浦发银行北京分行贷款提供担保。

根据法律规定，以著作权中的财产权出质的，当事人应当订立书面合同，质权自有关主管部门办理出质登记时设立。本案原告与被告阳光盛通公司签订的著作权质押合同中涉及的电视剧《小两口》著作权人不是被告，电视剧《建元风云》没有在中国版权保护中心登记，而且著作权质押合同没有在中国版权保护中心办理著作权质押登记手续，故著作权质押合同未设立，对于原告要求对被告阳光盛通公司出质的电视剧《建元风云》及《小两口》的著作权处置所得价款优先受偿，法院未予支持。

因原告与被告阳光盛通公司签订的应收账款质押合同系双方真实意思表示，双方对应收账款的范围、金额有明确约定，被告阳光盛通公司对应收账款的真实性作出保证，质押合同在中国人民银行征信中心办理了质押登记，现原告主张对被告阳光盛通公司以电视剧《建元风云》首轮卫星播出权授权费取得的合同汇款不低于1800万元设定质押的应收账款享有优先受偿，有合同和法律依据，本院予以支持。因被告东阳盛通公司不是应收账款质押合同的当事人和出质人，仅是应收账款的指定收款人，故原告起诉对被告东阳盛通公司出质的应收账款优先受偿的诉讼请求，法院未予支持。

据此，法院判决：被告北京阳光盛通文化艺术有限公司偿还原告文华盛典（北京）投资有限公司借款本金1500万元及截至2014年3月10日的利息52万余元。原告由于未办理质押登记而丧失优先受偿权。一审宣判后，双方当事人均未提出上诉，一审判决已发生法律效力。

案例14　王某明诉谢某娜、胡某弟等民间借贷纠纷案[1]

（一）案情简介

原告：王某明

被告：谢某娜

被告：胡某弟

2015年4月15日，原告王某明与被告谢某娜签订两份借贷合同，合同约定，原告分别借给被告谢某娜200万元和100万元，借款期限均为三个月，借款期限内归还均不计利息。后原告通过银行转账支付给被告300万元整，被告谢某娜在借贷合同上签字确认收到300万元。同日，被告胡某弟、亮包公司与

[1] 浙江省瑞安市人民法院民事判决书（2015）温瑞商初字第3682号。

原告各签订一份软件著作权质押合同，质押合同签订后，双方未向管理部门办理出质登记。后被告谢某娜未按约定还款，故原告诉至法院，请求判令被告谢某娜、胡某弟归还原告借款本金人民币100万元，并支付逾期还款利息。

（二）裁判要点及理由审理结果

法院审理认为，合法的民间借贷依法受法律保护。原告王某明与被告谢某娜之间借贷事实清楚、证据充分，借款合同合法、有效。被告谢某娜应按照约定的期限返还借款，现被告谢某娜违约，应按照约定支付违约金，双方约定的违约金过高，现原告诉请按年利率24%计算违约金，符合法律规定，本院予以支持。

此外根据我国担保法的规定，著作权的质押除双方应当订立书面合同外，还应向其管理部门办理出质登记，质押合同自登记之日起生效。原告和被告胡某弟、亮包公司签订的质押合同因没有办理出质登记，依法没有生效，同时原告也未能举证证明该两被告存在过错，故原告要求被告胡某弟承担共同还款责任及要求被告亮包公司承担连带赔偿责任，均缺乏相应的事实、法律依据，本院不予支持。

据此法院判决被告谢某娜于本判决生效之日起十日内偿付原告王某明借款本金100万元及违约金。一审宣判后，双方当事人均未提出上诉，一审判决已发生法律效力。

案例15　上海浦东生产力促进中心诉润百计算机（上海）有限公司、陈某杰追偿权纠纷案[1]

（一）案件事实

原告：上海浦东生产力促进中心

被告：润百计算机（上海）有限公司

被告：陈某杰

2012年4月19日，被告润百计算机（上海）有限公司（以下简称润百公司）与上海银行浦东分行签订《流动资金借款合同》，借款金额为200万元，借款期限为2012年4月19日至2013年4月18日止。2012年4月18日，被告润百公司与原告签订《知识产权质押融资委托保证协议》，约定原告为被告润百公司全部债务的95%提供保证担保，被告润百公司以若干著作权为原告

[1] 上海市浦东新区人民法院民事判决书（2013）浦民二（商）初字第3281号。

提供反担保，并且其法定代表人即被告陈某杰承担个人无限连带保证责任。同日，被告润百公司与原告签订《知识产权质押融资计算机软件著作权质押合同》，约定被告润百公司将上述计算机软件著作权质押为原告提供反担保，质押担保的范围为贷款金额200万元及利息、违约金（包括罚息）、赔偿金、质物保管费用及实现贷款债权和质权的费用（包括但不限于诉讼费、律师费）。

同日，被告陈某杰与原告签订《知识产权质押融资保证反担保合同》，约定被告陈某杰以其拥有的全部财产承担连带保证反担保责任，合同约定，保证反担保有效期为该合同生效时起至借款人还清借款本息止；如造成原告代偿的，有效期至原告代偿之日起两年；在原告按合同约定承担担保的情况下，如还有其他反担保人的，各反担保人承担连带共同保证责任。

同日，上海银行浦东分行向被告润百公司发放借款200万元。2013年7月2日，原告向被告陈某杰发出书面通知，要求被告润百公司清偿所欠上海银行浦东分行的债务。2013年7月11日，原告向被告陈某杰发出书面通知，要求被告润百公司向原告支付原告将代被告润百公司向上海银行浦东分行清偿的债务。2013年8月9日，由于被告润百公司未能按借款合同约定归还借款，原告向上海银行浦东分行代偿了160余万元、利息及罚息5万余元。两被告至今未支付原告代偿本息，原告作为保证人，有权行使对债务人的追偿权，故诉至法院，请求判令被告润百公司、被告陈某杰偿还原告代偿上海银行浦东分行的借款本金160余万元、利息及罚息5万余元，总计170万余元；（2）支付原告律师费6万元；（3）负担诉讼费。

（二）裁判要点及理由

审理该案的法院认为，向原告作出反担保的被告陈某杰为我国台湾地区居民，该案为具有涉台因素的保证追偿权纠纷。但因被告陈某杰所担保的债务及相关合同的订立、履行等均发生于上海市，根据最密切联系原则，该案应适用中华人民共和国法律。《中华人民共和国担保法》第31条规定，保证人承担保证责任后，有权向债务人追偿。经法院审查，虽然该案中被告润百公司与原告订立质押合同，根据《中华人民共和国物权法》的相关规定，债务人自己提供物的担保的，债权人应当先就该物的担保实现债权。但因被告润百公司向原告提供的著作权质押并未登记，质权未设立，故原告可直接要求被告陈某杰承担保证责任。

据此，法院判决被告润百计算机（上海）有限公司支付原告上海浦东生产力促进中心本金160余万元、利息及罚息5万余元。

5.3.7 知识产权权属不明确对知识产权质押的效力

案例16 上海晋鑫影视发展有限公司诉北京金色里程文化艺术有限公司、李某军等著作权权属、侵权纠纷案❶

（一）案情简介

原告：上海晋鑫影视发展有限公司

被告：北京金色里程文化艺术有限公司

被告：李某军

2006年9月1日，北京金色里程文化艺术有限公司（以下简称金色里程公司）与李某军签订《剧本摄制权转让合同书》，约定：《天情》剧本的著作权为李某军所有。李某军同意将该剧本的电视剧摄制权有偿转让给金色里程公司。金色里程公司拥有该剧剧本的使用权，其中包括拍摄权、播映权、发行权、表演权。剧本酬金每集为税后1.5万元，20集合计30万元。李某军授予金色里程公司的电视剧使用权是独占许可权，金色里程公司不得将此权再授予他人。

2006年10月29日，谢某君、李某秀、李某军、罗某辉、胡某玺五人签订了《定稿确认书》。该确认书明确《天情》剧本由李某军完成编写任务，剧本版权费为30万元，由上海晋鑫影视发展有限公司（以下简称晋鑫公司）依据《定稿确认书》一次性买断。

2006年11月22日，晋鑫公司与金色里程公司签订《电视剧〈天情〉联合摄制合同》（以下简称《联合摄制合同》），两家公司的法定代表人谢某君、李某秀分别签字并加盖单位公章，合同落款时间为2006年9月8日。该合同约定，晋鑫公司与金色里程公司共同摄制20集电视连续剧《天情》。

2006年12月8日，北京市广播电视局出具乙第01192号电视剧制作许可证，载明：剧目名称《天情》，制作单位名称为金色里程公司，合作单位为晋鑫公司。

2007年2月25日，金色里程公司与北京中天典当公司（以下简称中天典当公司）签订版权质押典当合同，约定金色里程公司将《天情》版权及原剧本的电视剧使用权质押给中天典当公司，典当金额为30万元。

---

❶ 江苏省高级人民法院民事判决书（2014）苏知民终字第0170号。

2007年6月16日，李某军签署《编剧授权》，明确其将涉案电视剧《天下父母心》（原名《天情》）剧本的版权及影视版权授予金色里程公司独家拥有，并保证该剧及内容绝无侵犯任何其他人士或作品版权的行为，如发生侵权行为，一切法律责任由其本人承担。

2007年7月6日，金色里程公司与纵艺公司签订合同书，约定纵艺公司以版权费2万元独家取得金色里程公司拥有的涉案电视剧《天下父母心》（原名《天情》）在中国的一切音像版权。

2007年9月10日，北京市广播电视局出具（京）剧审字（2007）第030号《国产电视剧发行许可证》，载明：名称《天下父母心》，发行单位为金色里程公司，经审查，同意该剧在全国范围适当时段播出。

2007年12月25日，金色里程公司与中天典当公司签订绝当协议书，明确对版权质押典当合同进行绝当处理，金色里程公司将《天下父母心》（原名《天情》）的版权及原剧本的电视剧使用权、发行权和唯一的电视剧摄制数码母带（含制作许可证、发行许可证）移交给中天典当公司，由中天典当公司全权处置。

2008年4月8日，中天典当公司作为出让方，晋杰公司作为受让方，双方签订《转让协议》，约定中天典当公司以54.8万元的价格将电视连续剧《天下父母心》（原名《天情》）的版权、发行权和该电视剧经摄制制作成的唯一的摄制数码母带、原剧本的电视剧使用权等该电视剧的一切权利转让给晋杰公司。

晋鑫公司诉称，其在合同订立后按约履行了投资义务并按投资份额享有涉案电视剧的版权。金色里程公司未经许可，擅自与中天典当公司签订《版权质押典当合同》，以30万元将涉案电视剧的版权及原剧本的电视剧使用权质押给中天典当公司。之后，金色里程公司与中天典当公司确认因典当到期，金色里程公司无力偿还典当贷款本金及利息而形成绝当。金色里程公司还擅自单独发行涉案电视剧。2007年7月6日，金色里程公司与广州市纵艺文化传播有限公司（以下简称纵艺公司）签订合同书，以2万元将涉案电视剧的音像版权出售给纵艺公司。金色里程公司还擅自单独申领了《发行许可证》，并在网上发行涉案电视剧。李某军于2007年6月16日出具《编剧授权》，将涉案剧本版权及影视版权授予金色里程公司独家拥有，李某军的行为侵害了晋鑫公司所享有的剧本著作权。李某秀为金色里程公司法定代表人，且与李某军为夫妻关系，两者系恶意串通，故李某秀应对金色里程公司、李某军的侵权行为给晋鑫公司所造成的损失承担连带赔偿责任。晋鑫公司请求法院判令：（1）金色里程公司赔偿晋鑫公司经济损失 3147678.5 元；（2）李某军、李某秀对金色里程公司上述赔偿义务承担连带责任；（3）金色里程公司、李某军、李某秀共同负担本案诉讼费。

（二）裁判要点及理由

一审法院认为：晋鑫公司按投资比例享有涉案电视剧的著作权，不享有涉案电视剧的剧本著作权。

第一，关于涉案电视剧的著作权，《联合摄制合同》约定，涉案电视剧版权及因联合摄制电视剧所形成的全部有形财产和无形财产、衍生利益及所有一切权利均属晋鑫公司、金色里程公司共有并按出资比例分配，该约定系双方当事人真实意思的表示，不违反法律、行政法规的强制性规定，合法有效。晋鑫公司与金色里程公司合作创作涉案电视剧，应依法按份共有涉案电视剧的著作权。且制作许可证上载明，涉案电视剧制作单位为金色里程公司，合作单位为晋鑫公司，亦印证了晋鑫公司与金色里程公司在拍摄完成涉案电视剧后共同享有涉案电视剧的著作权。

金色里程公司认为，晋鑫公司存在未及时履行出资义务的违约行为，应视为其自动放弃参与拍摄摄制电视剧的任何权利。对此抗辩，不予采纳。首先，(2011) 苏知民再终字第 0003 号民事判决书已认定，晋鑫公司已实际支付第二期音视频制作费，晋鑫公司未按 2007 年 1 月 17 日金色里程公司发的《后期费用申请书》支付相关费用不构成违约。上述判决的事实认定对于本案纠纷具有既判力。其次，金色里程公司提供了李某秀为涉案电视剧制作支出凭证说明及票据，用以证明晋鑫公司未支付后期费用，但由于金色里程公司并未提供证据证明上述费用的支出是为了涉案电视剧的制作，且上述费用的支出也未获得晋鑫公司的同意，依照《联合摄制合同》约定，财务支出的票据和其他财务报销单据，均需取得谢某君、李某秀的共同签字确认，故上述费用不应纳入摄制成本并由晋鑫公司负担。

金色里程公司还认为，涉案电视剧所有权利已由晋杰公司购得，晋鑫公司提起本案诉讼无权利基础。因金色里程公司未经晋鑫公司许可，将涉案电视剧著作权质押并绝当给中天典当公司，系无权处分行为，侵犯了晋鑫公司的合法权益，晋鑫公司未对该无权处分行为予以追认，故其有权提起本案诉讼。

第二，关于涉案电视剧剧本的著作权，该电视剧剧本由编剧李某军创作。李某军可单独行使其剧本著作权。虽然《定稿确认书》约定晋鑫公司一次性买断涉案剧本版权，但在《定稿确认书》之后签订的《联合摄制合同》明确约定，金色里程公司劳务出资的部分包括编剧酬金，即该部分酬金不再由晋鑫公司支付。金色里程公司、李某军均否认晋鑫公司实际支付了 30 万元剧本版权费，晋鑫公司应对此承担举证责任。现晋鑫公司未能提供证据证明《定稿确认书》已经实际履行，故晋鑫公司并未因《定稿确认书》获得涉案电视剧的剧本著作权。

另外，晋鑫公司亦主张依据《联合摄制合同》取得涉案剧本的共有著作权，对此，法院亦不予采纳。虽然《联合摄制合同》约定，金色里程公司负责提供涉案电视剧剧本，并保证该剧剧本只提供给晋鑫公司使用，拍摄发行完后该剧的剧本版权归晋鑫公司和金色里程公司共有，但作为剧本著作权人的李某军并未在《联合摄制合同》上签字，合同中关于著作权的约定并不能约束李某军。而李某军与金色里程公司签订的《剧本摄制权转让合同书》约定，李某军授予金色里程公司的电视剧使用权是独占许可权，金色里程公司不得再将此权授予他人。故金色里程公司无权将剧本的电视剧使用权授权他人，更无权直接处分剧本著作权。

关于涉案电视剧著作权，晋鑫公司主张金色里程公司的侵权行为有：一，金色里程公司擅自将涉案电视剧著作权质押并绝当；二，金色里程公司以 2 万元将涉案电视剧的音像版权授予纵艺公司；三，金色里程公司擅自单独申领了《发行许可证》，还与荣腾公司在互联网上发行了涉案电视剧。

对于晋鑫公司主张的第一项侵权行为，金色里程公司对其将涉案电视剧著作权质押给中天典当公司并最终绝当的事实予以认可。一审法院认为，《联合摄制合同》约定，所有与拍摄电视剧相关而订立的合同和协议都必须经双方协商确定并经各自法定代表人或授权代理人签名认可后方能生效，未经对方书面同意，任何一方不得抵押或出卖关于联合摄制电视剧的任何财产、资产和无形权利。上述合同条款显示，晋鑫公司与金色里程公司就涉案电视剧著作权的行使方式在拍摄前就已形成合意，即必须协商一致，任何一方要质押或出卖涉案电视剧著作权，应经对方的书面同意。现晋鑫公司与金色里程公司合作创作涉案电视剧，金色里程公司未经合作作者晋鑫公司的许可，擅自将双方共有的涉案电视剧著作权质押并绝当给中天典当公司，侵犯了晋鑫公司按份享有的涉案电视剧著作权，应当承担赔偿损失的民事责任。

对于晋鑫公司主张的第二项侵权行为，晋鑫公司提供了合同书，金色里程公司对合同书的真实性不予认可。一审法院认为，首先，合同书中的内容可以与金色里程公司提交的《关于需要核实的几个问题》中陈述的情况相互印证；其次，金色里程公司虽对该证据的真实性予以否认，但并未作出合理的解释，故合同书的真实性可以确认。合同书显示金色里程公司将涉案电视剧的音像版权授予纵艺公司，该行为属于著作权使用许可行为，根据《联合摄制合同》约定，亦应由晋鑫公司与金色里程公司协商一致行使，现金色里程公司未经合作作者晋鑫公司的许可，将双方共有的涉案电视剧著作权的音像版权授予纵艺公司，也侵犯了晋鑫公司按份享有的涉案电视剧著作权，应当承担赔偿损失的民事责任。

对于晋鑫公司主张的第三项侵权行为，晋鑫公司提供了发行许可证及公证书，金色里程公司对发行许可证的真实性予以认可，对公证书的真实性不予确认，且认为网上发行涉案电视剧的行为与金色里程公司无关。一审法院认为，首先，该公证书系上海市公证处依法出具，金色里程公司虽有异议，但并未提供相反证据，故该公证书证明的事实应予以认定。电视剧的发行，应该是在公开的媒体上向公众播放电视剧的行为，而发布电视剧片花、分集剧情等资料，应视为为电视剧的发行造势或进行宣传的行为。公证书上显示，新浪、百度、腾讯等网页上有涉案电视剧的片花、分集剧情等，出品方为金色里程公司和荣腾公司，但并无完整的剧集视频可供观看。而发行许可证仅意味着涉案电视剧已经通过国家相关部门的审批，具备了被发行的资格。仅凭发行许可证和公证书，尚不足以证明金色里程公司已构成在互联网上发行涉案电视剧的行为，故对于晋鑫公司的该项侵权指控，法院不予认定。

综上，法院认为关于涉案电视剧剧本的著作权。因晋鑫公司不享有涉案电视剧剧本的著作权，故其主张金色里程公司侵犯其涉案电视剧剧本著作权，不予支持。

第三，李某军的涉案行为不构成侵权。晋鑫公司未能举证证明其实际履行了《定稿确认书》，一次性买断剧本著作权，故李某军仍享有并可单独行使其剧本著作权，李某军向金色里程公司的授权行为系对自己权利的处分，亦不违反法律、行政法规的强制性规定，合法有效。且李某军出具《编剧授权》的时间在《版权质押典当合同》的订立时间之后，与金色里程公司质押涉案电视剧原剧本的电视剧使用权乃至最终绝当的结果之间并无因果关系，故李某军的授权行为不构成侵权。

第四，李某秀的涉案行为不构成侵权。李某秀系金色里程公司的法定代表人，其在《版权质押典当合同》等合同上的签字行为均属职务行为，应由金色里程公司承担责任，李某秀个人不应承担责任。晋鑫公司认为金色里程公司、李某军、李某秀构成恶意串通，但晋鑫公司未就此提供任何证据，仅凭李某秀与李某军是夫妻关系及李某秀系金色里程公司的法定代表人不足以证明金色里程公司与李某军、李某秀形成侵权合意，故李某军、李某秀无须承担共同侵权责任，晋鑫公司对于李某军、李某秀的诉讼请求法院认为应予驳回。

第五，晋鑫公司请求以权利人的实际损失作为赔偿依据，并以其全部投资额作为其实际损失。一审法院认为，电视剧拍摄制作完毕后，其发行情况受多种因素的影响，除了电视剧本身如剧情是否动人，演员是否有号召力等内在因素，还有广告宣传、发行电视台、发行时段、舆论评价等外部环境的影响，正常发行的电视剧亦可能因市场反响不佳等原因而无法全部收回投资，故晋鑫公司以其全部投资额作为实际损失的主张依据不足。

第六，本案所涉侵权行为发生于 2010 年 4 月 1 日前，故应适用修改前的著作权法。综上，一审法院判决，金色里程公司于判决生效之日起十日内赔偿晋鑫公司经济损失 50 万元，并驳回晋鑫公司的其他诉讼请求。

宣判后，晋鑫公司、金色里程公司不服，向法院提起上诉。晋鑫公司上诉请求：撤销一审判决，改判支持其一审全部诉讼请求。

二审法院经过审理查明：①2006 年 9 月 6 日，晋鑫公司与金色里程公司签订《电视剧〈你是一条河〉（暂定名）联合摄制合同》。2006 年 11 月 22 日，晋鑫公司与金色里程公司签订《联合摄制合同》，该合同对 9 月 6 日的联合摄制合同的部分内容进行了修改。同年 10 月 14 日，李某秀、谢某与胡某华（导演）、李某军拟定一份承诺书，约定："一，《天情》制作成本预算为 300 万（上不超过 300 万的百分之十五）。二，由此四人去联系《天情》的发行，发行回款支付的顺序：①第一批支付摄影、美术的酬金；②第二批支付总策划 50% 的酬金（剩余 50% 等央视购片后再付）；③第三批支付投资人谢总的投资；④第四批支付四承诺人各自的酬金；⑤如发行产生利润，谢总和四承诺人再按各自的投资比例进行分成。三，其他关于聘用演员、制作、宣传、发行之事宜亦由此四承诺人共同商量决定。四，若此承诺书内容有和谢总和李某秀签署的《电视剧〈你是一条河〉（暂定名）联合摄制合同》有冲突之处，以本承诺书为准。"但是，在承诺书载明的四名承诺人中，仅有李某秀、谢某、李某军签字，导演胡某华并未签字确认。

二审法院认为：

1. 关于晋鑫公司是否享有涉案电视剧及剧本的著作权

第一，晋鑫公司享有涉案电视剧的著作权。根据《联合摄制合同》的约定，涉案电视剧的著作权由晋鑫公司与金色里程公司共有，该约定是双方当事人真实意思表示，不违反法律规定，晋鑫公司据此享有涉案电视剧的著作权。金色里程公司认为晋鑫公司不享有涉案电视剧著作权的主要理由：一是晋鑫公司存在未及时履行出资义务的违约行为，根据《联合摄制合同》的约定，视为其自动放弃参与联合摄制电视剧的任何权利；二是涉案电视剧著作权已转让给晋杰公司，晋鑫公司已不具备涉案电视剧著作权，其无权提起本案诉讼。法院认为，在金色里程公司诉晋鑫公司合作创作合同纠纷案中，金色里程公司诉请晋鑫公司支付由其垫支的第二期音视频制作费用、音乐歌曲创作及制作费、导演费、交通食宿费等摄制及后期制作费用，共计 20 万余元，该案一审判决只支持了金色里程公司关于第二期音视频制作费用 6 万余元的诉讼请求，金色里程公司对此并未上诉，法院二审维持一审判决。但在之后，法院再审作出的（2011）苏知民再终字第 0003 号民事判决书，认定晋鑫公司已实际支付第二期音视频制作费，其未按金色里程公司发出的《后期费用申请书》支付相关费用亦不构成违约，遂撤销一审、二审判决，驳回金色里程公司的诉讼请求。

在该案中，已经针对金色里程公司关于晋鑫公司未按时履行出资义务，要求其支付为其垫付费用的诉讼请求进行了审理。特别是对晋鑫公司提交的“合同费用报表”，该判决认为尽管金色里程公司对其部分内容及证明效力持有异议，但由于金色里程公司法定代表人李某秀于 2006 年 12 月 26 日在其上的签字是对报表整体内容的确认，“合同费用报表”应当作为证据予以采信。在案件审理中，法院也注意到该“合同费用报表”中的费用支出内容与金色里程公司提交的李某秀制作的记账、转账凭证中记载的部分项目能够相互印证，故该《合同费用报表》的真实性应予采信。金色里程公司关于再审判决未对晋鑫公司是否按时追加其他费用作出认定的上诉主张无事实和法律依据，法院不予采纳。由于有李某秀签字的“合同费用报表”记载的时间为 2006 年 12 月 26 日，金色里程公司提交的李某秀制作的记账及转账凭证中涉及的部分项目在《合同费用报表》中也有记载，说明在当时，金色里程公司与晋鑫公司就拍摄涉案电视剧发生的费用进行过结算。李某秀制作的记账、转账凭证反映这些费用基本发生在 2006 年 12 月 26 日之前，如果是经双方确认的费用，就应当在结算时列入该报表中。因此未列入《合同费用报表》的费用，在无其他证据证明获得晋鑫公司同意的情况下，依照《联合摄制合同》关于财务支出的票据和其他财务报销单据，均须取得谢某君、李某秀共同签字确认的约定，不应作为摄制涉案电视剧的成本，也不能以此证明晋鑫公司未按约履行出资义务。法院认为，既然晋鑫公司按约履行了出资义务，不存在违约行为，其依《联合摄制合同》享有涉案电视剧的著作权。金色里程公司未经著作权共有人晋鑫公司的许可，擅自将双方共有的电视剧版权及相关权利质押典当并绝当给中天典当公司，系无权处分。故晋鑫公司认为，金色里程公司的上述行为构成侵权，提起本案诉讼具备相应的法律基础，金色里程公司关于晋鑫公司无权提起本案诉讼的上诉理由不能成立。

第二，晋鑫公司不享有涉案电视剧剧本的著作权。晋鑫公司认为其取得剧本著作权的主要依据是《定稿确认书》，但晋鑫公司未举证证明其已支付确认书约定的一次性买断剧本的版权费 30 万元，且该确认书已经被之后签订的《联合摄制合同》所取代。合同中约定，拍摄发行完成后的剧本版权归晋鑫公司和金色里程公司共有，但该约定并未得到剧本著作权人李某军的认可。因此，晋鑫公司并未取得涉案电视剧剧本的著作权，其认为享有剧本著作权的上诉主张不能成立，法院不予采纳。

2. 关于金色里程公司、李某军、李某秀被指控的行为是否侵害了晋鑫公司的著作权

第一，针对金色里程公司关于其典当行为未侵害晋鑫公司涉案电视剧著作权的上诉主张，二审法院认为金色里程公司在晋鑫公司不存在未履行追加投资的义务，构成违约的情况下，违反《联合摄制合同》中关于未经对方书面同意，任何一方不得抵押或出卖联合摄制电视剧的任何财产、资产和无形权利的约定，未经晋鑫公司许可，擅自将双方共同享有著作权的涉案电视剧质押典当并绝当给中天典当公司的行为，侵害了晋鑫公司按份享有的涉案电视剧著作权，应承担相应的民事责任。

第二，针对晋鑫公司关于金色里程公司、李某军、李某秀构成侵权的上诉主张，二审法院认为，首先，由于晋鑫公司不享有涉案电视剧剧本的著作权，故其认为金色里程公司侵害其剧本著作权的上诉理由不能成立。其次，李某军作为涉案电视剧剧本的著作权人，其向金色里程公司出具《编剧授权》是对自己权利的处分，并无不妥。且该授权涉及的仅是剧本著作权，晋鑫公司并无证据证明李某军明知其出具授权的用途是为了实施侵权行为，故李某军的授权行为与金色里程公司最终绝当涉案电视剧的著作权并无直接的因果关系，其行为并未侵害晋鑫公司享有的涉案电视剧的著作权。再次，李某秀是金色里程公

司的法定代表人，其就涉案电视剧的典当及音像版权的授权行为均属于履行职务的行为，相应的民事责任应由金色里程公司承担。最后，《承诺书》中并没有李某军、李某秀保证能收回成本且有利润的承诺，且该《承诺书》已被之后的《联合摄制合同》所取代，故晋鑫公司认为《承诺书》能证明李某军、李某秀二人承诺负连带赔偿责任的上诉理由不能成立，法院不予采纳。至于晋鑫公司以李某军、李某秀系夫妻关系，金色里程公司实为夫妻二人公司，即认为其恶意串通，李某军、李某秀应对金色里程公司的侵权行为承担连带责任的上诉主张无事实和法律依据，法院不予支持。

据此，二审法院认定晋鑫公司关于一审判决确定的赔偿额错误的上诉理由成立，并予以支持。而晋鑫公司的其他上诉理由及金色里程公司的上诉理由二审法院未予支持，并认为一审判决对赔偿额的认定有误，应予改判。

5.4 知识产权质押融资诉讼案例呈现的问题

5.4.1 质押标的狭窄、标的转让及许可受到较多限制

如前所述，72 例案件中，以专利权作为质押合同标的的案件有 26 件；以著作权出质的，多为著作财产权中的广播权以及信息网络传播权作为质押标的的案件有 11 件；以未来收费权、应收账款为质押标的的案件有 6 件；[1] 以商标权出质的案件有 4 件，其他 25 件。从不同标的所占的比例，一定程度上可以看出质押标的的市场认可度，同时，从另一侧面反映出我国知识产权质押标的相对较为狭窄。

以版权质押为例，我国《担保法》[2]《担保法司法解释》[3]《物权法》[4]

---

[1] 未来收费权质押的案件有：河北省高级人民法院民事判决书（2014）冀民二终字第 24 号、河北省高级人民法院民事判决书（2014）豫法民三终字第 82 号、广西壮族自治区柳州市城中区人民法院民事判决书（2014）城中民二初字第 350 号、陕西省高级人民法院民事判决书（2014）陕民二终字第 00080 号；应收账款质押的案件有：北京市东城区人民法院民事判决书（2014）东民初字第 07412 号、天津市第二中级人民法院民事判决书（2015）津二中民二终字第 536 号。

[2] 《担保法》第 75 条第 1 款第 3 项。

[3] 《担保法司法解释》第 105 条。

[4] 《物权法》第 79 条第 1 款。

《著作权法》[1] 中均规定著作权中的财产权可以出质。《著作权质权登记办法》进一步明确规定，著作权以及与著作权有关权利中的财产权可以出质。[2] 著作权中的财产权可以划分为三类：复制权、演绎权、传播权（或称表演权），文创产业版权质押标的主要包括发行权、传播权这两类财产权。传播权具体包括表演者权、广播影视播放权、出版权、网络信息传播权这四项邻接权。除此之外，实践中认为现行立法规定的质押标的范围狭窄，某些标的是否可以成为质押标的存在争议，这里只探讨其中两种：创意可否质押以及版权期待权可否质押。

所谓创意是指具有闪思性、新颖性的思想观念，也称为思想观念提供权，在商业实践中，好的创意能够给当事人带来一定的经济利益，特别是影视行业、玩具行业极为常见。创意是否受到法律保护有三种观点：(1) 不属于著作权法保护范畴。我国现行知识产权法体系中尚无思想观念提供权的概念，学界认定版权采取“思想与表达二分法”，创意尚未形成具体的表达形式，停留在思想观念层面的创意不能以版权获得保护。(2) 不属于专利法保护范畴。创意具有新颖性，但是申请专利要求必须在权利要求书中说明技术内容，且要达到同行业技术人员据此可以实施的程度，创意一旦公开，其新颖性已经丧失殆尽，且专利要求的创造性程度比较高，因此，创意获准专利法保护勉为其难。(3) 不属于商业秘密保护范畴。创意更接近于商业秘密，具有一定技术性、经济性，但创意未必采取保密措施。总之，创意在现行法律框架内无法受到保护。

文化创意产业中如影视作品、动漫行业等制作周期长，资金需求量大，但作品尚未完成，不能以版权质押获得资金，文创产业对尚未完成的作品所享有的版权可称为版权期待权。在出版行业、影视制作等文化创意企业中，未来作品的创作传播需要大量的资金投入，而这些企业财产中又以未来作品的著作权、邻接权为主要财产，比如韩剧采取“边拍边播”的周播模式，内容审查以栏目形式提交，以“周”为单位制作时间，在剧目播出前根据观众意见进行微调，播出过程中根据观众的反映、收视率等因素修改、创作剧本，进一步导演、拍摄电视剧，实现了与观众的即时互动，反映了市场需求。国内湖南卫

[1] 《著作权法》第 26 条。
[2] 《著作权质权登记办法》第 3 条第 1 款。

视播出的《不一样的美男子》首次实现“边拍边播”。[1] 该类权利是否可以作为质押标的，否定说的主要观点有二：由于未来作品的价值不确定，因而不具有让与性；未来作品无法登记公示。[2] 可见，版权质押的标的较为狭窄，尽管商业实践中可能基于商业判断对其价值有较为合理的预期，但立法未予认可，可能导致适用范围受到限制。

就出质知识产权标的的转让及许可而言，我国《担保法》规定：“权利出质后，出质人不得转让或者许可他人使用，但经出质人和质权人协商同意的可以转让或者许可他人使用。”担保物权的成立，以债权的存在和有效为基础，其直接目的在于保证债权的清偿，使得债权人对于担保标的物享有优先受偿的权利，从而加强和补充债权的效力，知识产权质权亦不例外。理论上担保物权以“优先支配担保物之交换价值为内容，通过对担保物的交换价值的支配达到确保债权的目的”，因而担保物权与以物之使用收益为目的的用益物权不同。就用益物权而言，权利人对标的物进行具体的使用、收益或利用，而担保物权则不是以对标的物本身直接的使用、收益或利用为目的，而是以支配标的物的交换价值确保优先受偿为目的。正是上述差异的存在，用益物权被称为实体权，担保物权被称为价值权。也正是这种差异的存在使得在同一物（财产性权利）上设定用益物权和担保物权成为可能。

知识产权权利人既可以利用其交换价值进行出质担保，又可以对知识产权进行具体的实施、许可实施并获取收益。尤其是在法律明文规定质权及于实施的收益、许可实施费等收益时，出质知识产权的实施、许可实施并不当然危害质权人的利益。正如有学者所论及的，质权为支配质物的交换价值的权利，对于出质人不妨碍质物交换价值的处分或用益没有干涉的必要。因此，不问具体情形，仅以质权的存在就限制出质人对出质知识产权的转让、许可实施是不恰当的。另外，财产性权利的主要作用体现在两方面，一是利用其使用价值在生产经营中发挥现实的作用；二是利用其交换价值作信用担保以保证债务的履行来获取必需的资金技术设备等。从其社会经济效益上看，上述两种使用并存是

---

[1] 参见陈文：《国产周播剧首次实现“边拍边播”》，解放网—新闻晨报，2014-08-07 08：09：32。

[2] 与版权期待权相似的另一种知识产权是专利申请权。有学者认为专利申请权为知识产权期待权，不具有价值的相对确定性，没有可供交付的权属证书，不便办理出质登记手续，因而不能作为出质的标的。参见刘春霖：《知识产权质押标的物适格研究》，载《河北科技大学学报》2014年第2期，第44页。

十分必要的。

5.4.2　质押标的的权属状态直接决定质押担保的效力

世界贸易组织在《与贸易有关的知识产权协议》序言中指出：知识产权是私权，私权意味着相关权利的取得、转让和许可以及遭受侵权时，均需以私人主体的名义予以积极主张。古希腊谚语曰：法律不保护躺在权利上睡觉的人，即法律不保护那些自己拥有权利却疏于维护和管理的人。另外，基于知识产权的公权属性，为了防止私权主体对知识产权的永久垄断，阻碍社会进步，各国对知识产权均规定了保护期限，一旦期限届满，专利权终止，知识产权进入公有领域，任何人都可以无偿自由使用。

在知识产权质押实践中，质权人可能对知识产权的权属状态未加以仔细审查，或者尽职调查不够细致，或者在签订合同后束之高阁，未对该质押的知识产权的权属状态进行跟踪管理。当知识产权遭遇侵权纠纷或保护期限届满等情形时，质押合同无效，使自身债权失去知识产权质押担保的庇护，因此遭受较大的法律风险。在选取的16件案例中，主要有以及两种情形。

一是知识产权终止失效，质押担保无效。属于该种情形的案件有2件。如案例9，法院在审理过程中查明，嘉德兴业公司出质的十项专利均由于未缴年费终止失效或届满终止失效。依据我国专利法相关规定，❶ 专利权保护期限届满或未缴年费，不再受到专利法保护，相关专利技术进入公有领域成为公知技术。"专利权质押属于权利质押，以专利权中的财产权作为质押标的，在债务人履新期限届满不能偿还债务时，债权人有权以该专利权转让的价款优先受偿。现该案所涉十项专利均不再受到专利法保护，债权人天津银行客观上已不可能将该专利权拍卖、变卖、折价取得价款，更无从实现对该价款的优先受偿，故天津银行要求对嘉德兴业公司名下专利实现质权的诉讼请求，无事实依

---

❶ 《专利法》第42条　发明专利权的期限为二十年，实用新型专利权和外观设计专利权的期限为十年，均自申请日起计算。

第43条　专利权人应当自被授予专利权的当年开始缴纳年费。

第44条　有下列情形之一的，专利权在期限届满前终止：

（一）没有按照规定缴纳年费的；

（二）专利权人以书面声明放弃其专利权的。

专利权在期限届满前终止的，由国务院专利行政部门登记和公告。

专利权保护期限届满或未缴年费，不再受到专利法保护，相关专利技术进入公有领域成为公知技术。

据，法院未予支持。”又如案例 10，一审法院确认花舞人间公司有权就华瀚科技公司拥有的六项专利权折价或拍卖，变卖后的价款优先受偿，但二审法院查明，华瀚科技公司提供的《质押财产清单》涉及的六项专利，其中一项专利号为 ZL20082023××××.7 的专利权申请时间为 2008 年 12 月 26 日，该专利权已于 2018 年 12 月 25 日到期，故花舞人间公司对该项专利权享有的质权归于消灭。

二是知识产权权属不明，直接影响质押的效力。如案例 16，案由为著作权权属、侵权纠纷案，本书所关注的是金色里程公司与中天典当公司签订的《版权质押典当合同》。合同约定金色里程公司将《天情》版权及原剧本的电视剧使用权质押给中天典当公司，典当金额为 30 万元。2007 年 12 月 25 日，金色里程公司与中天典当公司签订《绝当协议书》，明确对《版权质押典当合同》进行绝当处理，金色里程公司将《天下父母心》（原名《天情》）的版权及原剧本的电视剧使用权、发行权和唯一的电视剧摄制数码母带（含制作许可证、发行许可证）移交给中天典当公司，由中天典当公司全权处置。该案经过两级法院审理，二审法院确认两点：其一，晋鑫公司享有涉案电视剧的著作权。“既然晋鑫公司按约履行了出资义务，不存在违约行为，其依《联合摄制合同》享有涉案电视剧的著作权。金色里程公司未经著作权共有人晋鑫公司的许可，擅自将双方共有的电视剧版权及相关权利质押典当并绝当给中天典当公司，系无权处分。故晋鑫公司认为金色里程公司的上述行为构成侵权，提起本案诉讼具备相应的法律基础。”其二，金色里程公司的版权质押典当行为侵害了晋鑫公司的电视剧著作权。法院认为晋鑫公司不存在未履行追加投资的义务，金色里程公司违反《联合摄制合同》中关于未经对方书面同意，任何一方不得抵押或出卖联合摄制电视剧的任何财产、资产和无形权利的约定，擅自将双方共同享有著作权的涉案电视剧质押典当并绝当给中天典当公司的行为，侵害了晋鑫公司按份享有的涉案电视剧著作权，应承担相应的民事责任。据此，中天典当公司的债权实现失去了担保。

前述案例 5 提到了展期问题，但该案中是指贷款合同的展期，同时办理专利权质押登记，并非专利权的展期。当然也从另一侧面提醒当事人，签订合同及合同履行过程中应注意知识产权的保护期限。我国 1985 年《专利法》规定发明专利权的期限为 15 年；实用新型和外观设计的保护期限分别为 10 年和 5 年，自申请日起算，可以续展 3 年。但是，1992 年修改专利法的时候，我国正在准备加入世贸组织，当时《与贸易有关的知识产权协议》的草案已经出台，为了与国际上多数国家普遍采用的专利权保护期限保持一致，延长至自申请之日起算的20年。但我国到目前为止，没有特殊情况下延长专利权期限的规定。对实用新型和外观设计的保护期限改为10年，同时取消了可以续展的规定。❶ 与此相对，我国《商标法》规定商标注册的有效期限是10年，自核准之日起算。期限届满可以续展，每次续展注册的有效期为十年，并且可以无限制地续展。❷ 这是因为，著作权、专利权的独创性劳动主要在于权利主体对于客体的前期投入，而商标在被核准注册之后，作为一种商业标志，其更多体现为经营者在使用过程中的持续性投入，由此获得对该商品或服务的积极评价而逐步积累的商誉，续展次数越多，表明其商业价值越大。因此，对于知识产权质押担保标的，质权人必须特别关注专利权的有效性，督促出质人及时履行相应的义务，确保知识产权失效带来的风险。

5.4.3　质押担保期间与担保责任的关系存在分歧

对著作权和专利权质押合同的质权存续期间认定问题，是实践中存在的争议焦点，案例11比较典型地揭示了这一问题。该案为一融资租赁合同纠纷，奥迪公司与粤合租赁公司签订《著作权质押合同》和《专利权质押合同》，约定奥迪公司以案涉软件著作权及专利为其在与公司签订的《融资租赁合同》合同项下的2300.81万元主债务提供质押担保；质权存续期间自奥迪公司按融资租赁合同约定应当向公司履行债务之日起两年止。按照《融资租赁合同》的约定，奥迪公司质押担保期间为2014年4月15日至2016年4月15日。粤合租赁公司在2017年5月4日向法院起诉要求奥迪公司承担质押担保责任，此时质权担保期间是否届满，成为是否以软件著作权和专利承担担保责任的关键。

二审法院审理认为，根据物权法定原则，质押权作为一项担保物权，其设定及消灭均应依照法律规定。根据《最高人民法院关于适用〈中华人民共和国担保法〉若干问题的解释》对《担保法》总则部分的解释第12条："当事人约定的或者登记部门要求登记的担保期间，对担保物权的存续不具有法律约

---

❶ 《商标法》第40条　注册商标有效期满，需要继续使用的，商标注册人应当在期满前十二个月内按照规定办理续展手续；在此期间未能办理的，可以给予六个月的宽展期。每次续展注册的有效期为十年，自该商标上一届有效期满次日起计算。期满未办理续展手续的，注销其注册商标。商标局应当对续展注册的商标予以公告。

❷ 《专利法》第42条　发明专利权的期限为二十年，实用新型专利权和外观设计专利权的期限为十年，均自申请日起计算。

束力。担保物权所担保的债权的诉讼时效结束后，担保权人在诉讼时效结束后的二年内行使担保物权的，人民法院予以支持。”尽管学界对此有不同观点，[1]但是在司法实践中一般遵循司法解释的规定，因此，奥迪公司仍然应以质押的专利权和著作权承担担保责任。

5.4.4 知识产权质押登记程序对质押合同的效力

根据我国现行立法规定，知识产权质押属于权利质押，但从商业实践来看，又具有非常明显的抵押特征，因此在实践中往往抵押、质押不加区分，如案例7。如前文（知识产权质押融资服务要点部分）所述，对于知识产权质押，我国相关立法分别对专利权质权登记、商标专用权质权登记、著作权质权登记作出详尽规定，并且均规定质权自登记之日起设立，即采取登记生效主义。实践中，当事人以知识产权质押时，只签订质押合同未履行登记程序的情形屡屡出现。如案例6、7、12、13、14、15均反映出这一问题。

以案例13为例，法院认为：“原告与被告阳光盛通公司签订的著作权质押合同中涉及的电视剧《小两口》著作权人不是被告，电视剧《建元风云》没有在中国版权保护中心登记，而且《著作权质押合同》未在中国版权保护中心办理著作权质押登记手续，故著作权质押合同未设立，对于原告要求对被告阳光盛通公司出质的电视剧《建元风云》及《小两口》的著作权处置所得价款优先受偿，法院未予支持。”“因原告与被告阳光盛通公司签订的应收账款质押合同系双方真实意思表示，双方对应收账款的范围、金额有明确约定，被告阳光盛通公司对应收账款的真实性作出保证，质押合同在中国人民银行征信中心办理了质押登记，现原告主张对被告阳光盛通公司以电视剧《建元风云》首轮卫星播出权授权费取得的合同汇款不低于1800万元设定质押的应收账款享有优先受偿，有合同和法律依据，本院予以支持。因被告东阳盛通公司不是应收账款质押合同的当事人和出质人，仅是应收账款的指定收款人，故原告起诉对被告东阳盛通公司出质的应收账款优先受偿的诉讼请求，法院未予支持。”可见，知识产权的质押登记程序是必备程序，未办理质押登记，则丧失优先受偿权。

---

[1] 参见马俊驹、余延满：《民法原论》（第三版），法律出版社2007年8月版，第434页。

5.4.5　含知识产权质押的组合担保凸显登记公示难题

以北京文创产业版权质押融资为例，各银行推出了 39 种知识产权质押贷款产品，不同质押标的的使用频次如表 5.4 所示。

表 5.4　39 种贷款产品四种质押标的的使用频率统计

银行名称	产品名称	版权质押	应收账款质押	未来收费权质押	组合担保
建设银行	知贷通	√			
	影视贷		√		
工商银行北京分行	影视通		√		
	影视制作项目贷款			√	
	影院建设及经营贷款				√
	景区收费权支持融资			√	
	有线电视收费权质押融资			√	
	基于广告应收款的买断型国内保理		√		
	文艺演出项目贷款			√	
	科技通	√			
北京银行	创意贷	√	√	√	√
中国银行	中银影视通宝	√	√		√
	中银优信通宝	√	√		√
	中银智贷通宝	√			
	中银应收通宝		√		
	中银及时通宝				√
农业银行	影视动漫贷	√	√		√
	文创小企业简式快速贷	√			√
	知识产权质押贷款	√			
	文创小企业智动贷		√		
交通银行	智融通	√			√
中信银行	版权、发行权质押贷款	√			
	应收账款质押		√		
民生银行	基于北京市文化科技融资担保有限公司的担保贷款支持				√
	应收账款质押融资模式		√		

续表

银行名称	产品名称	版权质押	应收账款质押	未来收费权质押	组合担保
民生银行	以版权质押作为补充担保方式的融资产品	√			
中国进出口银行	境外投资贷款				
	文化产品服务（含动漫）出口信贷				
	旅游文化国际化贷款			√	
	国际会展服务设施建设贷款				
	影视文化国际化贷款				
北京农商银行	文化创意贷（1.0 版）及其六个子项目	√			√
华夏银行	文创贷及其系列产品				
	系列产品 1：信用贷	√			√
	系列产品 2：联保联贷				√
	系列产品 3：担保公司保证贷款	√	√	√	√
国家开发银行	影视行业—创新质押担保中期流贷	√	√		√
	助力文化中小企业—组合担保短期流贷	√	√		√
合计		17	13	7	15

如表 5.4 所示，在四种质押标的中，组合担保的使用频次仅次于版权质押，而在实践中为了确保债权回收，该使用频次比单一版权质押要高得多。

前文对法院审理的 64 件知识产权质押案例的统计分析一致，16 件实证分析的案例进一步呈现出这一特点：以单一知识产权质押担保占少数，如案例 2 为以七项专利权作为企业借贷的单一担保，案例 8 以 39 项商标注册专用权为担保，其他案例均为组合担保，即除知识产权质押外，保证人担保、房产抵押、股权质押、财团抵押等传统担保方式，可见组合担保占绝对多数。

涉及组合担保，对同一笔贷款提供的担保可能需要到知识产权局、工商局、版权局、中国人民银行征信中心等多个部门办理登记手续，登记程序较为烦琐，查询成本提高。还有的质押标的我国现行立法并无明确的登记机关，如文创产业拥有确定可转让的知识产权，欲设立包含知识产权在内的财团抵押；

如企业欲将处于变动之中的未来作品、应收账款等财产集合设定担保，有学者提出应借鉴浮动抵押制度，在物权法中建立浮动质押制度，使包括著作权在内的知识产权等无形财产权也可以设立浮动担保，从而保障质押功能的实现。[1]而我国现行《物权法》尚未建立财团抵押制度，[2]《物权法》以及新修改的《动产抵押登记办法》[3]规定的浮动抵押登记均未明确将知识产权纳入其中，财团抵押制度尚未建立。[4]因此，组合担保凸显了公示登记难题。

5.4.6 确认质权人的优先受偿权但实现顺序不明

以案例1、2、3、4、8为例，法院无一例外地认可质权人对设定质押的知识产权享有优先受偿权，对质押的权利折价或以拍卖、变卖的价款，在法院确定的债权范围内优先受偿。但是对组合担保的情形，有的判决中未予明确实现的顺序。

就不同担保方式的实现顺序，依据《中华人民共和国物权法》第176条的规定："被担保的债权既有物的担保又有人的担保的，债务人不履行到期债务或者发生当事人约定的实现担保物权的情形，债权人应当按照约定实现债权；没有约定或者约定不明确，债务人自己提供物的担保的，债权人应当先就该物的担保实现债权；第三人提供物的担保的，债权人可以就物的担保实现债权，也可以要求保证人承担保证责任。提供担保的第三人承担担保责任后，有权向债务人追偿。"而知识产权属于一种权利质权，保证人又区分为一般保证和连带责任保证，在保证人担保和知识产权质押两种担保方式中，以何者为先，存在歧义。实践中，鉴于拍卖质押的知识产权的复杂性和价值的不确定性，知识产权质押仅仅作为借贷融资合同的补充担保，仍然需要提供其他传统的抵押财产担保，而这些企业最有价值的资产恰恰是知识产权，其知识产权发挥作用的空间非常有限。

---

[1] 参见谢黎伟：《著作权质押的困境和出路》，载《现代法学》2010年第6期，第56－63页；张书勤：《版权质押融资法律制度的完善》，载《科技与出版》2015年第10期，第58页。

[2] 参见雷兴虎、薛波：《民法典编纂背景下财团抵押权制度研究》，载《社会科学战线》2015年第8期，第203－212页。

[3] 《动产抵押登记办法》第2条 企业、个体工商户、农业生产经营者以《中华人民共和国物权法》第180条第1款第4项、第181条规定的动产抵押的，应当向抵押人住所地的县级工商行政管理部门（以下简称登记机关）办理登记。抵押权自抵押合同生效时设立；未经登记，不得对抗善意第三人。

[4] 参见雷兴虎、薛波：《民法典编纂背景下财团抵押权制度研究》，载《社会科学战线》2015年第8期，第203－212页。

5.4.7 知识产权质押担保的实现程序复杂且成本高昂

知识产权质押担保在实践中推行较慢，质押的风险首先基于知识产权特点而产生是业内公认的，同时其实现过程中还存在较多风险：法律风险、技术风险、经营管理风险、道德风险、评估风险、内容管制风险等。❶ 其中评估风险是首要风险，评估机构、评估标准、评估费用等市场化的评估体系尚未建立，评估费用占据融资成本的较大比例，加上知识产权质押实现的律师费用、税收等成本高昂，也是贷款机构较少接受知识产权质押的重要原因之一。

就前述72件案例的统计分析及16件案例的实证分析，我们只能看到法院判决确认了质权人享有的优先受偿权，对判决执行阶段就质押的知识产权拍卖、变卖效果如何，限于资料搜索条件的限制无从查证。尽管法院通过淘宝等网络拍卖平台进行知识产权拍卖的执行取得了积极成果，但尚未查到具体的统计数字。❷ 从实地调研的反馈来看，知识产权的拍卖、变卖在实践中比较难。从本质上说，无论是知识产权质押贷款，还是知识产权质押作为其他合同的担保，质押本来就是作为主合同债权清偿的保障措施而存在的，如果判决并不能得到有效的执行，知识产权质押的担保价值无从体现。可喜的是，2019年12月，全国拍卖标准化技术委员会文件公布了《知识产权（专利）拍卖规程》征求意见稿，❸ 对知识产权（专利）拍卖详细地规定了具体程序，对于规范我国知识产权拍卖将具有指导性意义。

以上归纳了知识产权质押诉讼实践中存在的主要问题，此外，一些司法审级和诉讼风险层面的问题也不容忽视，如总体上一审终结案件明显高于二审终结案件。在前述收集的72例案件中，一审判决发生法律效力的案件有52件，二审终结的案件有10件。❹ 且初审法院多为基层人民法院，终审法院中没有

❶ 参见马伟阳：《知识产权质押融资风险防控机制的完善》，载《青海师范大学学报（哲学社会科学版）》2015年第1期，第47页。

❷ 参见肖建国、黄忠顺：《中国网络司法拍卖发展报告》，法律出版社，2018年10月第1版。

❸ 《〈知识产权（专利）拍卖规程〉征求意见稿》拍标委〔2019〕6号。

❹ 注：河北省高级人民法院民事判决书（2014）冀民二终字第24号；河南省高级人民法院民事判决书（2014）豫法民三终字第82号；上海市第一中级人民法院民事判决书（2015）沪一中民四（商）终字第344号；浙江省宁波市中级人民法院民事判决书（2015）浙甬商终字第1598号；天津市第二中级人民法院民事判决书（2015）二中民二终字第536号；湖北省高级人民法院民事判决书（2016）鄂民终91号；湖北省鄂州市中级人民法院民事判决书（2016）鄂07民终85号；陕西省高级人民法院民事判决书（2014）陕民二终字第00080号等。

最高人民法院。二审法院改判的案件有2件，[1] 前者主要对原审判决中利息、复利的计算有误作出调整，确认了温州银行股份有限公司宁波分行对涉案的最高额抵押合同项下的抵押物享有优先受偿权，后者部分撤销了判决，主要是对质押范围是否包含律师费的调整。又如，法院审理的焦点与实践难点并不同步。知识产权质押实践中，最大的难点在于对知识产权的价值评估和确定。而在法院受理案件中，焦点问题更多关注的是债务是否按期履行、知识产权质押是否办理了出质登记、质押合同的效力与质权的效力等，以此确定双方的责任、债权的实现以及违约责任。对实践中争议颇多的知识产权价值评估，实质是法院判决后执行中的问题。调研中，我们还发现在一些案例中，当事人提供了知识产权质押登记证明，但法院的判决未予认定的问题（如案例12等）。基于调研的局限性，课题组将这类诉讼风险揭示出来，同时也将在下一步研究中对此类问题进一步观察。

5.5 本章小结

知识产权质押作为一个担保手段，能否为融资服务机构认可，取决于其市场价值增长空间的大小。为了防范知识产权质押过程中的风险，基于以上案件的分析，至少有几点启示：首先，知识产权质押要履行登记手续，否则无法实现优先受偿权。其次，组合担保是降低融资风险的最佳选择。再次，知识产权担保变现途径需要进一步拓展。又次，有必要参照指导案例简化质权实现程序。最后，融资机构债权人应当重点关注如下问题：凡以注册商标专用权质押的，应特别关注是否及时办理续展手续；出质人是否在正常经营中保持对质押注册商标的持续使用；是否存在无效宣告申请、撤销申请、转让、转移、许可使用，以及被撤销、注销等情形；是否存在因扩大商标使用范围须另行注册的情形。凡以专利权质押的，应特别关注是否及时缴交专利费，是否存在专利权转让、改进并出现新的参与人、许可他人实施或被实施强制许可、放弃、被宣告无效或专利权归属变更等情形。凡以著作权质押的，应特别关注著作权是否在保护期内，是否发生转移、转让、许可使用、中止许可使用的情形，是否发生严重影响著作权带来的预期收益实现的侵权行为。

[1] 浙江省宁波市中级人民法院民事判决书（2015）浙甬商终字第1598号、上海市第一中级人民法院民事判决书，上海市第一中级人民法院民事判决书（2015）沪一中民四（商）终字第344号。

第六章　知识产权质押融资风险的法律规制

知识产权质押因其充分挖掘利用知识产权的交换价值，越来越受到中小型高科技企业、文化创意企业的青睐。如何防范知识产权固有的价值不确定性、易变性、潜在性等风险，促进完成融资机构信任的担保交易，既要遵循前期办理质押的规范性流程，同时应熟悉相关立法。此外，知识产权质押本质上是一种金融交易行为，是将知识产权商用化的一种方式，原则上应该按照市场交易规则运行。但是，基于金融资源所具有的公共性及逐利性特点，纯粹的金融资源市场配置将使弱势的金融需求主体被迫处于不利地位，需要超越市场的外部力量纠正“市场失灵”，努力实现金融资源公平配置，满足不同市场主体的利益诉求，使其分享社会改革发展的成果，实现社会的和谐共赢。[1] 因此，国家有必要出台促进知识产权质押的政策制度，分担和化解其中存在的风险，以扶持拥有知识产权的企业生存和壮大。总之，如何化解融资机构的债权风险，免除其后顾之忧，至少需要从四个方面着手：一是构建和完善知识产权质押法律制度，合理设定主体的权利义务，平衡出质人（拥有知识产权的企业）和质权人（提供资金的融资机构）之间的利益；二是国家作为金融资源配置者给予拥有知识产权者合理的差别待遇，制定相应的扶持促进政策；三是融资机构做好自身的风险控制；四是通过市场主体参与知识产权质押分担商业风险。以下具体分析。

6.1　知识产权质押融资法律制度的协调和完善

知识产权质押法律制度对于知识产权质押融资实践有着重要的规范和指引

[1] 参见田春雷：《金融资源的公平配置及其实现》，2012 年武汉大学民商法学博士论文。

功能，而我国知识产权质押现行制度尚不完善，有的制度付之阙如，需要总结实践经验，借鉴国外制度，以回应实践需求。

6.1.1　知识产权质押融资的法理依据和现实选择

马克思主义政治经济学认为，商品具有价值和使用价值的基本属性，使用价值是商品的自然属性，价值是商品的本质属性。在市场经济条件下，知识产权的商用化[1]是知识产权从自然属性向价值属性转化的过程。现代知识产权法的重心从所有转向利用，其基本功能就是促进知识产权的合理有效利用。知识产权的价值一般体现在三个方面：一是将专利、商标等知识产权用于本企业产品的生产制造或服务，通过提供的产品或者服务而获得收益。二是通过将专利、商标等知识产权转让、许可他人使用，从中获取收益。三是知识产权作为担保标的用于融资的商业化运作。对于中小企业而言，某种意义上其使用价值甚至位居其次，以知识产权的交换价值作为权利担保实现其融资目的，符合现代财产资本化趋势所带来的价值充分发掘利用以及担保标的的财产权益范围进一步拓展的客观要求：日益注重发挥标的的经济效用，在传统的担保功能之外兼具融资功能。因此，知识产权质押本质上是一种金融交易行为，其制度设计始终应遵守当事人意思自治和市场选择，在主体之间建立利益平衡机制。[2]

但是，由于中小企业与融资机构之间的天然禀赋差异，在市场机制下其欲平等获取与大企业同等的金融资源，必须有强有力的第三方纠正市场机制失灵，国家当仁不让担此重任。国家作为金融资源配置者，要努力做到金融资源配置的公平，包括两方面：一是金融资源配置者层面，对市场主体体现为机会公平与竞争公平，对国家则体现为规则制定的公平和结果公平。“国家应站在维护社会公平的角度采取适当的差别待遇对在金融资源获取过程中处于不利地位的人予以一定补偿或救济，以实现大体公平。”“结果公平在认同资源获取能力差异具有合理性的同时，追求社会意义上的公平，是以不平等追求公平，立足于部分地域、行业、群体的不平等追求整体平等。”二是金融资源需求者层面，金融资源配置公平体现为发展公平。“赋予金融需求者公平获取金融资源的机会，赋予金融机构公平配置金融资源的机会，并在机会均等的前提下对

[1] 知识产权商业化是指知识产权人为使其智力成果发挥最大的经济效益，利用智力成果、形成和强化自己的市场优势、谋求最大利益的各种手段。

[2] 参见冯果：《金融创新的司法审查》，载《人民法院报》2016 年 2 月 17 日第 007 版。

不均衡的结果适当调整，从而实现形式公平与实质公平的统一。”❶ 因此，在国家推行知识产权强国战略下，以市场化的知识产权质押为基础，政府制定推进扶持知识产权质押政策是现实选择。

6.1.2 知识产权出质人义务与质权人权利的平衡

知识产权质押是作为主合同债权清偿的保障措施而存在的，因而在质押政策的制定方面，既要考虑出质人的权利保障，确保其将知识产权出质后，按照合同约定享有其应有的权利，同时必须考虑质权人利益的保障，防止知识产权人通过出质权利的转让、实施、许可实施等方式妨碍质权人对出质权利的支配，为出质人设定相应的义务，保障质权人的知情权和收益控制权的实现。只有这样，借款合同以及其他主合同的债权人才可能接受知识产权质押担保，合理协调和平衡出质人与质权人之间的利益关系。

强化出质人对质权人的通知义务。以专利权为例，无论是出质专利权的许可实施，还是已许可实施的专利权的出质，抑或专利权的实施，专利权人都应将许可实施合同的情况或者专利权的实施情况忠实告知质权人，在出质人转让出质专利权时尤其如此。这是因为质权的效力及于孳息、代位物，实施专利的收益、许可实施费、转让费直接影响到质权人的利益。虽然该通知义务对出质专利权实施、许可实施、转让的效力不产生影响，但出质人的通知义务对质权人而言是非常重要的。这是因为：一方面，质权人可以根据出质人的告知情况，许可实施费、许可实施期限以及转让费、许可实施费及其他收益是否已提存等来判断出质人的实施、许可实施行为对质权有无损害，如有危害质权的实现，便可以采取法律赋予质权人的救济措施确保质权实现；另一方面，出质人的通知义务及相应的质权救济措施的存在敦促出质人谨慎善意转让、实施、许可实施其专利权，避免其滥用权利危害质权实现。

质权人的知情权和收益控制权保障。在各地规范性文件中，较多体现了专利质押贷款风险的事前控制，即对借款人的财务、信用状况，专利项目目前的实施情况、专利权质押贷款的额度均做了较详细的规定，但是缺乏对专利权质押贷款风险的过程控制——对专利项目将来的实施情况缺乏监督，而专利权价值的特殊性决定了过程控制对专利权质押贷款风险防范的重要性。这是因为，

---

❶ 田春雷：《金融资源的公平配置及其实现》，2012 年武汉大学民商法学博士论文，第 65 - 66 页。

要使专利权实现其担保功能，就必须通过实施、许可实施、转让使专利权的潜在价值转变为现实价值，使其产生足够多的收益，并以该收益作为担保，绝不能仅仅依赖于债权未获清偿时通过折价或者拍卖、变卖专利权的价款优先受偿。因为此时专利权的价值只不过是原先设定质押的专利权的残值，当然也就难于为主合同债权的清偿提供足够担保，真正用作质押担保的专利权的价值应为该残值加上实施、许可实施等所产生的收益。缺乏这一过程控制，缺乏对实施、许可实施等所产生的收益的控制无疑削弱了专利权质押担保功能的实现。因此，在专利权质押担保政策中规定专利权人（出质人）就专利权的转让、实施、许可实施等情况对质权人负通知义务是合理、必要的。

出质期间，出质人对出质专利权的转让费、许可实施费和实施出质专利权的收益以及其他收益等应向第三人提存鉴于专利权价值的特点，专利权质押政策必须赋予出质人对出质专利权享有转让、实施、许可实施等权利。在此情形下，为保障质权人的利益，必须规定：出质期间，出质人对出质专利权的转让费、许可实施费和实施出质专利权的收益以及其他收益等应向第三人提存。这是因为，出质人因出质专利权的转让、实施、许可实施而获取的收益毕竟是在质权设定期间，即在债务履行期限届满前进行的，因而该收益在性质上仍是出质人的财产，且债务履行期限未届满，质权人不能请求以这些收益清偿债权。但出质人毕竟已将专利权作为债务履行的担保，因而负有不得损害质权人优先偿权的义务。众所周知，收益为专利权经济价值的重要体现，专利权能作为质权标的亦缘于此；若质权不及于收益，质权便会落空，因而质权当然及于出质专利权实施的收益上，这样出质人对出质专利权收益的处分又会受到质权的限制，出质人不得任意处分。因此，无论出质人还是质权人，都不得对出质专利权的收益进行处分。在此情形下，该收益应当向出质人、质权人约定的第三人提存，以作为主合同债权的担保。当然，经质权人与出质人协商同意，该收益可以用于提前清偿债权，因为该种处分属于当事人对自己权利义务的处分，政策不便过多干预。❶

6.1.3　扩展知识产权质押标的物以适应商业需求

总体上说，现行立法对于质押标的范围比较有限，为了鼓励融资机构接受

---

❶　参见蒋逊明：《中国专利权质押制度存在的问题及其完善》，载《研究与发展管理》2007 年第 3 期，第 107 页。

知识产权作为质押标的物，法律可以进一步扩展标的物，只要双方认可的知识产权均可以纳入质押客体，促进质押融资目的实现。

6.1.3.1 版权质押

对版权质押而言，质押标的范围至少可以扩展两个：一是将创意有条件地纳入文创产业质押标的范围。2015 年，在北京市高级人民法院审理的“琼瑶诉于正侵权案”中，法院认定于正超越了对琼瑶作品合理借鉴的边界，《宫锁连城》侵犯《梅花烙》的改编权和摄制权，❶ 创意受到法律保护初露端倪。在该案中，法院最终认定人物关系是剧本情节设置的核心，于正的《宫锁连城》构成与琼瑶《梅花烙》的整体实质相似，而情节设置从其源头考察属于一种构思创意。法律是否保护创意，实质是在创意提供者和使用者之间利益权衡的结果。美国法院在司法实践中逐渐认可了思想观念提供权，摸索形成了保护创意提供权的一些规则，要求符合以下条件：限于具体的合同关系中，具有新颖性和具体性的思想观念。具体的合同关系包括：明示的合同关系、事实合同（与保密关系的商业秘密保护直接相关）、法定合同（准合同，强制性地依据不当得利）。新颖性包括绝对新颖性和相对新颖性。相对新颖性指相对于使用者而言新颖即可符合条件。具体性是指必须明确具体，成熟到足以在商业活动中贯彻实施。❷ 当然，即使在美国，创意受到著作权法保护仍然是在司法实践中的被动认定。由于质押本身蕴含着商业风险，而创意极具商业价值，因此在创意与具体表现形式的作品之间，作出清晰绝对的划分非常困难。好的创意给人们带来愉悦的心理体验，引领文化消费的品位，促进文化市场的繁荣。而创意提供者多为相对弱势一方，缺少相应资金，又无融资担保的抵押物，允许创意作为质押标的融资，可以避免文化创意产业产品雷同，使艺术成为千篇一律的东西，扼杀文化竞争的氛围。在政府大力推动的知识产权质押政策的引导下，文化创意质押实践不妨作出一些尝试。

二是版权期待权可以设定质押。前文所称的两个否定观点难以成立，理由有二：首先，一项知识产权的价值确定性，只有当其真实出让时才得以确定；在转让之前，其价值均处于不确定状态。况且，版权期待权的价值本身取决于

---

❶ 《北京高院终审：琼瑶胜诉“于正抄袭案”知识产权保护掀热议》，2015 年 12 月 22 日 10：14 新浪司法 http：//finance. sina. com. cn/sf/news/2015 - 12 - 22/101414264. html，2016 年 8 月 1 日访问。

❷ 参见李明德：《美国对于思想观念提供权的保护》，载《环球法律评论》2004 年秋季号，第 344 - 364 页。

现实版权的价值，通常期待权质押的同时，现实版权一并转让，市场经济主体谁会傻到花钱去购买一项有名无实的版权期待权呢？正如学者对专利申请权的价值所言，“事实上，专利申请权可以成为一项财产权，就是基于申请案中的发明创造设定的。在这个意义上说，不存在脱离了发明创造的专利申请权，或者专利权”。[1] 在探讨知识产权质押问题时，对一种权利是否成为质押标的，必须“回到基本前提”（basic premise）——该权利背后真正的财产价值，版权期待权利最终转化为现实权利，当以现实权利的价值来衡量。其次，未来作品的版权期待权的公示问题，上海、北京等地已经进行了有益尝试。上海市知识产权局适应现代创意产业发展对知识产权保护的需要，于 2007 年已首创“创意信封”登记备案制度，对创意设计者创意设计的内容作为证据进行固定和保护，这是对现行的知识产权申请和登记相关制度的补充和完善。[2] 又如，北京东方雍和国际版权交易中心推出的原创版权快速授权产品——“版权印”，在原创授权方面，作品一经发布，即可获得“时间戳”保护，通过版权印这一互联网版权快速授权平台，在内容原创和授权使用之间建立一个通道，降低授权和获权成本。[3] 由于著作权自动产生，未来作品的基本创意可以通过这一平台确认权益，对版权期待权质押同样起到证明的效力。

6.1.3.2　专利权质押

对于专利权质押来说，质押客体的范围可以进一步扩大，如专利申请权、专利许可权、专利许可收益金、多种知识产权联合体等均可以纳入。立法可以提供多种选择，在企业实践中是否将其作为知识产权质押融资的客体，还取决于其市场盈利能力的大小等因素。知识产权收益权质押在实践中备受青睐，相

---

[1] 李明德：《知识产权法》，法律出版社 2014 年 6 月第 2 版，第 140 页。

[2] 根据“创意信封”登记备案制度的设计，创意设计人可以从上海市、区（县）两级知识产权事务管理部门领取特制的连体“双胞胎”信封，按照信封要求填写个人相关信息，并将个人创意设计清楚地表述在纸件上。所述纸件一式两份，分别封存于“创意信封”内，通过挂号邮递或面交负责登记备案的上海市知识产权局。上海市知识产权局对收到的“创意信封”进行登记编号等备案处理并在连体信封上加盖骑缝章、标注收案时间，并将其中一个信封在收到后的 5 个工作日内返还申请人，另一个信封归档备案。归档备案期限最长为 5 年，时间届满前，申请人可要求续展归档备案期限。在归档备案有效期限内，申请人可向上海市知识产权局索取其递交的归档备案信封。《上海局首创“创意信封”备案制“保全”创意设计》，http：//www.sipo.gov.cn/dtxx/gn/2007/200804/ t20080401_360620.html，中国国家知识产权局，2016 年 8 月 1 日访问。

[3] 参见邹韧：《“版权印”：网络授权快捷途径通了》，载《中国新闻出版广电报》2016 年 1 月 21 日，http：//www.ncac.gov.cn/chinacopyright/contents/4509/273324.html. 2016 年 8 月 1 日访问。

关政策已经明确鼓励。❶

当然，就现实情况来看，未来作品、专利申请权等期待权作为质押客体，与知识产权许可权、转让权质押等相比，其风险程度更高，故只适用于处于成长期和成熟期的企业。目前主要表现在影视作品领域，由于拍摄过程中投资较大、制作周期较长，以该作品的未来版权作为质押标的的需求旺盛。如2008年，华谊兄弟传媒公司计划拍摄12～14部电视剧，以这些电视剧尚未完成的影视版权向北京银行朝阳支行申请贷款。北京银行先对计划拍摄的作品进行整体质押贷款，然后拍摄完一部质押一部的方案，逐步扩大信贷规模。❷

6.3.1.3 多项知识产权质押的集合质押

在商业实践中，重视知识产权的企业往往会拥有专利、商标、版权等多种类知识产权，或专利权、商标权、版权某一系列的知识产权，如前文司法案例个案分析部分。案例2是以七项专利权作为企业借贷的单一担保，案例7是以15项专利权作为质押，案例8是以39项商标注册专用权为担保等，类似情况屡见不鲜。充分发挥知识产权质押担保的价值，借鉴中小企业集合债原理，可灵活采用各种无形资产进行集合质押，引入多种金融机构增强文化企业贷款信用，从而提高企业贷款能力，降低银行贷款风险。❸

如江苏无锡农村商业银行太湖文化支行是国内第一家文化银行，在文化产业集聚区推广集合担保贷款模式，对区内的中小企业贷款实施集中集合授信、统一担保，鼓励文化产业通过再担保、联合担保以及担保与保险相结合等方式多渠道分散风险，并加快推动保险产品与服务方式创新，提高保险在文化产业中的覆盖面和渗透度，有效分散文化产业的项目运作风险。❹

---

❶ 《关于金融支持文化产业振兴和发展繁荣的指导意见》（2010年3月）规定："推动多元化、多层次的信贷产品开发和创新。对于具有优质商标权、专利权、著作权的企业，可通过权利质押贷款等方式，逐步扩大收益权质押贷款的适用范围"。

❷ 赵伟伟：《文化与银行联姻，需解版权质押之困》，载《法庭内外》2014年第9期，第27页。

❸ 参见于孝建、任兆璋、伍小军：《中国文化产业融资方式创新研究》，华文出版社2013年11月版，第41页。

❹ 参见王伟健：《江苏成立文化银行版权等"轻资产"可抵押》，载《人民日报》2014年04月01日。

6.1.3.4　以企业整体营业能力为担保的企业担保制度

企业担保一词，是我国学者翻译日本《企业担保法》时采用的概念，是指以企业的整体财产集合为标的设定的担保，类似于英美法中的“浮动抵押”制度。[1] 本书所称的企业担保，是指以企业整体财产提供担保以获得融资的制度，包括浮动抵押和财团抵押两种形式。

企业担保制度的建立和完善源于两个方面的缘由：一是企业担保制度符合当前中小企业缺少融资担保品的现实需求。中小企业要获得资本需要提供的担保物非常有限，以企业未来的生产经营能力为担保，是对投资人商业预测能力的考量。对于高科技、文化创意这些企业来说，中小企业占比较高，其最有价值的财产是专利权、商标权、著作权、商业秘密等，一旦获得资金支持，通过这些资产实现预期目标，企业将创造出更大的价值。以文创企业为例，版权、版权许可权、与版权相关的邻接权等构成企业的核心资产，与企业创作人员、经营管理团队等构成的营业体很大程度上决定着该企业的发展前景。以该企业整体财产担保，意味着企业破釜沉舟的决心，更有利于投资方的债权保全，解决了中小企业担保品不足的担忧。二是企业担保制度代表担保物权从保全功能向融资功能转变的趋势。现代社会担保物权从传统的保全功能向融资功能发生转变，投资人商业投资的目的在于获得融资方的资金使用成本并不断地循环。当融资方得到资金获得经营成功后，双方的资金使用效率实现了最大化。因此，以企业整体财产集合为担保受到青睐，债权保全功能只是对一次价值的补偿，而融资担保功能则使资金的使用形成了良性循环。企业整体财产的担保承担了一个媒介功能，由此实现了企业利用资金发展壮大企业的目的，是现代担保物权发展的一个趋势。

我国2007年实施的《物权法》规定了浮动抵押制度，[2] 但是否建立财团

---

[1] 参见许治政：《对企业担保制度的反思》，《当代法学》2003年第9期，第38页。

[2] 《物权法》第181条：经当事人书面协议，企业、个体工商户、农业生产经营者可以将现有的以及将有的生产设备、原材料、半成品、产品抵押，债务人不履行到期债务或者发生当事人约定的实现抵押权的情形，债权人有权就实现抵押权时的动产优先受偿。

第189条：企业、个体工商户、农业生产经营者以本法第181条规定的动产抵押的，应当向抵押人住所地的工商行政管理部门办理登记。抵押权自抵押合同生效时设立；未经登记，不得对抗善意第三人。依照本法第181条规定抵押的，不得对抗正常经营活动中已支付合理价款并取得抵押财产的买受人。

抵押制度，学者存在争议，这一点在公布的《中华人民共和国民法典》[1] 基本沿用了既有的规定。

所谓浮动抵押，是指将主体现有的以及将来的财产作为一个整体，通过一定的登记公示方法，在其上设定抵押权，为资金融通提供担保。根据我国物权法规定，设立浮动抵押应当符合以下条件：第一，设立浮动抵押的主体限于企业、个体工商户、农业生产经营者。第二，设立浮动抵押的财产包括现有的以及将有的生产设备、原材料、半成品、产品，仅限于这四类。除此以外的动产不得设立浮动抵押，不动产也不得设立浮动抵押。第三，实现抵押权的条件是不履行到期债务或者发生当事人约定的实现抵押权的事由。第四，债权人有权就实现抵押权时的动产优先受偿。

学者考证认为，我国物权法中未建立财团抵押制度，根据国外制度及我国现实情况，将其定义为："财团抵押是企业法人（ 主要指公司）以其实际享有可以特定化的财产组成有机的结合体，为企业融资担保目的而设定的抵押权。"其特点有四：权利主体限定为企业，权利客体具有特定性和整体性，设定程序上必须制作财团目录，以满足企业的投融资需求为主要目的。[2]

这两种抵押制度有其共同特点：其一，用于担保的财产均为具有内在有机联系的财产的集合体；其二，均需要通过一定的登记公示方法设定担保；其三，设定抵押后，均不影响抵押人对抵押财产的使用。但是又存在明显的区别：其一，抵押物是否特定。前者浮动抵押的客体不要求财产特定化，将来未确定的财产可以纳入担保客体，后者财团抵押的客体要求财产特定化，且只有现在已经确定的财产才可以纳入担保客体；其二，抵押人是否享有处分财产的自由。浮动抵押中，抵押人仍然可以对财产进行处分，而财团抵押中，抵押财产制作成财产目录，不允许抵押人不经过抵押权人的同意进行处分。这里值得讨论的问题有两个：

---

[1] 《中华人民共和国民法典 》第 395 条：债务人或者第三人有权处分的下列财产可以抵押：（一）建筑物和其他土地附着物；（二）建设用地使用权；（三）海域使用权；（四）生产设备、原材料、半成品、产品；（五）正在建造的建筑物、船舶、航空器；（六）交通运输工具；（七）法律、行政法规未禁止抵押的其他财产。

抵押人可以将前款所列财产一并抵押。

第 396 条：企业、个体工商户、农业生产经营者可以将现有的以及将有的生产设备、原材料、半成品、产品抵押，债务人不履行到期债务或者发生当事人约定的实现抵押权的情形，债权人有权就抵押财产确定时的动产优先受偿。

[2] 参见雷兴虎、薛波：《民法典编纂背景下财团抵押权制度研究》，载《社会科学战线》2015 年第 8 期，第 204－205 页。

一是知识产权是否纳入浮动抵押或财团抵押的财产范围。就浮动抵押的标的而言，沿袭国外的立法例，将其限定为现有的以及将有的生产设备、原材料、半成品、产品，可谓是重资产占据主导地位的产物。在知识经济时代，企业资产构成发生了变化。以文创行业为例，一个文化公司的生产设备只是几台电脑，未来作品、尚在开发中的程序等即为无形资产形式的半成品、产品。值得指出的是，浮动抵押制度起始于英国，设定抵押的标的不局限于四类，还包括不动产，甚至应收账款、商誉等无形资产都包括在内。就财团抵押的标的来说，抵押标的物要求在设定时必须存在且价值可以确定，因此应收账款、商誉等这些不能确定的将来财产不能作为抵押标的，未来立法中财团的类型应采取客体标准：不动产财团和物财团。为此，有学者提出应借鉴浮动抵押制度，在物权法中建立浮动质押制度，使包括著作权在内的知识产权等无形财产权也可以设立浮动担保，从而保障质押功能的实现。❶ 本书认为，对于浮动抵押标的不能作机械的理解，包括著作权在内的知识产权等无形财产均应包含在内，未来作品、正在设计的程序、正在申请的专利等，与半成品、产品并无本质差异。现代社会已经进入知识经济时代，产品的形式发生了变化，但其内涵的价值不变，企业所有的各种有形财产、无形财产的有机结合体构成一个整体，均可通过设立企业担保（包括浮动抵押和财团抵押）以获得融资。

二是企业担保的主体问题。我国物权法中对浮动抵押的抵押人限定为企业、个体工商户、农业生产经营者，学者对财团抵押的研究考证认为，抵押人应限定为具有法人资格的企业。追踪立法本意，“未来《民法典》担保物权部分的制度设计，应当关照民营及中小企业融资工具的现实选择和多元化需求，应具有时代特色和人文关怀，这是新时期我国民法担负的历史使命”。❷ 有学者指出：“构建财团抵押权制度的理论及实践价值之一：促进民营及中小企业的发展，便于吸引外资。完善相关商事担保制度应当是国家从立法层面应对这一问题的重要举措。未来《民法典》中将财团抵押作为一种融资型的担保方式规定进去，将丰富民营企业和中小企业的融资渠道，以利于民营及中小企业的发展。”❸ 总之，多种抵押制度的目的在于为中小企业提供多种选择，解决

❶ 参见谢黎伟：《著作权质押的困境和出路》，载《现代法学》2010 年第 6 期，第 56－63 页；张书勤：《版权质押融资法律制度的完善》，载《科技与出版》2015 年第 10 期，第 58 页。

❷ 王利明：《民法的人文关怀》，载《中国社会科学》2011 年第 4 期。

❸ 雷兴虎、薛波：《民法典编纂背景下财团抵押权制度研究》，载《社会科学战线》2015 年第 8 期，第 207 页。

中小微企业融资难问题。

但任何一种法律制度本质上是一种利益平衡，作为抵押权人的投资方首先考虑的是资金安全问题，财团抵押的财产相对确定，而浮动抵押中，财产处于不断变化之中，企业对已经设定抵押的财产可以随意处分，还可以在某特定财产上设定一般抵押，而小微企业的财务不规范，又无强制的信息披露，无法对中小企业的运行成效实施监控，实践中中小微企业难以获得贷款自在情理之中。因此，物权法规定的浮动抵押制度并非尚方宝剑，金融机构是否乐意接受，撇开政府部门的引导、扶持，根本之处仍然在于其利益能否得到保护，需要有相应的制度设计予以保障。

6.1.4 统一登记制度降低知识产权质押融资成本

如前所述，我国知识产权法规定不同客体质押的登记机关各自独立，对于知识产权转让合同和许可合同又有不同规定：著作权许可使用合同、转让合同可以向著作权行政管理部门备案；[1] 专利权许可合同应当自生效之日起 3 个月内向专利局备案，[2] 商标权的许可报商标局备案，由商标局公告；[3] 专利权转让合同应当报专利局登记公告，[4] 商标权的转让，应当由商标局对合同进行核准和公告后才能生效。[5] 可见，对于知识产权转让合同，著作权仅需备案，商标专利权则需要经过登记核准程序，许可合同则仅需备案即可。以知识产权许可费、转让费为借款合同的担保，在生效要件上的不同，对质权人的权利带来的风险将有较大差别。当然，从我国商业登记制度改革趋势而言，登记制度仅仅具有公示意义，登记机关对登记内容的真实性并不承担担保责任，但是，由于性质相同的不同客体带来的差异性，加之与知识产权其他财产权利登记制度的不统一，容易导致质权人对出质人收益无法有效控制的风险，增加权利人实

---

[1] 《中华人民共和国著作权法实施条例》（2013）第 25 条：与著作权人订立专有许可使用合同、转让合同的，可以向著作权行政管理部门备案。

[2] 《中华人民共和国专利权法实施细则》第 14 条。

[3] 《商标法》第 43 条第 3 款：许可他人使用其注册商标的，许可人应当将其商标使用许可报商标局备案，由商标局公告。商标使用许可未经备案不得对抗善意第三人。

[4] 《专利法》第 10 条。

[5] 《商标法》第 42 条：转让注册商标的，转让人和受让人应当签订转让协议，并共同向商标局提出申请。受让人应当保证使用该注册商标的商品质量。转让注册商标的，商标注册人对其在同一种商品上注册的近似的商标，或者在类似商品上注册的相同或者近似的商标，应当一并转让。对容易导致混淆或者有其他不良影响的转让，商标局不予核准，书面通知申请人并说明理由。转让注册商标经核准后，予以公告。受让人自公告之日起享有商标专用权。

现权利的成本，造成不必要的混乱。

由于贷款机构对金融债权实现的顾虑，文创产业质押融资提供的组合担保需要分别办理登记手续，增加了登记费用成本。有学者主张建立统一的登记机关加以解决，但从各个担保权的登记而言，具有较强的专业技术性，由统一机关实现可能存在困难，而现有机关整合又带来了机构臃肿等难题。现代互联网技术的发展为解决这个问题提供了便利条件，对各个登记机关登记信息开放查询功能便可实现。2016 年 7 月 5 日国家工商行政管理总局新修改的《动产抵押登记办法》又提供了一个更为便捷的思路，企业有义务将其所有担保信息通过企业信用信息公示系统加以公示，便于相关当事人进行查询。

就企业担保方式而言，浮动抵押和财团抵押制度的完善也至关重要。从这两种制度的肇始以至未来趋势，均为解决企业资金融通问题的重要制度。随着企业质押标的担保功能向融资功能转变，侧重于对企业整体营业能力的考察，而文创产业的核心资产就是知识产权，既然允许企业以财团抵押和浮动抵押融资，那么民法典制定过程中应明确将知识产权包含在企业财产范围之内，企业进行抵押登记时，将其纳入财产目录，成为企业特定化和整体性的财产，进行财团抵押权的登记。对于抵押登记机关的选择，著名民法学者梁慧星教授主张应由抵押物所在地的不动产登记机关进行登记。2015 年颁布施行的《不动产登记暂行条例》规定，由县级人民政府确定一个不动产登记机关。各地确立的不动产登记机关不一，由其进行抵押登记增加了金融机构查询监督的成本，对文创产业无一利处，且《动产抵押登记办法》已经确立浮动抵押的登记机关为工商行政管理机关，同样以企业的集合财产进行抵押，应统一由工商行政管理机关负责较为妥当，同时也便于工商行政管理机关对于抵押信息通过企业信息公示系统公示，对投融资双方均为有利。

对于登记机关，国外一般都采取同一部门管理的做法，我国存在三个机构并立的格局，就机构统一问题至少有三种改革方案：一是建立专业的知识产权执法机构；二是建立整个市场统一执法机构；三是借鉴国外搞类似的经济警察。2018 年 3 月 13 日《国务院机构改革方案》提请十三届全国人大一次会议审议，将商标局合并到国家知识产权局，知识产权局划归到国家市场监督管理局，将商标和专利属于企业竞争方式，统一到市场竞争部门管理顺理成章，将行政管理权和行政执法权分离，由调整后的知识产权局行使管理权，由市场监管局的执法大队行使执法权，改变过去行政执法力度不足和司法保护偏弱的弊端，使得侵权行为能够通过行政执法及时得到遏制，对侵权行为的控制从事后救济提前到正在进行的前端控制，避免过去一些拥有专利权的企业赢了官司却输了市场、死了企业的困局。[1] 虽然国家版权局尚未归属到国家知识产权局，但这个改革至少向前迈进了一步，能够减少企业一定的登记成本。

6.1.5 借鉴最新立法司法成果降低质权实现难度

由于知识产权价值受到市场前景、商品服务周期、价值评估方法、质押标的物交易平台短缺等多重因素影响，[2] 虽然动态评估、跟踪监测，出质时对注册商标使用权的评估价值与债权届至时的预期价值极可能发生偏离，影响质权人质权实现的程度。实践中不断摸索，应收账款和未来收益权质押逐渐受到商业银行青睐。这是因为相对传统知识产权质押而言，金钱债权担保作为质押物在法律上存在三项优势：省略质押评估程序，增强质押物的稳定性，提升质押权实现能力。在北京文创贷款产品中，如表 2.22 所示，商业银行接受的质押标的中，应收账款和未来收费权两项合起来使用频次为 20 次，甚至超过组合担保，足见其受欢迎的程度。但是就质权的实现方式而言，根据《物权法》《担保法》的规定，一般采取拍卖、变卖、折价等方式之后，权利质权人享有优先受偿权，而未来收费权质押作为金钱债权质押，是否可以通过债权转让方式，将收费权人直接变更为质权人，并无法律规定。2015 年 11 月，最高人民法院公布的第 53 号指导性案例提供了参照，其裁判要点指出："特许经营权的收益权可以质押，并可作为应收账款进行出质登记；特许经营权的收益权依其性质不宜折价、拍卖或变卖，质权人主张优先受偿权的，人民法院可以判令出质债权的债务人将收益权的应收账款优先支付质权人。"这一阐释为今后应收账款及其收费权质押权利人实现权利提供了更为便捷的实现途径。

未来收费权质押在实现方面具有突出优势，其适用具体有两种情形：一种是基于合同产生的未来收益权质押，如电影电视可产生的未来收益、演出项目未来持续的票房现金流，如工商银行北京分行的影视制作项目贷款产品、文艺演出项目贷款，其实质是版权许可权的合同债权质押。另一种则是基于政府特许经营权而产生的未来收费权，如工商银行的有线电视收费权质押融资产品、

---

[1] 参见陆璐：《北京、上海、广东等地可能保留知识产权局为正局级单位》，载《时代周报》2013 年 3 月 20 日，https://baijiahao.baidu.com/s?id=1595386934835803511&wfr=spider，2018 年 8 月 12 日访问。

[2] 参见刘春霖：《知识产权质押的现实和困境研究》，中国检察出版社 2016 年 6 月第 1 版，第 158－182 页。

景区收费权质押融资产品，其实质是特许经营权的质押。这种收费权，“是指权利人基于法律的直接规定或政府的行政特许而享有的就特定的基础设施或者公共服务等收取费用的权利”，[1] 53 号指导性案例的裁判要旨为第二种情形提供了参照案例。对于第一种情形中不具有公益性的未来收益权是否有必要采取折价、拍卖或变卖方式，本书认为，53 号指导性案例中收费权的法律基础与是否具有公益性没有关联性，舍近求远乃画蛇添足，双方通过合同事先约定，变更债权人，由债务人直接向质权人支付许可费，符合债权转让的基本法理：债权转让无须经过债权人的同意，只需通知债务人即可，该种质押权实现方式的成本很低。

此外，根据《银监会关于商业银行知识产权质押贷款业务的指导意见》，贷款合同约定的还款期限届满，借款人到期未履行还款义务或者发生当事人约定的实现质权的情形，商业银行可以通过协议折价、拍卖、变卖、许可使用等方式实现质权，并依合同约定从所得价款中优先受偿。[2] 由此看来，质押的知识产权列举了四种实现方式，拍卖、变卖属于变现方式，适用许可的案例有限，折价本质上并没有实现债权偿还，因为银行通过折价获得的知识产权一般不可能直接用于自身的经营服务中，仍然需要进一步通过某种方式使知识产权本身能够体现其价值。四种方式中，拍卖是当今市场上较为推崇的一种方式。

知识产权采取拍卖方式契合其自身特点：知识产权的价值难以确定，通常采用的三种评估方法各有利弊，不同评估公司评估的价值可能差异较大，其真实价值如何，无法以社会必要劳动时间来衡量，其价值大小取决于识货的主体对其活化利用，传统的一对一交易模式往往难以与真正的需求者相匹配，而拍卖以公开集中竞价交易模式，发挥了知识产权的价格发现功能，出价最高者得的原则也正好物归其主。

我国首次大批量知识产权公开拍卖是 2010 年中国科学院计算技术研究所（以下简称中科院计算所）举办的专利拍卖会。拍卖活动由中科院计算所主办，中国技术交易所、北京海淀中科计算技术转移中心、北京国信兴业拍卖行有限公司和北京集佳知识产权代理有限公司联合承办，共有 70 项基于智能信息、无线通信、集成电路及物联网等领域的专利，涵盖 8 个专利包（共 28 件专利）、38 项有底价专利和 24 项无底价专利开始面向社会进行公开拍卖。来

[1] 王利明：《收费权质押的若干问题探讨》，载《法学杂志》2007 年第 2 期，第 39 页。
[2] 《银监会关于商业银行知识产权质押贷款业务的指导意见》之（三十），银监发〔2013〕6 号。

自竞拍企业的70余名代表参加了竞买。来自国内的8家企业最终竞得28件标的，总成交金额近300万元。[1] 之后，中科院计算所每年连续举办这种知识产权拍卖会，在单笔成交额、交易形式等方面不断创新，最大限度促进专利技术向企业的流转。[2] 知识产权拍卖在2017年、2018年京交会上也开始采用，[3] 南京2017年敲下全省知识产权拍卖第一槌，一项名为"电梯信息监控系统及监控方法"的专利以8000万元成交。[4] 第四届中以科技创新投资大会举行国内首个跨境专利拍卖会，这是在中国举行的首次以色列高校专利拍卖会。"跨境专利拍卖会节省了交易双方前期烦琐的沟通程序和中间环节，有助于国内企业快速了解、引进和消化先进的国外技术，也为国内知识产权服务机构提供了信息共享和公平竞价的平台。"[5] 从国内知识产权交易扩展到跨境交易，交易规模持续扩大，有效丰富了我国知识产权交易和流转方式。

知识产权网络拍卖比传统的委托拍卖则是一种更加公平便捷高效的方式。互联网的迅猛发展改变了传统的网络拍卖方式，传统的网络拍卖机构纷纷采取线上与线下相结合方式，而网络司法拍卖走得更远，借助阿里在杭州的地域优势，法院与淘宝网合作，淘宝网司法拍卖平台2012年6月26日正式上线，淘宝网向入驻该平台的人民法院免费提供互联网电子竞价系统，对涉诉资产采用自主型网络司法拍卖。根据《最高人民法院关于人民法院网络司法拍卖若干问题的规定》[法释〔2016〕18号] 规定，[6] 知识产权处置可以采用网络司法拍卖，且司法实践中已广泛采用。以京东司法拍卖平台为例，2018年7月31日输入"商标"二字，显示当日在该平台司法拍卖的共有10件拍品，如

---

[1] 梁盛：《中科院计算所首届专利拍卖会圆满落槌》，2010年12月17日，http://news.163.com/10/1217/11/6O3OS7PL00014JB5.html，2018年7月30日最后访问。

[2] 郭涛：《中科院计算所第二届专利拍卖会借中技所平台拓展》，http://tech.hexun.com/2013-01-14/150135458.html，2013年01月14日。中国高新技术产业导报；《中国科学院技术技术研究所第二届暨中国技术交易所第三届专利拍卖会》，http://www.jinmajia.com/lyzt/201210/zlpm/，2018年7月30日最后访问。

[3] 李佳：《"精准扶贫及知识产权专场拍卖会"亮相京交会成交总额超3.5亿元》，载法晚网 http://news.ifeng.com/a/20180531/58528447_0.shtml，2018年7月5日。2018年7月30日最后访问。

[4] 毛庆、殷学兵：《南京敲下全省知识产权拍卖第一槌》，载《南京日报》，2017年11月10日。

[5] 李铎、史册：《跨境专利拍卖，成功"跨"出第一步》，载《知识产权报》2018年7月18日，http://www.sipo.gov.cn/mtsd/1126303.htm，2018年7月30日最后访问。

[6] 《最高人民法院关于人民法院网络司法拍卖若干问题的规定》第2条：人民法院以拍卖方式处置财产的，应当采取网络司法拍卖方式，但法律、行政法规和司法解释规定必须通过其他途径处置，或者不宜采用网络拍卖方式处置的除外。

图 6.1 所示：[1]

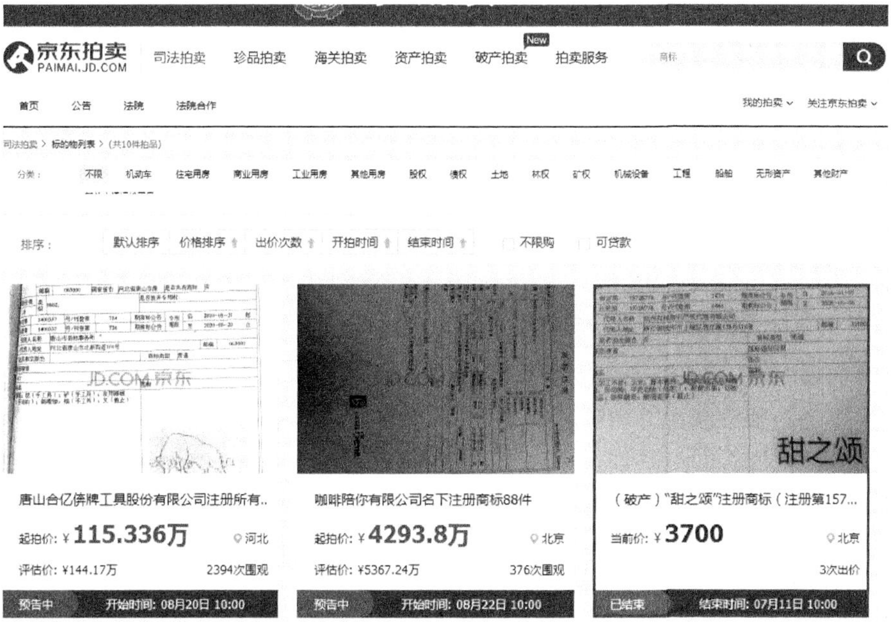

图 6.1　就范司法拍卖平台

按照最高人民法院网络拍卖规定，京东司法拍卖平台发布竞买公告、竞买须知、标的物介绍、标的物位置、保证金须知、出价记录、优先购买权人、拍卖服务栏目。网络司法拍卖的独特优势至少有三：其一，节省财产处置成本。其法律性质是公法意义上的司法财产处置执行行为，与商业拍卖规则不同，不向双方当事人收取佣金，节省了债权人实现债权的成本。其二，信息广泛和透明，利于高效处置财产。网络司法拍卖应当先期公告，拍卖公告除通过法定途径发布外，还应同时在网络司法拍卖平台发布，[2] 网络司法拍卖不限制竞买人数量，[3] 确保有更多的需求者参与拍卖，发现拍品的真正价值，并将知识产权的价值发掘出来。其三，网络拍卖不同于线下拍卖的特点，规则有所变更。对于拍品较为单一，其信息资料易于网络展示的，可以采用网络拍卖，但是有些系列性复杂技术专利的除外。允许一人参与竞拍，出价不低于起拍价的，拍卖成交。

---

❶ 参见京东司法拍卖平台，http：//paimai. jd. com/106439380。

❷ 《最高人民法院关于人民法院网络司法拍卖若干问题的规定》第 12 条。

❸ 《最高人民法院关于人民法院网络司法拍卖若干问题的规定》第 11 条。

在网络司法拍卖中，风险较大的是对知识产权保留价的确定。“网络司法拍卖应当确定保留价，拍卖保留价即为起拍价。起拍价由人民法院参照评估价确定；未作评估的，参照市价确定，并征询当事人意见。起拍价不得低于评估价或者市价的百分之七十。”❶ 在传统商业拍卖中，主要针对国有资产拍卖要求经依法设立的评估机构评估，并根据评估结果确定拍卖标的的保留价，❷ 对其他财产保留价由委托人确定。实践中委托人与竞买人之间的心理价位相差较大，出现流拍的可能性大。在网络拍卖中，法院应在拍卖公告发布当日通过网络司法拍卖平台公示信息。“（三）评估报告副本，或者未经评估的定价依据”❸，意味着所有网拍品均应经过评估，而法院对评估机构的选择由最高法院每年评审并公布结果。❹ 所以，保留价的确定，评估机构的选择对评估报告起到重要的参考作用，而网络服务拍卖平台与平台所设立、所控股的网络司法拍卖辅助机构之间的长期合作，可能对包括评估机构在内的其他网络司法拍卖辅助机构形成不正当竞争或垄断行为，影响评估价格的独立性和公正性，损害该行业自由竞争的市场秩序。❺

总之，知识产权质押作为一种担保手段，当债权不能按期偿还，实现其担保功能时，网络拍卖为知识产权处置提供了一种新路径。在某些案件中甚至可以绕过评估难的门槛，实现需求者和供给者之间的有效匹配，降低了交易成本，也带来了民事诉讼程序理念的伟大变革，符合民事诉讼法强调当事人的程序主体性、从程序运行者向程序利用者中心主义发展的世界潮流。❻

6.1.6 确立知识产权质押融资中的权利冲突规则

在知识产权质押融资担保实践中，涉及多方法律关系主体，可能存在多种权利冲突情形，兹列举如下几种。

---

❶ 《最高人民法院关于人民法院网络司法拍卖若干问题的规定》第 10 条。

❷ 《拍卖法》第 28 条：委托人有权确定拍卖标的的保留价并要求拍卖人保密。拍卖国有资产，依照法律或者按照国务院规定需要评估的，应当经依法设立的评估机构评估，并根据评估结果确定拍卖标的的保留价。

❸ 《网拍规定》第 13 条第 1 款第（3）项。

❹ 《网拍规定》第 4 条第 2 款。

❺ 参见王晓雁：《30 省市逾 2000 法院实现网络司法拍卖》，载法制网，http：//www. iolaw. org. cn/showNews. aspx? id = 58421，2018 年 8 月 12 日访问。

❻ 参见黄忠顺：《论应诉管辖制度的司法嬗变及其规则构建》，载《中国法学》2017 年第 5 期，http：//www. iolaw. org. cn/ showNews. aspx？ id = 62338. 2018 年 8 月 12 日访问。

6.1.6.1 版权质押中的权利冲突与平衡

1. 版权质押融资中精神权利与财产权利的冲突与平衡

我国《物权法》明确规定，质押客体为可以转让的注册商标专用权、专利权、著作权等知识产权中的财产权，而知识产权往往包含着精神权利和财产权利，有时二者很难截然分开。以著作权为例，精神权利包括署名权、发表权、修改权和保护作品完整权。[1] 以著作权的财产权利设立质押后，债务人到期未偿还债务时，质权人行使质权，如作者对其精神权利予以保留，将直接影响质权的实现。表现在：著作权人拒绝署名、拒绝发表、保留作品的完整性、拒绝对作品作出修改等，将使质权人对作品享有的财产权大打折扣，甚至无法实现。因此，在版权质押融资中，质权人行使质权遭遇作者所享有的二元权利冲突时，如何平衡二者之间的关系就成为一个问题。学者对此提出的基本观点是，适当限制精神权利，确保质权人的财产权利，具体观点有："精神权利放弃说"，以英美法系国家为代表，指著作权人通过书面形式放弃精神权利，立法中有明确规定;[2] "精神权利穷竭说"，借鉴专利法、商标法中的"权利穷竭"理论，认为转让财产权利的同时，精神权利也一次用尽;[3] "精神权利合理使用说"，限定精神权利的合理使用范围;[4] "许可使用—默示推定说"，签订质押合同时约定放弃精神权利，如无约定，推定默示许可使用精神权利，同时，应作出违背公序良俗、有损作者声誉时保留精神权利的例外规定。[5]

本书认为，高度保护著作权人的精神权利，防止财产权利对精神权利的侵蚀和弱化的理论基础主要是基于对著作权静态保护的考虑。世界上对财产权的保护经历了从财产所有向财产利用的转变，在立法理念上相应地体现从侧重安全价值到侧重效益价值的转换，以适应贸易和商品流通的需要。具体到知识产权质押融资领域，对财产权利的利用迫切要求脱离精神权利的束缚，质权人愿意以版权作为担保手段，其意旨并非取得版权中的精神权利，而是取得版权承载的财产权益，因此，在债务人不能按期偿还债务时，质权人对版权的处分不仅不会损害权

[1] 《著作权法》第10条。

[2] 参见《美国版权法》第106条之2。

[3] 参见郑成思：《版权法》，中国人民大学出版社1997年版，第305-307页。

[4] 参见何炼红、阳东辉：《著作人身权合理使用制度研究》，载《法学评论》2004年第1期，第81-85页。

[5] 参见谢黎伟：《知识产权担保融资问题研究》，社会科学文献出版社2015年版，第265页。

利人的精神权利，而且允许行使精神权利，能在更大程度和更大范围保护精神权利。若精神权利阻碍财产权利的实现时，从效率原则出发，保护财产权利的实现。从金融法的立法理念上考察，现代金融法承载着公平配置金融资源的社会功能，在知识产权质押融资法律关系中，金融资源（资金）配置给急需资金的融资方，同时确保出借人资金安全回收，以此平衡二者之间的关系，是公平理念的体现。因此，知识产权质押融资关系中，权利配置已经跃出了仅仅关注著作权人权利的传统框架，财产利用的多元性和快速性使更多主体介入，带来了复杂的权利冲突，法律必须在多元的价值体系中区分价值位阶，在对精神权利设置最低限度保护的基础上，以公平和效率为先，促进知识产权融资目的的实现。

2. 同一版权质押与许可权、转让权的冲突与平衡

版权出质期间，为了保护质权人的权利实现，出质人的权利受到限制，不得转让或许可他人使用已经出质的版权。但是，实践中，出质人为了尽快获得版权收益，可能转让或许可他人使用已经出质的版权。此时，依据《物权法》《著作权质权登记办法》[1] 规定，质权人的权利保护优先，应当向质权人提前清偿债务或者提存。上述规定限于转让或许可使用的价款超过债权数额的情形。相反，对转让或许可使用的价款小于债权数额的部分如何处理，现行立法未作出规定。《学者建议稿》借鉴《物权法》第 191 条[2]规定，补充了相应的规则："转让或者许可使用的价款超过债权数额的部分归出质人所有，不足部分由债务人清偿。"对同一版权之上设定多个质权的情形，由于登记是知识产权质权成立的公示要件，同样可借鉴《物权法》第 199 条第 1 款第 1 项[3]确定：按照登记的先后顺序清偿；顺序相同的，按照债权比例清偿。

---

[1] 《物权法》第 227 条第 2 款规定："知识产权中的财产权出质后，出质人不得转让或者许可他人使用，但经出质人与质权人协商同意的除外。出质人转让或者许可他人使用出质的知识产权中的财产权所得的价款，应当向质权人提前清偿债务或者提存。"

《著作权质权登记办法》第 14 条规定："著作权出质期间，未经质权人同意，出质人不得转让或者许可他人使用已经出质的权利。出质人转让或者许可他人使用出质的权利所得的价款，应当向质权人提前清偿债务或者提存。"

[2] 《物权法》第 191 条规定："抵押期间，抵押人经抵押权人同意转让抵押财产的，应当将转让所得的价款向抵押权人提前清偿债务或者提存。转让的价款超过债权数额的部分归抵押人所有，不足部分由债务人清偿。抵押期间，抵押人未经抵押权人同意，不得转让抵押财产，但受让人代为清偿债务消灭抵押权的除外。"

[3] 第 199 条："同一财产向两个以上债权人抵押的，拍卖、变卖抵押财产所得的价款依照下列规定清偿：（一）抵押权已登记的，按照登记的先后顺序清偿；顺序相同的，按照债权比例清偿；（二）抵押权已登记的先于未登记的受偿；（三）抵押权未登记的，按照债权比例清偿。"

3. 同一版权之上的金钱质押融资权利的冲突与平衡

如前所述，版权许可使用的收费权、应收账款质押融资是文创企业常用的方式，因其实现的确定性相对较高而备受青睐。但是，根据《著作权质权登记办法》，与著作权有关权利中的财产权可以出质，登记机关为国家版权局。而应收账款的登记机关是中国人民银行征信中心。对于收费权质押，虽然收费权概念在实务中已经被普遍采用，但从设立质押以实现质权人优先受偿权角度出发，可分别采用金钱质押、账户质押、应收账款质押、政府特许经营权质押这些内涵相对明确的规范制度，对于未来可能获得的收入或处置所得的收费权不宜设定质权，对于应收而未收的金钱收入，可区分为未来应收账款质押和应收账款浮动质押。[1] 因此，从便利交易、促进交易出发，将许可使用收费权统一纳入应收账款质权处理，由中国人民银行征信中心统一登记。

6.1.6.2　企业担保中的集合财产之上的抵押权与单个财产之上抵押权的权利冲突与平衡

在浮动抵押与一般动产抵押并存时，其效力顺序如何，有两种立法例：一是美式抵押，实行“登记在先效力优先”规则；二是英式抵押，一般动产抵押的效力优先于浮动抵押的效力。可见，美式浮动抵押的效力较强，而英式浮动抵押的效力较弱。如果按照英式抵押，浮动抵押的财产对金融机构的未来保全效力将较低，恐金融机构不愿意接受，而使浮动抵押在实践中难以推行。[2] 我国《物权法》第 81 条对此并未明确规定，但是从体系解释的角度看，解释为美式抵押更为符合实践。[3]

对浮动抵押权的实现，学者认为应区分“死晶”和“活晶”两种不同情况来理解：前者是指债务人履行期限届满，债权未实现或当事人约定的实现抵押权情形出现，则浮动抵押不再浮动，抵押财产成为固定财产，抵押权人可以对确定的财产行使优先受偿权；后者是指抵押人经营不善、不当经营或被宣告破产、被撤销等情形，危及债权人债权的实现，抵押人丧失对抵押物的自由经

---

[1] 参见贾砾、解冲：《论收费权与收费权质押的性质》，载《人民司法》2014 年第 9 期，第 85 - 90 页。

[2] 参见龙俊：《动产抵押对抗规则研究》，载《法学家》2016 年第 3 期，第 45 - 46 页。

[3] 《物权法》第 199 条　同一财产向两个以上债权人抵押的，拍卖、变卖抵押财产所得的价款依照下列规定清偿：（一）抵押权已登记的，按照登记的先后顺序清偿；顺序相同的，按照债权比例清偿；（二）抵押权已登记的先于未登记的受偿；（三）抵押权未登记的，按照债权比例清偿。

营管理处分权，但还不得在抵押物上行使优先受偿权，符合法律规定条件，或当事人协商同意，此时的结晶将解除，一般抵押还可转变为浮动抵押，如破产法第七十五条规定，企业进入破产重整程序后，为了保全债务人的财产，利于其重整成功，对特定财产的担保权暂停行使。❶

对于财团抵押权来说，由于构成财团的财产具有一体性，而财团财产由多个财产组成，存在财团财产与其某项财产处分的先后顺序问题。国内学者对此有不同意见：梁慧星教授认为，应强制排除对财团内某项财产的处分，维护财团的有机一体性，❷ 而王利明教授认为，“抵押人经债权人同意将集合财产分离转让的，转让的财产不再为集合财产的组成部分”。❸ 总之，财团抵押是私权主体之间意思自治的产物，未来立法采取后者更为妥当，原则上应保证财团财产的一体性处分，但是当事人另有约定的除外。

6.1.6.3 组合担保中知识产权质权与其他担保物权的冲突与平衡

对于组合担保中数个质权并存时如何确定实现顺序问题，联合国贸易法委员会在《担保交易立法指南之知识产权担保权补编》中认为，知识产权登记机关的担保登记具有优先效力，优先于普通登记机关登记的同一知识产权的担保权。❹ 在知识产权组合担保实践中，几种担保方式之间有先后顺序的约定，从其约定；如没有约定，由于这类企业的核心资产即为知识产权，根据《物权法》规定，物的担保优先于人的担保，❺ 一般应推定为以知识产权担保为首要质押物，其次为物的担保，个人无限连带责任排在最后位次。

6.1.6.4 知识产权许可使用担保权与破产管理人选择权的冲突与平衡

著作权许可使用合同、软件许可使用合同等知识产权合同是权利人实现经

---

❶ 参见马新彦、卢冠男：《浮动抵押制度的价值冲突与解决——以我国浮动抵押制度的全新阐释为目的的研究》，载《山东社会科学》2015 年第 11 期，第 71 页。

❷ 参见梁慧星：《中国民法典草案建议稿附理由 . 物权编》，法律出版社 2013 年版，第 584 页。

❸ 参见王利明：《物权法研究》上卷，中国人民大学出版社 2007 年版，第 324 页。

❹ 参见谢黎伟：《知识产权担保融资问题研究》，社会科学文献出版社 2015 年 6 月第 1 版，第 164－165 页。

❺ 《物权法》第 176 条　被担保的债权既有物的担保又有人的担保的，债务人不履行到期债务或者发生当事人约定的实现担保物权的情形，债权人应当按照约定实现债权；没有约定或者约定不明确，债务人自己提供物的担保的，债权人应当先就该物的担保实现债权；第三人提供物的担保的，债权人可以就物的担保实现债权，也可以要求保证人承担保证责任。提供担保的第三人承担担保责任后，有权向债务人追偿。

济权利的重要形式，通过许可使用费质押也是权利人获得资金的重要手段。在知识产权许可合同履行过程中，许可人或被许可人作为合同的一方破产时，根据我国破产法规定，❶ 管理人对合同有选择解除或继续履行的权利，此时，该合同知识产权使用担保权的实现与破产管理人的选择权之间将发生权利冲突。

许可方为债务人企业的情形包括：如果许可方破产，管理人选择继续履行，此时债务人企业处于破产程序中；对于被许可方来说，许可费纳入债务人财产，按照破产程序清偿债权。这种情况下，继续履行许可使用合同延续了之前签订的合同权利义务关系，对双方当事人并无影响。如果许可方破产，管理人选择解除合同，被许可方将不能再使用知识产权，已经支付的许可使用费只能作为破产债权处理；且债务人企业解除合同之后，可以再许可第三方获得更高收益，等于从自己的不当行为中获取了新的利益，而对被许可方却丧失了利用该知识产权的权利。美国破产法对于许可方破产而又拒绝继续履行许可合同的情况下，从平衡双方当事人利益角度出发，赋予了被许可人选择权：（1）选择接受拒绝继续履行，并就违约损害作为破产债权请求赔偿；（2）选择继续使用该知识产权，但要支付使用费；（3）额外承担积极性义务，如技术培训、知识产权的更新升级等将得以免除。❷

被许可方为债务人企业的情形包括：如果被许可方破产管理人选择继续履行合同，许可方应当履行。但是，被许可方破产管理人无须经过许可方的同意，就可以通过股权出售、融资等方法间接地使第三方获得知识产权许可合同中的权利，❸ 这对于许可方的竞争者来说将是重大利好，却使许可方处于非常不利的境地。对于这种情况，美国破产法第 365 条（c）对被许可方作出了禁止转让合同的规定：不仅否认债务人有移转许可合同的权利，而且不允许其承担许可合同，无论合同双方此前是否达成了禁止或限制权利义务转让的条款。第三百六十五（c）条中禁止反转让条款的适用，使债务人不再有继续履行或

---

❶ 《破产法》第 18 条　人民法院受理破产申请后，管理人对破产申请受理前成立而债务人和对方当事人均未履行完毕的合同有权决定解除或者继续履行，并通知对方当事人。管理人自破产申请受理之日起二个月内未通知对方当事人，或者自收到对方当事人催告之日起三十日内未答复的，视为解除合同。

管理人决定继续履行合同的，对方当事人应当履行；但是，对方当事人有权要求管理人提供担保。管理人不提供担保的，视为解除合同。

❷ 参见许德风：《论破产中尚未履行完毕的合同》，载《法学家》2009 年第 6 期，第 100 - 101 页。

❸ 2001 年《全国法院知识产权审批工作会议关于审理技术合同纠纷案件若干问题的纪要》第 65 条。

移转知识产权许可合同的可能。[1]

如果破产管理人选择解除合同，已经部分履行的，许可方只能将该部分许可使用费申报破产债权，否则被许可方对许可方支付许可费就成为个别清偿，违反了破产程序的公平清偿原则。

综上，我国破产法赋予破产管理人以选择权，是力图最大化破产财产价值和恢复债务人偿债能力的考量。但是，允许解除合同将改变破产前成立的合同关系，破坏当事人对合同关系的信赖。国外将这种破产程序开始前成立，破产程序开始后双方尚未履行完毕的合同称为待履行合同，对于某些合同强制剥夺破产管理人或债务人的选择权：一种是因破产程序开始而自动终结的合同，如委托合同、保理合同；另一种是不受破产程序影响而继续存续的合同，如附所有权保留的买卖合同、房屋租赁合同、知识产权许可使用合同。[2]

知识产权许可使用合同是一种持续性的合同关系，我国破产法中不加区别作出规定，对于债务人企业的相对当事人（许可方、被许可方）有违公平。对于特殊种类的合同，出于维护社会公平、诚实信用、保障经济秩序等目的，管理人的合同选择履行权要受到必要的限制。[3] 具体到知识产权许可合同，借鉴美国破产法，管理人应继续履行合同，如拒绝继续履行合同，许可人为债务人时，应赋予被许可人以选择权；被许可人为债务人时，应禁止转让合同。

我国《破产法》未来修改中应该对待履行合同作出适当的分类，此外对于破产管理人选择继续履行合同的情形，现行立法要求提供担保和优先清偿[4]的双重保护，是对债权人的过度保护，因为债务人企业的多数财产已被提供担保，此时再要求债务人对相对人提供担保，将使合同继续履行受到较大影响，这一点也需要作出修改。破产管理人的选择权直接影响知识产权许可担保权的实现，当企业以知识产权许可权作为质押担保时，有必要预防由此产生的风险。

---

[1] 参见徐家力：《企业破产中的知识产权许可合同处理方法研究》，载《中州学刊》2017 年第 5 期，第 53 页。

[2] 参见许德风：《论破产中尚未履行完毕的合同》，载《法学家》2009 年第 6 期，第 98－101 页。

[3] 王欣新：《破产法前沿问题思辨》，法律出版社 2017 年 6 月第 1 版，第 124 页。

[4] 《破产法》第 42 条：人民法院受理破产申请后发生的下列债务，为共益债务……

6.1.7 知识产权担保与民法担保权利体系的协调

知识产权作为一种民事权利，在当下知识产权法学界存在“入典”与“成典”的讨论。[1] 在我国《民法典》编纂过程中，知识产权以何种方式“入典”，曹新明教授归纳了四种模式：分离式、纳入式、链接式、糅合式。[2] 刘春田教授认为存在五种模式。[3] 其中，采取“链接式”还是“纳入式”，学界也有不同意见。有学者主张采取链接式，应设立关于“知识产权一般规定之相关条款”，“权利利用”部分规定：“知识产权的权利人可以转让、许可他人使用其知识产权，或者以知识产权为标的设定质权，法律、行政法规另有规定的除外。”[4] 从全国人大常委会公布的《中华人民共和国民法典》来看，基本上采取了“链接式”，即在民法典“总则编”对知识产权设立宣示性、一般性条款，[5]“物权编”的“权利质权”规定了知识产权质权的客体、质权的设立、

---

[1] 参见吴汉东：《民法法典化运动中的知识产权法》，载《中国法学》2016年第4期，第24－39页。

[2] 参见曹新明：《中国知识产权法典化研究》，中国政法大学出版社2005年第1版，第41－59页。

[3] 注：五种模式分别是：第一种模式：将知识产权诸单行法合编的所谓“知识产权法典”模式化。第二种模式：将知识产权法诸单行法律统统纳入《民法典》。第三种模式：废除知识产权诸单行法律，将专利法、商标法、著作权法等单行法的实体规范整合放进《民法典》，把各个单行法中的程序性规范剥离出来，以实施细则或行政法规的方式另行规范。第四种模式：废除知识产权诸单行法律，将物权法、知识产权法等财产制度整合形成统一的体系化的财产法，置于《民法典》中。第五种模式：保留现有知识产权诸单行法律，提取公因式，将知识产权诸单行法的共性因素提炼出来，形成知识产权法的一般规则，与物权编、合同编等并列组成分则，上承《民法总则》，下接知识产权诸单行法律，左右与物权法、债权法、侵权法等诸民法分则相互兼容的单独的“知识产权编”。参见刘春田：《我国〈民法典〉设立知识产权编的合理性》，载《知识产权》2018年第9期，第85－86页。

[4] 吴汉东：《知识产权“入典”与民法典“财产权总则”》，载《法制与社会发展》2015年第4期，第65页。

[5] 《民法典》第一百二十三条 民事主体依法享有知识产权。

知识产权是权利人依法就下列客体享有的专有的权利：

（一）作品；

（二）发明、实用新型、外观设计；

（三）商标；

（四）地理标志；

（五）商业秘密；

（六）集成电路布图设计；

（七）植物新品种；

（八）法律规定的其他客体。

出质后知识产权的转让、许可，[1] 另外保留知识产权单行立法。采取“点、面”结合的立法模式，“该体例可以在不破坏传统民法典结构和知识产权自身结构的基础上，实现知识产权法与民法典的有机结合，在有效保障民法典稳定性的同时，也兼顾了知识产权法灵活多变的固有特性”。[2]

与以上学者的思维进路不同，有学者提出了另外的观点：“历史上的知识产权法在本质上其实更应该归属于商人法范畴，两者都缘起于维护商人在相关领域垄断地位和特权的法律。”[3] 从前文的分析也可以看出，商业模式的不断创新与知识产权创造性智力劳动的本质完全一致，将知识产权法归入商法体系，回应了商业实践而较少拘泥于民法的体系逻辑，可能更加符合知识产权法的本质。

对知识产权质押问题，学者对现行立法存在的问题进行了梳理，问题主要集中在几方面：首先，以知识产权为标的设定担保属于权利质权的范围，未形成统一的知识产权担保制度。我国现行知识产权质押规定主要分散在以下立法中：法律层次上，体现在《担保法》《物权法》[4] 中，《商标法》《专利法》《著作权法》中并未规定；部门规章分别规定了不同客体质押登记的内容，包括《著作权质权登记办法》《专利权质权登记办法》《注册商标专用权登记办法》《计算机软件著作权登记办法》《集成电路布图设计》等。其次，担保客体比较有限。采取限定列举的方式，包括专利权质押、商标权质押、版权质押、应收账款质押，未能涵盖新型的担保客体，比如实践中多项知识产权的合

---

[1] 第四百四十条 债务人或者第三人有权处分的下列权利可以出质：

（一）汇票、本票、支票；

（二）债券、存款单；

（三）仓单、提单；

（四）可以转让的基金份额、股权；

（五）可以转让的注册商标专用权、专利权、著作权等知识产权中的财产权；

（六）现有的以及将有的应收账款；

（七）法律、行政法规规定可以出质的其他财产权利。

[2] 参见吴汉东：《知识产权应在未来民法典中独立成编》，载《知识产权》2016 年第 12 期，第 3－7 页。

[3] 熊琦：《知识产权法与民法的体系定位》，载《武汉大学学报（哲学社会科学版）》2019 年第 3 期，第 131 页。

[4] 《物权法》第 223 条规定：“债务人或者第三人有权处分的下列权利可以出质：（一）汇票、支票、本票；（二）债券、存款单；（三）仓单、提单；（四）可以转让的基金份额、股权；（五）可以转让的注册商标专用权、专利权、著作权等知识产权中的财产权；（六）应收账款；（七）法律、行政法规规定可以出质的其他财产权利。”

并质押、邻接权设定担保等。最后，多种权利冲突时的解决规则不明确。是否参照适用抵押权的冲突规则，是否以及如何适用质权的“流质契约”等。

对知识产权质押融资制度的确立，学者有几种不同的意见：一种意见认为，质押和抵押以占有和登记的公示方式作出区分，不能适用于知识产权。知识产权担保不应归位于抵押，应将其单列出来，以控制收益为核心来完善我国现有的知识产权担保制度。[1] 另一种意见认为，将知识产权担保归位于质押，是有形动产质押观念的产物，将知识产权担保权这类需要登记的权利归属于抵押权，以抵押的观念改造知识产权质押制度，“除了在《物权法》中保留对知识产权质押的一般规定外，为保持权利质权体系内部的协调，宜在专利法、著作权法、商标法等知识产权法中增加有关质押的专门规定。同时在规范设计中考虑借鉴抵押权优先顺位的确定规则、抵押关系中当事人权利义务规则等规范，并增加知识产权担保中的权利冲突解决规则，从而在知识产权部门法中形成知识产权质押的专门规范体系”。[2] 这样将知识产权质押统一单独规定，区别于抵押，又区别于其他的权利质权，是一种非典型担保。中国知识产权法学研究会民法典知识产权编课题组2017年9月公布的《〈中华人民共和国民法典知识产权编〉学者建议稿》（简称《学者建议稿》）第四章为“知识产权的行使”，第三节设立了“知识产权质押”，共有七条（第五十五条到第六十一条），主要内容包括：知识产权质权的基本权利、知识产权质权的客体、知识产权质权的成立要件、出质后转让或者许可使用知识产权、知识产权质权的实现条件和方式、再次出质的条件和两个以上债权的清偿顺序、知识产权质权和许可使用权的关系。[3] 其中，关于知识产权质权的基本权利，基本上是权利质权加上了知识产权的特定性；关于知识产权质权的客体，与《民法典》相比更加细化增加了新型的知识产权；关于知识产权质权的成立要件、出质后转让或者许可使用知识产权、再次出质、两个以上债权的清偿顺序，与《民法典》保持一致；关于知识产权质权的实现条件和方式，与其他权利并无二致。

从以上学界意见来看，更多着眼于具体规则的设计及知识产权质押与担保

---

[1] 李鹏：《知识产权担保类型之辨析》，载《山西大学学报（哲学社会科学版）》2010年第2期，第112页。

[2] 谢黎伟：《知识产权担保融资问题研究》，社会科学文献出版社2015年6月第1版，第267页。

[3] 参见中国知识产权法学研究会民法典知识产权编课题组：《〈中华人民共和国民法典知识产权编〉学者建议稿》“编订思路说明”，https://baijiahao.baidu.com/s?id=1578578082995322067&wfr=spider&for=pc，2018年8月11日访问。

权利体系内部的协调问题。如仍然采用“知识产权质押”还是采取“知识产权担保”提法，而该建议稿中题目采用“担保”字样，具体规则采用“质押”，与《物权法》《担保法》中的权利质押的规定一致。又如，《学者建议稿》明确了知识产权质权的基本权利（知识产权质权的基本权利、知识产权质权的客体、知识产权质权的成立要件）、权利行使的限制（出质后转让或者许可使用知识产权、再次出质的条件）、权利的实现（知识产权质权的实现条件和方式、两个以上债权的清偿顺序），可以说贯穿了前端预防、中间监管、事后化解的全过程。如果从这些制度的价值目标和理念上分析，知识产权质押制度的本质在于帮助企业利用知识产权实现融资目标，金融机构、评估机构、保险机构、律师事务所等中介服务机构分担融资风险，多方合作活化利用知识产权服务实体经济，使知识财产变成知识资本，由僵化的资产变成活跃的资本，彰显知识产权在现代知识经济时代的财产权属性，提高企业的市场竞争力。

总之，从知识产权担保权利体系看，《学者建议稿》采纳了知识产权质权的提法，但是在规则设计上，从合同的成立与质权的成立、登记要件、权利冲突规则方面，更多近似于抵押权的规则，因此，知识产权担保规则是糅合了抵押和质押的一种担保规则，质权、抵押权、留置权作为传统的担保物权体系中典型的物权担保之外，知识产权担保定位为：与所有权保留买卖、让与担保等并行的非典型担保较为妥当，这样便于实现整个担保权利体系的内部协调统一。

6.2 知识产权质押融资的政府扶持促进政策

现阶段我国知识产权尚处于弱小阶段，在强化知识产权战略意识层面，政府的引导促进扶持政策必不可少。在我国知识产权质押实践中存在不同的模式：北京模式、浦东模式、武汉模式等，表现为不同的市场环境中政府作用不同，但共同点在于：在知识产权质押初期实行阶段，政府都采取了相关的扶持政策。

6.2.1 政府给予适度与适当的财政支持

一般来说，政府财政支持包括多种方式：银行等金融机构的风险补偿、贷款奖励和利息补贴；企业融资成本补贴、中介服务机构的扶持补贴费用；财政担保等。[1] 如专利申请给予财政补贴；上海浦东 2006 年年底《浦东新区科技发展基金知识产权质押融资操作细则》提出支付担保贷款的做法，试点初期，“政府向浦东生产力促进中心提供知识产权质押融资担保专项资金 6000 万元，由浦东生产力促进中心与上海银行签订信用担保协议，承担 95% ~99% 知识产权质押融资担保风险；企业以知识产权和业主信用提供反担保：融资不高于 200 万元，不超过 3 年”[2]。财政补贴在知识产权质押政策推广初期运用比较广泛，但是在政策具体实施中，有的地方被企业作为骗取财政补贴的手段。后期政府更多采用风险补偿基金的做法，即设立一个专项基金，贷款到期后融资企业不能还款，通过处置出质的知识产权不能实现其债权时，可以由专项基金给予未实现债权部分的补偿。如北京市国有资产监督管理办公室在文化创新发展专项资金中安排设立的“北京市文化创意产业统贷平台风险补偿专项资金”。《北京市科技中介机构享受财政专项资金支持认定办法》实行专项资金支持及奖励措施，按照银行贷款利息的一定比例给予中介机构资金奖励，以提高中介机构参与知识产权质押融资业务的积极性。由此可见，政府采取的财政支持政策必须做绩效考评，财政支持要适当，且要适度，政府始终起引导作用，引导企业向市场要钱。企业进行知识产权质押本质上是市场行为，让市场资源和要素配置中发挥基础性作用，政府决不能越俎代庖。

6.2.2　政府积极推进综合金融信贷服务

政府提供金融信贷服务，是推进知识产权质押不可缺少的手段，这方面政府采取多种综合金融信贷政策支持，如投贷结合、单列信贷、差别化金融服务等。

投贷结合是指具有不同风险偏好和收益要求的金融机构，根据企业不同成长阶段的差异化投融资需求，以债权行使为企业提供融资支持，形成股权投资和银行信贷之间的联动融资模式。2016 年银监会与科技部、人民银行联合印发了《关于支持银行业金融机构加大创新力度开展科创企业投贷联动试点的

---

[1] 程守红、周润书：《知识产权质押融资中的政策工具及模式研究》，载 2013 年 2 月《华东经济管理》，第 159 页。

[2] 林衍华：《上海市近年来知识产权质押融资工作的实践和思考》，载《中国发明与专利》2014 年第 9 期，第 89 页。

指导意见》（以下简称《指导意见》），鼓励和指导银行业金融机构开展投贷联动业务试点，有效防范风险，不断提升科创企业金融服务水平。“投贷联动”等科技金融创新业务的主要服务对象为科技型小微企业，特别是处于初创期、较难直接获取银行授信的公司。从整体交易结构来看，银行通过获取股权投资收益实现对贷款风险的弥补，存在违反《商业银行法》对股权投资的限制、违反银监会不得“以贷收费”要求的风险。《指导意见》体现有别于传统模式的管理创新，单列科创企业信贷计划，建立单独的信贷管理制度，在客户评价、业务模式、风险缓释方式、贷款额度和期限确定、还款方式等方面大力开展创新，进行担保创新，拓宽抵质押品范围，开发知识产权质押、股权质押等适合科创企业的担保方式，重点是解决科创企业信贷风险收益不对称的矛盾，通过制度设计和管理规范，以贷款风险分担、投资收益抵补等方式，既充分发挥银行业金融机构在加快实施创新驱动发展战略、大力推进“大众创业、万众创新”中的作用，积极支持科创企业发展，又努力实现科技金融服务风险可控、商业可持续。

我国高科技行业多数为中小企业，以上海为例，上海中小科技企业有三万多家，2010 年，按照新标准认定的 3112 家高新技术企业大多是中小企业，高新技术成果转化项目一半以上由中小科技企业承担，资金不足一直是困扰他们的难题。[1] 政府努力搭建知识产权质押融资平台，提供信贷服务，不断拓宽融资渠道，从银行拓宽到融资租赁公司、小额贷款公司、典当行等，提供差异化金融服务，提升中小科技企业的生存能力和竞争实力。再以北京为例，2014 年 2 月 26 日，习近平主席考察北京时提出北京城市功能定位为“四个中心”，即：全国政治中心、文化中心、国际交往中心、科技创新中心，[2] 这些内容已经写入《北京城市总体规划（2016—2035 年）》。文化创意产业和高科技行业作为实现首都文化中心和科技创新中心的重要载体，北京市制定了一系列政策加以引导和扶持。[3] 两大行业又是知识产权高度集聚的行业，其中多数为中小微企业，对知识产权质押融资有旺盛需求。中关村是我国高科技产业的发源

---

[1] 林衍华：《上海市近年来知识产权质押融资工作的实践和思考》，载《中国发明专利》2014 年第 9 期，第 88 页。

[2] 沙璐：《北京城市功能再次变迁“四个中心”定位新北京》，载网易 2017 年 6 月 4 日，http：//bj. news. 163. com/17/0604/15/CM3JEKIO04388CSB. html，最后访问日期 2018 年 7 月 22 日。

[3] 《一文看尽上半年北京市文化创意产业政策》，微信公众号“中关村创意产业”，2018 年 7 月 6 日。https：//mp. weixin. qq. com/s/jnrRNZV1BRpqgqqrplbl5w，最后访问日期 2020 年 1 月 5 日。

地，是国内最早推动知识产权质押的典型。2019 年 8 月，中国银保监会、国家知识产权局、国家版权局发布了《关于进一步加强知识产权质押融资工作的通知》。2019 年 10 月 15 日，中关村科技园区管理委员会、中国人民银行营业管理部、中国银行保险监督管理委员会、北京监管局、北京市知识产权局印发《关于进一步促进中关村知识产权质押融资发展的若干措施》（以下简称《若干措施）。2018 年，中关村知识产权质押融资规模约为 100 亿元，排名全国前列，但与企业需求相比仍有较大差距。针对实践中存在的问题：价值评估难、处置变现难、流程较复杂、差异化管理不足等问题，《若干措施》提出：一是支持银行、担保公司提升知识产权综合评估能力，开展知识产权收益权质押（担保）、线上批量授信、知识产权交易履约担保等新型业务模式。中关村管委会按照年度发生业务规模的 1% 给予银行、担保公司风险补贴支持，单家银行、担保公司年度补贴金额不超过 500 万元。二是支持知识产权专业机构为银行提供知识产权价值评估、管理运营、风险处置等服务，中关村管委会按照银行贷款金额的 1% 给予知识产权专业机构资金支持，单家机构年度补贴金额不超过 500 万元。三是支持知识产权专业机构与融资租赁机构合作研发中长期运营融资产品，采用收购许可等模式开展企业高价值专利等知识产权融资租赁业务。中关村管委会按照融资租赁业务规模的 1% 给予知识产权专业机构资金支持，单家机构年度补贴金额不超过 500 万元。四是支持知识产权专业机构为科创企业提供知识产权证券化服务。中关村管委会按照机构年度发债规模的 1% 给予其机构风险补贴支持，单家机构年度补贴金额不超过 500 万元。五是大力降低科创企业知识产权质押融资成本。中关村管委会按照实际贷款利息的 40% 给予企业贴息支持，单家企业年度补贴金额不超过 50 万元。[1]

6.2.3 政府信息公开搭建产权交易平台

在经济全球化和信息化时代，信息的价值和意义难以估量。据统计，作为最重要、最权威的政府信息涵盖全社会信息的 80%，充分发挥信息的效用，是政府的重要职责，也是政府向社会公众和企业提供服务的重要内容。2019 年 4 月 3 日《中华人民共和国政府信息公开条例》修订，第 24 条规定：“各级

---

[1] 中关村科技园区管理委员会：《解读〈关于进一步促进中关村知识产权质押融资发展的若干措施〉》，北京市人民政府 http：//www. beijing. gov. cn/zhengce/zcjd/201910/t20191024_451936. html. 2020 年 3 月 1 日访问。

人民政府应当加强依托政府门户网站公开政府信息的工作，利用统一的政府信息公开平台集中发布主动公开的政府信息。政府信息公开平台应当具备信息检索、查阅、下载等功能。”为更好贯彻落实这一规定，规范政府信息公开平台设置，提升主动公开工作实效，加强政府信息管理，由国务院办公厅政府信息与政务公开办公室于2019年12月3日发布了《国务院办公厅政府信息与政务公开办公室关于规范政府信息公开平台有关事项的通知》（国办公开办函〔2019〕61号），提出找准定位、统一规范、优化功能、注重衔接、加强管理等，这是社会公众便捷、全面获取重点政府信息的权威渠道，政府应依法主动公开掌握的企业及其知识产权信息、融资机构信息等，充分发挥政府信息公开平台的独特价值。

同时，政府要推动建立统一的知识产权交易平台，提供一揽子服务。目前，各地已陆续建立了地方性的知识产权交易中心，如2015年广州知识产权交易中心揭牌；为服务于上海加快建设具有全球影响力的科技创新中心战略、服务于上海亚太知识产权中心城市的建设目标，经上海市政府批复，上海知识产权交易中心于2017年1月13日在上海漕河泾新兴技术开发区正式揭牌成立。它是集知识产权领域的专利权、版权、著作权、商标权等权益交易服务于一体的专业化权益性资本市场服务平台，主要为知识产权确权评估、挂牌上市、转让报价、交易鉴证、结算清算、托管登记、项目融资、项目推介、政策咨询等提供相关服务。甘肃省政府2018年提出将建立知识产权交易中心。“但是，零散分布的地区性知识产权交易中心无法替代全国性统一知识产权交易中心的应有功效。”“由中央政府推动成立全国性的知识产权交易中心将是必然趋势。一旦这样的平台成立，将极大促进知识产权的流动性，真正发挥知识产权‘知识经济时代’应有的经济社会效益。”[1]

6.2.4 政府投资成立公益信托担保基金

在知识产权质押事业起步阶段，知识产权市场和信用体系尚未建立健全，知识产权质押贷款担保过程中存在太多的不确定因素，让以营利为目的的市场化担保机构去为这种不确定性买单，显然不太现实。在知识产权质押实践中，许多地方的知识产权主管部门往往会选定一些示范企业来参与商业银行知识产

---

[1] 王夙：《应尽快建立全国统一的知识产权交易中心》，载中国经济网 https://baijiahao.baidu.com/s?id=1631830815175234724&wfr=spider&for=pc19-04-2607:32. 2020年2月29日访问。

权质押融资，同时政府还会提供足额的担保。这样商业银行在节省成本的同时，贷款的风险也能够得到有效的控制。但是，这样的做法与政策性贷款没有太大的区别，离真正的市场化相去甚远。所以，建立适当的政府信托机制，有利于知识产权质押融资走向成熟稳定。信托与银行、保险、证券一起构成现代金融体系，是一种高度专业化的财产管理制度。如北京市文资办尝试建立政府公益信托担保基金，将国家专项划拨的文化产业发展基金委托信托机构进行管理，专门为中小文化创意产业企业知识产权质押提供有偿担保。

6.3 知识产权融资机构的风险防控机制

融资服务机构发放贷款后，要充分运用多种手段防范可能发生的风险。至少应包括以下几种手段。

6.3.1 设置账户质押贷后跟踪控制收益

设置账户质押是对现金收益流的直接控制，实务中这种手段对于应收账款质押和收费权质押有独特的优势。金融机构发放贷款后要建立健全知识产权质押贷款贷后风险管理制度，监督借款人按约定的贷款用途使用贷款资金，对其经营管理状况以及还款能力进行动态评估。商业银行可以自行实施监控，也可以委托第三方进行监控。如以高登公司为例，日本商业银行广泛采取的一种方式是，由日本开发银行与高登兄弟集团出资建立高登兄弟日本公司，专门从事开发银行相关担保资产的价值评估和贷后知识产权管理工作。❶ 再如美国知识产权许可收益质押融资模式，贷款人要求出质人将该出质知识产权的许可收益直接打到贷款公司指定账户，贷款人可以通过控制账户中稳定现金流来分期偿还本息，省略了知识产权评估程序，节省了评估成本，这种方式要求事先在合同中设定相关条款，如贷款偿还出现问题，直接变更权利收益主体，直接支付许可费用。❷

❶ 刘红霞：《知识产权质押融资模式运行中的问题及其优化对策研究》，经济科学出版社 2015 年版，第 213 页。

❷ 参见丁锦希等：《中国知识产权许可收益质押融资模式分析》，载《知识产权》2012 年第 12 期，第 101 页。

6.3.2 通过第三方监管控制收益

融资银行自身实行的监控是一个方面，有的贷款机构并非融资银行自身或属于其他非金融机构，则需要委托第三方对于以知识产权质押融资的企业，监督其是否按照融资合同中约定的方式和用途，使用融资资金，实现出质知识产权预期的利益或利润。[1] 第三方可以是由双方约定的第三方金融机构，也包括政府监督。如上海浦东新区科学技术委员会成立上海浦东生产力促进中心，为企业贷款提供担保，担保的额度不超过质押的知识产权评估价值的80%。生产力中心负责对担保企业进行保后管理，每季度对企业经营管理、财务状况、知识产权实施情况进行一次检查，形成保后管理报告。担保贷款发生逾期，银行在贷款逾期后5个工作日内通知生产力中心，生产力中心与银行在贷款逾期30日内共同对企业催讨。银行在贷款逾期满30日时向生产力中心发出担保履约通知书，生产力中心在接到担保履约通知书后5个工作日内核准上报浦东新区科技发展基金管理办公室，经基金办复核后报新区财政局，并在接到银行的担保履约通知书20个工作日内对催收无效的企业的债务先行代偿。生产力中心对已代偿的逾期贷款，取得代位求偿权，对代偿部分进行继续催讨。生产力中心对有条件还款但故意逃避债务的企业提起诉讼追究企业和业主的法律责任；对确实有困难，一时无法还款的企业，保持债权有效性，待企业财务状况好转时归还；对借款企业被合并、收购的，合并企业或收购方必须负责还款；对破产的企业，行使对质押知识产权的拍卖或转让权。逾期代偿的资金可从企业享受新区政府的扶持资金中扣还。贷款企业的信用记录录入浦东新区科技企业数据库信用档案，在浦东诚信网上建立查询功能，并纳入申请政府扶持资金的评审条件。[2]

6.3.3 运用合同保全条款控制收益

为了保障债权人的合法权益，法律上设立了代位权和撤销权制度。代位权是指当债务人怠于行使其对第三人享有的权利而危及债权人的债权，可能导致

---

[1] 参见丘志桥：《知识产权质押制度之重塑：基于法律价值的视角》，知识产权出版社2015年6月第1版，第76页。

[2] 上海市浦东新区科学技术委员会：《浦东新区科技发展基金知识产权质押融资专项资金操作细则》【沪浦科［2008］106号】，第9条。

债务人财产不当减少时，债权人为保全自己的债权，以自己的名义行使属于债务人权利的权利。撤销权是对债务人与第三人之间所为的损害债权人利益的行为，债权人请求法院予以撤销的权利。作为合同保全手段，当事人在合同中可以约定实现代位权和撤销权的条件。如上对浦东生产力中心的职能所述，生产力中心对逾期贷款代偿后，取得对代偿部分继续向债务人追讨的权利，即对债务人的收益持续监控，向债务人追讨的权利即行使了代位权。

6.3.4　充分利用提存制度控制收益

提存是指由于债权人的原因而无法向其交付合同标的物时，债务人将标的物提交给提存机关而消灭合同关系的一种制度。担保提存请求权性质上属于担保财产的保全请求权。[1] 我国1999年《合同法》中出现“提存”共22次，均为债务人申请提存，作为合同权利义务终止的一种情形。对于以知识产权担保出质时，对出质人所得的转让费、许可费应当向质权人提前清偿债务或提存，我国1995年《担保法》[2]《物权法》[3]《著作权质权登记办法》[4]《专利权质权登记办法》[5] 中均有规定。从立法来看，提存是一种清偿债务的方式，是从保护债务人利益角度考虑。也有学者认为，提存的法律性质作为履行债务的一种方式更为合理，称为履约提存，是在出现债务履行受阻的情形下，债务人在乎的并不是通过自身的行为能否使债务归于消灭，而是如何能够证明自己的清

---

[1] 参见赵志钢：《担保提存论》，载《法学论坛》2011年第11期，第142页。

[2] 《担保法》（1995）第80条：本法第79条规定的权利出质后，出质人不得转让或者许可他人使用，但经出质人与质权人协商同意的可以转让或者许可他人使用。出质人所得的转让费、许可费应当向质权人提前清偿所担保的债权或者向与质权人约定的第三人提存。

[3] 《物权法》（2007）第227条：以注册商标专用权、专利权、著作权等知识产权中的财产权出质的，当事人应当订立书面合同。质权自有关主管部门办理出质登记时设立。

知识产权中的财产权出质后，出质人不得转让或者许可他人使用，但经出质人与质权人协商同意的除外。出质人转让或者许可他人使用出质的知识产权中的财产权所得的价款，应当向质权人提前清偿债务或者提存。

第228条：以应收账款出质的，当事人应当订立书面合同。质权自信贷征信机构办理出质登记时设立。

应收账款出质后，不得转让，但经出质人与质权人协商同意的除外。出质人转让应收账款所得的价款，应当向质权人提前清偿债务或者提存。

[4] 《著作权质权登记办法》第14条：著作权出质期间，未经质权人同意，出质人不得转让或者许可他人使用已经出质的权利。

出质人转让或者许可他人使用出质的权利所得的价款，应当向质权人提前清偿债务或者提存。

[5] 《专利权质权登记办法》第16条。

白。[1] 而在1995年司法部《提存公证规则》中，规定了履约提存和担保提存两种方式。[2] 从保护债权人利益角度出发，“借鉴美国的强制提存制度，即当出现特定情况时，可以根据当事人申请，由法院强制提存债务人的收益”。[3]

《民事诉讼法》第101条：“利害关系人因情况紧急，不立即申请保全将会使其合法权益受到难以弥补的损害的，可以在提起诉讼或者申请仲裁前向被保全财产所在地、被申请人住所地或者对案件有管辖权的人民法院申请采取保全措施。申请人应当提供担保，不提供担保的，裁定驳回申请。”

鉴于知识产权的价值特点，质押制度应赋予出质人对出质专利权享有转让、实施、许可实施等权利。为保障质权人的利益，应当要求出质人对出质专利权的转让费、许可实施费和实施出质专利权的收益以及其他收益等应向第三人提存。出质人因出质专利权的转让、实施、许可实施而获取的收益毕竟是在质权设定期间，即在债务履行期限届满前进行的，该收益在性质上仍是出质人的财产，且债务履行期限未届满，质权人不能请求以这些收益清偿债权。在此情形下，该收益应当向出质人、质权人约定的第三人提存，以作为主合同债权的担保。当然，经质权人与出质人协商同意，该收益可以用于提前清偿债权，因为该种处分属于当事人对自己权利义务的处分，政策不便过多干预。[4]

6.3.5 及时运用督促程序控制收益

知识产权质押贷款合同中，分期付款合同约定了还款的条件和期限。如果还款条件成就，即出质人收取了知识产权许可费或转让费，而未按照约定还款，符合公示催告程序的条件：债权人与债务人没有其他债务纠纷的，支付令能够送达债务人的，应及时向法院申请督促程序。法院根据债权人的申请，向债务人发出支付令，催促债务人在法定期限内向债权人清偿债务，在较短时间

---

[1] 郭红玉：《从清偿提存到履约提存——提存性质解析》，载《中国公证》2014年第4期，第45页。

[2] 《提存公证规则》（1995年6月2日司法部令第38号发布）第二条　提存公证是公证处依照法定条件和程序，对债务人或担保人为债权人的利益而交付的债之标的物或担保物（含担保物的替代物）进行寄托、保管，并在条件成熟时交付债权人的活动。为履行清偿义务或担保义务而向公证处申请提存的人为提存人。提存之债的债权人为提存受领人。

[3] 李鹏：《知识产权担保法律规定及其完善—以收益控制为视角》，载《理论探索》2010年第3期，第131页。

[4] 蒋逊明：《中国专利权质押制度存在的问题及其完善》，载《研究与发展管理》2007年第3期，第107页。

内即可实现支付。❶

6.4　知识产权质押融资风险的多方分担机制

知识产权基于其无形财产性质、价值的不确定性等特点，以知识产权质押融资存在较大的风险，建构多方合作共赢的风险分担机制，促进知识资产向知识资本的转化，是我国从知识大国向知识强国转变的重要制度。

6.4.1　政府通过政策引导分担知识产权质押融资风险

知识产权决定着国家经济发展的速度和质量，“近年来，中国专利申请、授权数量正在快速增长。按照国家知识产权公布的数据，2017 年，我国发明专利申请量为 138.2 万件，同比增长 14.2%。共授权发明专利 42.0 万件，其中，国内发明专利授权 32.7 万件，同比增长 8.2%。”❷ 我国已经成为知识产权大国，但尚未成为知识产权强国。作为垄断性权利，政府从社会公共利益与企业私人利益的平衡角度出发，扶持企业积极活化知识产权，出台中小企业的各种支持政策，如第四章所述，从国家到地方政府，以多种形式对其进行经济上的支持，分担融资过程中的风险，帮助其渡过难关，形成有竞争力的企业，并鼓励企业在此基础上进一步发掘知识产权的效用，从而得以发展和壮大。

但是，要特别强调的是，知识产权质押本质上是一种市场行为，从国家对知识产权机构改革纳入国家市场监督管理局，由其履行商标专利侵权的行政执法职责可窥一斑。长期以来，实践中政府运用财政资金进行的著名商标认定因饱受争议已被叫停。“但近年形成从国家到省、市、（区）县乃至工业园区对专利申请的奖励政策，导致这几年专利申请量上升迅速，同时也带来了不少专

---

❶ 《民事诉讼法》第 215 条：债权人提出申请后，人民法院应当在五日内通知债权人是否受理。

第 216 条　人民法院受理申请后，经审查债权人提供的事实、证据，对债权债务关系明确、合法的，应当在受理之日起十五日内向债务人发出支付令；申请不成立的，裁定予以驳回。

债务人应当自收到支付令之日起十五日内清偿债务，或者向人民法院提出书面异议。

债务人在前款规定的期间不提出异议又不履行支付令的，债权人可以向人民法院申请执行。

❷ 陆璐：《北京、上海、广东等地可能保留知识产权局为正局级单位》，《时代周报》2018 年 3 月 20 日，https：//baijiahao.baidu.com/s? id = 1595386934835803511&wfr = spider&for = pc. 2018 年 8 月 12 日访问。

利质量问题，亦有弄虚作假的垃圾专利。”[1] 与之前的著名商标认定如出一辙。专利、商标、著作权、软件著作权、集成电路布图设计、新植物品种等作为知识产权，其市场价值取决于其在市场竞争中活化利用的程度，政府不能越俎代庖，既违背市场规律，又浪费财政资金。

一是每年在浦东新区科技发展基金中安排 2000 万专项资金拨入合作银行专户作为担保基金，从而改革科技发展基金的使用方式，由无偿拨付使用转为有偿使用的银行贷款担保金；二是由浦东生产力促进中心负责贷款担保，企业以其拥有的知识产权作为反担保质押给浦东生产力促进中心，然后由银行向企业提供贷款；由生产力促进中心与商业银行分别承担 95% 和 5% 的贷款风险。[2]

2010 年 6 月，浦东新区获批为“全国知识产权质押融资试点城区”，进一步创新知识产权质押模式，以市场化手段做大质押融资规模。2011 年 10 月，浦东新区与浦发银行上海分行合作推出以银行自行开展质押融资为主的操作模式。新区政府则对银行的质押贷款按照总额给予 2% 的风险补贴。另外，对于放贷额度满 5 亿元的银行，给予 1% 的奖励。上海市科委也安排了 3000 万元的专项资金，用于支持浦东新区开展知识产权质押融资业务。在成都，一旦企业贷款出现问题，政府将承担其中 90% 的损失，银行仅承担 10%，扶持力度之大，让人叹为观止。[3]

如果称之前的政府担保模式为“间接质押融资模式”，那么此次的创新模式则是“直接质押融资模式”。实践证明，企业和银行“单线联系”后的借贷更具活力。仅 2012 年，这种直接的知识产权质押就为 81 家（次）企业申请到 6 亿元贷款，相当于过去数年的贷款总和。[4]

---

[1] 陆璐：《北京、上海、广东等地可能保留知识产权局为正局级单位》，《时代周报》2018 年 3 月 20 日，https：//baijiahao. baidu. com/s? id = 1595386934835803511&wfr = spider&for = pc. 2018 年 8 月 12 日访问。

[2] 李音：《浦东知识产权质押成长之路折射政府职能转变》，2013 年 1 月 11 日 07：55 来源：东方网。

[3] 王磊磊、马丽：《北京、深圳知识产权质押融资现状比较》，2009 年 10 月 09 日 14：13 来源：《法人》。

[4] 李音：《浦东知识产权质押成长之路折射政府职能转变》，2013 年 1 月 11 日 07：55 来源：东方网。

6.4.2 采取组合担保形式分担知识产权质押融资风险

中介机构担保形式是知识产权质押融资实践中运用较为广泛的一种形式，一般是资产评估机构为企业进行担保。但是，由于知识产权价值受到技术发展和市场因素影响的不稳定性，对知识产权评估价值的差别较大，中介机构出于自身风险规避的需要，对知识产权会有意压低评估价值，所以担保、反担保、再担保等形式虽然能够分担一部分风险，但是对拥有知识产权的企业可能有失公允。

以版权质押的成功案例为例，目前主要是在影视领域，以中国版权保护中心与中国工商银行珠市口支行、北京银行合作成果——版融宝产品为例，其风险防控有其代表性：质押标的选择单一作品标的较大、收益较高的领域，不采取单一贷款方式，而代之以信用贷、保证贷、抵押贷、质押贷、反担保、融资租赁等组合担保方式。针对该领域权利价值标的较高，以影视作品的版权以及剧本的版权质押，此外共同质押的还有外购影视 IP 的改编权，银行和担保机构更看重的已经拍摄完成的作品的预期收益，包括电视台、影视互联网平台如优酷、腾讯、爱奇艺的应收账款，共同打包形成标的物组合。通过引入第三方担保机构，减轻了银行承担的风险。如企业到期不能还贷，专业文化类担保机构（北京文化科技担保公司）对企业反担保的版权资产进行处置，风险转移到担保公司，因此担保公司对企业实际偿还能力及版权质押物做严格判断。而专业文化类担保机构对版权质押的审查，通过合作的专业评估机构进行，在资产处置方面也形成了自己的渠道。[1]

在组合担保模式中，从风险分担比例可以看出担保机构几乎承担了整个模式中 100% 的风险。根据国际经验，担保机构通常根据贷款规模和期限来确定担保比例，并非进行全额担保，平均承担 70% ~80% 的风险，剩下的部分需由银行自行承担。担保机构应加强与银行的沟通和合作，或由政府部门协助，合理确定担保机构和银行的风险分配比例，降低自身风险的同时，促进银行履行审查监督责任，推动知识产权质押融资业务整体良性发展。

在转移担保风险层面，担保机构还可以采取再担保或购买担保保险等方式将风险向第三方转移。具体来讲，担保公司承保后，对于评估风险较高的担保

[1] 马霞、裴秋菊：《版权服务如何促进文化金融落地》，载光明网 2018 日 5 月 31 日，http：//theory. gmw. cn/2018 -05/31/content_29069178. htm，最后访问日期 2020 年 1 月 5 日。

业务，向再担保公司提出担保申请，一旦发生代偿风险，担保公司可以直接从再担保公司获取补偿，抵销担保公司的大部分风险。同时，担保机构可以加强与保险机构的沟通与合作，要求保险公司制定适用于担保业务的保险产品，为风险较大的担保业务购买保险，虽然承担了一定的保费支出，但是可以有效补偿代偿风险导致的损失。❶

6.4.3 利用商业保险建构知识产权质押融资风险分散机制

在知识产权质押融资过程中，知识产权作为质押客体，其法律风险主要来自以下几方面：知识产权价值不确定的风险、知识产权存在侵权的风险（包括自身知识产权被他人侵犯和自身侵犯他人知识产权两种情形）以及其他原因导致债权人无法回收债权的风险。针对这些风险，加强与保险公司的多层次合作不失为一种风险分散的思路。

保险是一种典型的集中资金用于分散特定风险的制度，在现代社会中被广泛应用。知识产权质押融资中金融机构疑虑重重，债权的安全性是首要因素。如果能够通过大数法则合理计算风险可能造成的损失，从而确定和分摊损失，将金融机构承担的损失降低到最小限度，对保险合同主体当为多赢的设计。对此，我国政府已经引导保险公司推出了一些保险产品，进行了有益的尝试。

6.4.3.1 我国知识产权保险的发展历程

（A）肇始：高新技术成果转让保险属于契约责任保险

我国知识产权保险的尝试始于1999年，该高新技术成果转让保险合同的基本情况为：投保人为深圳深港工贸进出口公司与中国未来研究会，保险人为中国人民财产保险深圳分公司，保险标的为某戒毒药品的高新技术成果，保险事故约定为依据该技术生产的药品未达到主要性能指标或关键参数，即未达到预期效果，保险金额1000万元，保费20万元。❷ 从内容来看，该保险属于契约责任保险，保险公司主要对履约未达到预期效果承担赔偿责任。

（B）发展：《中关村知识产权保险合作框架协议》与专利保险合作社

2004年，中关村知识产权促进局与中国人民财产保险股份有限公司签署

---

❶ 刘红霞：《知识产权质押融资模式运行中的问题及其优化对策研究》，经济科学出版社2015年11月第1版，第220页。

❷ 杨得志：《我国首单高新技术成果转让保险签约》，《中国青年报》1999年10月8日，第3版。

了《中关村知识产权保险合作框架协议》，将知识产权和保险连接起来，解决技术成果转让过程中的风险，本质上与前述个案一致，只不过属于规模化的一种尝试，带有政府引导的性质。

2009年，广东省佛山市禅城区政府作为一方出资人，与保险公司、专利代理机构合作成立专利保险合作社，对专利侵权诉讼的诉讼费用承保，再由该区域内的有风险转移需求的企业或个人参与投保，政府遴选一部分专利代理服务机构，为会员提供专利服务。若有专利侵权行为，所需诉讼费用由保险公司予以理赔，参保的企业和个人还可以获得政府一定的保险费补贴。[1]

（C）推进：国家知识产权局与中国人民财产保险股份有限公司共同启动专利保险试点工作

自2012年起，国家知识产权局与中国人民财产保险股份有限公司共同启动专利保险试点工作，分3批确定27个试点地区，通过推动专利保险险种创新、优化运营模式、简化理赔程序、加大宣传力度、加强服务体系建设等，全面提升了专利保险的社会认可度。

从2012年专利保险试点以来，截至2015年9月，全国超过2500家企业投保专利执行险和侵权责任险，保障金额达2.7亿元；2015年前三季度，全国专利执行险和侵权责任险共1195件，保障金额达7164.5万元，同比增长28%。除上述2个险种外，知识产权质押融资保险[2]和知识产权综合责任保险也已开始业务运营。除27个试点地区外，山东省济宁市、广东省中山市、河南省南阳市、河北省石家庄市和保定市、浙江省金华市等10个非试点地区也自发开展了专利保险业务。[3]

以《中国人民财产保险股份有限公司专利执行保险条款》为例，专利保险的内容包括：被保险人、保险责任、特别不保条款、被保险人的义务、保险人的义务。保险责任包括两部分：一是立案或受理前发生的必要的、合理的调查费用、公证费、交通费、住宿费、伙食补助费，二是进行相关诉讼所支付的诉讼费用。

---

[1] 樊王平：《我国知识产权保险法律制度研究》，北京交通大学2015年硕士学位论文，第34-37页。

[2] 胡庆凯：《我国知识产权质押融资保险制度的构建研究》，载《河北企业》2017年第2期，第78-80页。

[3] 赵建国：《专利保险：筑起创新创业保护围墙》，载《知识产权报》2015年12月2日。

6.4.3.2 我国与国外知识产权保险制度比较

梳理我国知识产权保险的实践状况，借鉴国际经验推进中国知识产权的活化利用，是现实而理性的选择。目前，世界上知识产权保险主要包括两种：知识产权执行保险（Intellectual Property Enforcement Insurance）和知识产权侵权责任保险（Intellectual Property Infringement Insurance）。前者也称知识产权侵权排除保险、知识产权进攻保险，是指为了确保知识产权人的权利遭受他人不法侵害时有足够的诉讼费用维权，以为此所需的诉讼费用为保险标的，权利人或被保险人向保险人投保形成的保险合同。后者也称为知识产权防御保险，是指针对自身（投保人或被保险人）不适当侵害他人知识产权而被诉讼时应承担的诉讼费用以及被判定侵权后的损害赔偿费用，以此为保险标的，权利人或被保险人向保险人投保形成的保险合同。这两种保险的最大区别在于，侵权责任险的属人性偏高，保险公司在接受企业投保时，对企业的知识产权状况要进行尽职调查。企业知识产权的权利状态与其日常的知识产权管理状况密切相关，如发生侵犯他人权利的情形，正说明其知识产权管理存在重大漏洞。因此，保险公司通常严格限制被保险人转让保险合同。[1]

从我国知识产权保险的实际运行看，前期的高新技术成果转让保险合同与国际上知识产权保险的概念不同，属于契约责任保险范畴。目前推行的专利保险属于国际上知识产权保险范畴，属于知识产权执行保险，主要用于自身权利受到侵犯的情形，保险标的主要为调查费用和诉讼费用。但是，以知识产权质押融资的文创企业和科技企业，多数为中小企业，其自身的知识产权管理水平一般较低，权利检索手段不够充分，可能还存在对第三人在保险期间实施的侵权行为的风险，因此，专利侵权责任保险作为防御性保险也应有适用空间。

6.4.3.3 完善商业责任保险和保证保险制度

探索和总结知识产权质押融资中引入商业保险作为重要供给方的经验，建立多方主体协作化解融资风险，扶持以知识产权为主要资产的中小企业发展，符合我国知识产权强国的重大战略目标。北京市科委早在2006年就进行了有效探索，促成了交通银行北京分行开展“知识产权质押贷款”专项金融服务，

[1] 樊王平：《我国知识产权保险法律制度研究》，北京交通大学2015年硕士学位论文，第14－17页。

并引入平安保险等保险公司，设置了律师执业责任险和评估师责任险等险种，用以规避质押融资中的估值及法律风险。[1]《中国平安财产保险股份有限公司律师执业责任保险条款》第三条[2]和《中国平安财产保险股份有限公司平安评估师事务所职业责任保险条款》第三条[3]均规定因过失行为致使委托人遭受经济损失，平安保险公司将依照合同约定予以赔偿。

此外，在知识产权质押融资过程中，中小企业往往以组合担保形式出现，担保机构也可通过保险转移担保风险。具体讲，担保公司承保后，对于评估风险较高的担保业务，向再担保公司提出担保申请，一旦发生代偿风险，担保公司可以直接从再担保公司获取补偿，抵销担保公司的大部分风险。同时，担保机构可以加强与保险机构的沟通与合作，要求保险公司制定适用于担保业务的保险产品，为风险较大的担保业务购买保险。虽然承担了一定的保费支出，但是可以有效补偿代偿风险导致的损失。[4] 从北京市科委的做法来看，保险公司、担保公司、中介机构多方参与，形成了一个成熟的知识产权质押贷款流程：第一个阶段，引入了平安保险等公司规避风险，设置了以律师职业责任险和评估师责任险为核心保障。当贷款出现坏账时，保险公司进行赔付。第二个阶段，引入担保公司。由于保险公司核保赔付有一个时间差，多家银行由于时间差存在风险而未立即开展工作。经过反复探讨，在这个阶段再引入担保公司。在保险公司核保未付阶段，由担保公司预支过桥资金，先期向银行偿还贷款，以避免银行出现坏账。第三个阶段，中介机构将企业向银行质押的知识产权在产权交易所等地进行拍卖处置来分担自身的风险。自此，交通银行北京分

---

[1] 刘红霞：《知识产权质押融资模式运行中的问题及其优化对策研究》，经济科学出版社2015年11月第1版，第165－166页。

[2] 《中国平安财产保险股份有限公司律师执业责任保险条款》第3条 被保险人的注册执业律师在中国境内（港、澳、台地区除外）以执业律师身份代表被保险人为委托人办理约定的诉讼或非诉讼律师业务时，在列明的追溯期开始后，由于过失行为，违反《中华人民共和国律师法》或律师委托合同的约定，致使委托人遭受经济损失，依法应由被保险人承担的经济赔偿责任，被保险人在保险期限内提出索赔的，本公司根据本条款的有关规定负责赔偿。

[3] 《中国平安财产保险股份有限公司平安评估师事务所职业责任保险条款》第3条 在保险期间或保险合同载明的追溯期内，被保险人在承办评估业务过程中，因过失行为未尽其业务上应尽之责任及义务，造成委托人及其利害关系人的经济损失，委托人及其利害关系人在保险期间内首次向被保险人提出损害赔偿请求，依照中华人民共和国法律（不包括港澳台地区法律）应由被保险人承担的经济赔偿责任，保险人按照本保险合同约定负责赔偿。

[4] 刘红霞：《知识产权质押融资模式运行中的问题及其优化对策研究》，经济科学出版社2015年11月第1版，第220页。

行开展的知识产权质押贷款形成了一个成熟的流程和模式。❶

拓宽保证保险的适用范围。“保证保险，是指保险人作为被保险人的保证人提供担保而成立的保险合同。在该合同项下，投保人按照约定向保险人支付保险费，因被保证人的行为或不行为致使被保险人（权利人）受到损失的，由保险人负赔偿责任。”❷ 保证保险的性质是保险，保险合同的主体包括保险当事人（债务人或债权人为投保人、保险公司为保险人）、保险关系人（债权人为被保险人），其基本的运行机理是：由债务人按照合同约定向保险人支付保险费，当债务人不能按期偿还债务时，被保险人享有给付赔偿的请求权，由保险人在保险金额范围内承担赔偿责任。我国实践中出口信用保证保险、机动车辆消费贷款保证保险均为其表现形式，属于合同履约保证保险。我国《保险法》（2009）第九十五条❸将其作为一种财产保险业务予以认可。保证保险的本质是通过引入保险公司这一责任分散的主体，在保险人、投保人和被保险人之间进行权利义务的分配，达到风险分散的目的。保险公司则基于大数法则建立保费风险定价模型、测算保险费率水平，确定具体的保证保险产品，辅以相关的措施确保合理的盈利水平。

我国文创企业、科技企业等中小企业在融资过程中同样遭遇信用不足的困境，而这两种行业是标示国家发展实力的朝阳产业。保险公司开发相关的保证保险产品，对接银行和中小企业投资融资需求，无论对于我国金融市场的健康发展，还是文创、科技行业的繁荣，都具有重要的意义。科技、文创企业作为投保人，保险公司作为保险人，银行等金融机构作为被保险人，根据费率水平约定保险合同的权利义务，同时科技、文创企业以其知识产权质押为保险公司提供反担保。当科技、文创企业不能按期偿还债务时，保证保险承保的危险——保险事故发生，则保险人按照约定向金融机构债权人支付保险金额，保险人支付后，可以通过实现反担保、再保险等方式实现追偿债权。

6.4.3.4 知识产权质押融资保险的自愿性与强制性

保险作为化解知识产权质押风险的手段，其市场价值应由市场主体双方来

---

❶ 李希义、朱颖：《北京市知识产权质押贷款的措施和经验》，载《中国科技投资》2010 年第 1 期，第 35－37 页。

❷ 邹海林：《保险法教程》，首都经济贸易大学出版社 2002 年版，第 147 页。

❸ 《保险法》（2009）第 95 条　保险公司的业务范围：（一）人身保险业务，包括人寿保险、健康保险、意外伤害保险等保险业务；（二）财产保险业务，包括财产损失保险、责任保险、信用保险、保证保险等保险业务；（三）国务院保险监督管理机构批准的与保险有关的其他业务。

确定，因此是否担保应遵循自愿原则。但是，知识产权的重要特征是其创造成本很高，而在信息公开后的传播费用很低，对知识产权保护的监督成本又太高，每个获得知识产权的主体均可能成为该知识产权的竞争者，因此知识产权具有公共物品的属性。[1] 且知识产权作为垄断性权利，与一国特定时期的法律政策直接相关，难免带有政府干预的色彩。

我国知识产权质押融资主体多数为中小企业，其核心资产为知识产权，但权利保护意识较弱，遭遇侵权问题时，难以承受长期诉讼的负担，维权的诉讼费用也可能构成主要障碍。此外，中小企业享有的知识产权还可能由于能力等所限未进行有效的权利检索从而侵犯他人权利。尽管如此，企业自愿投保的意愿并不乐观。若多数拥有知识产权的中小企业不愿投保，保险公司缺乏足够的数据依据测算出合理的费率，无法开展相关的保险产品业务，导致中小企业知识产权质押融资过程中的风险无法扩散。这种情况即使在欧洲国家也不例外。

我国国家知识产权局目前推行的专利执行保险是政府引导性的保险类型，由试点单位与保险公司之间根据自愿原则签订合同，政府给予相应的补贴政策，但是，这种形式实施范围有限。为了集合众人之力分散风险，扩大适用范围、设定强制保险无疑是最好的举措。而强制性保险，是由法律强制规定必须参加的保险，国家之所以在特定领域推行强制性保险，原因在于：保障社会公众利益、保护公有财产、保证保险公司经营盈余。[2] 从我国已经推行强制性保险的领域看，主要有：机动车第三者责任险、[3] 船舶污染强制责任保险、[4] 煤矿企业意外伤害保险、[5] 建筑行业意外伤害保险、[6] 旅行社职业责任保险[7]等。这些领域推行强制性保险的正当性主要基于保护公民人身财产安全的因素。而

---

[1] 参见刘水林：《知识产权法的经济分析》，法律出版社1996年12月第1版，第71页。

[2] 参见温世扬主编《保险法》，法律出版社2003年版，第13页。此外还有观点认为，强制性保险具有以下价值功能：强制性功能、对第三人利益的特别保护功能、社会效益最大化功能。参见郭峰、胡晓珂：《强制责任保险研究》，《法学杂志》2009年第5期，第46页。

[3] 2003年10月通过的《中华人民共和国道路交通安全法》第17条规定：国家实行机动车第三者责任强制保险制度。

[4] 1999年12月通过的《海洋环境保护法》第66条规定：国家完善并实施船舶油污损害民事赔偿责任制度；按照船舶油污损害赔偿责任由船东和货主共同承担风险的原则，建立船舶油污保险、油污损害赔偿基金制度。

[5] 1996年8月通过的《中华人民共和国煤炭法》第44条规定：煤矿企业必须为煤矿井下作业职工办理意外伤害保险，支付保险费。

[6] 1997年11月通过的《中华人民共和国建筑法》第48条。

[7] 1996年10月国务院颁发的《旅行社管理条例》第21条规定：旅行社组织旅游，应当为旅行者办理旅游意外保险，并保证所提供的服务符合保障旅游者人身、财物安全的要求。

知识产权要推行强制性保险，只能从促进知识产权活化利用，保护我国社会公共财产的最大化，增强我国在国际中的竞争地位的战略高度予以考虑。但是，从现实情况看，中小企业本来经济实力薄弱，强制性保险可能增加企业的负担，目前仍然以政府引导性为主较为妥当。

综上，不可否认，上述一系列的制度设计本质是风险的逐级转移，而其关键环节是知识产权的价值显现。如果企业通过获得资本使知识产权的价值得以发挥，则各方的风险得以化解。因此，最后的接盘者必须对知识产权的价值具有绝对的控制权，评估机构的选择、收益的监控要进行相应的信息披露。

6.4.4 吸引其他机构加入知识产权质押融资风险分担机制

鉴于知识产权质押所具有的风险，建立互利共赢的风险分担机制，是比较理想的商业模式。在实践中，政府为了鼓励市场主体参与知识产权质押，前期往往承诺承担一定比例的风险，资产评估机构、律师事务所、担保公司等多家机构也逐步参与知识产权质押业务。如 2007 年交通银行北京分行推出一款名为“展业通——中小企业知识产权质押贷款”的金融创新产品。为有效化解风险，该行引入了北京市经纬律师事务所、连城资产评估有限公司、北京资和信担保有限公司等中介机构来共同参与运作知识产权质押贷款业务，并各自按比例承担一定的责任和风险。北京市文资办积极推广知识产权质押贷款，对于拥有商标权、专利权、版权等核心知识产权的文化创意企业，通过与资产评估公司和律师事务所合作评估，以知识产权质押发放贷款给予重点支持，并可根据借款企业实际情况，采取多种还款方式。

6.5 本章小结

知识产权质押融资存在多重风险，法律规制着眼于四个维度：法律制度、政策扶持、融资机构自身防控、相关方参与，具体从四个方面着手：一是构建和完善知识产权质押法律制度，尊重主体意思自治，合理设定主体的权利义务，平衡出质人和质权人之间的利益；二是国家作为金融资源配置者给予拥有知识产权者合理的差别待遇，制定相应的扶持促进政策；三是融资机构做好自身的风险控制；四是吸引市场主体参与知识产权质押分担商业风险。

第七章　结论与展望

在我国民法法典化过程中，知识产权法学界围绕“入典”与“成典”、“纳入式”与“链接式”的争论基本尘埃落定，对于知识产权质押形成了基本规则，在商业实践中存在的问题有待今后进一步完善。需要明确的是，追根溯源，知识产权从王室特权到国家与商人营利性的共同追求的历史演变看，知识产权法与商法有惊人的一致性，对知识产权垄断性权利的保护，实质是对其营利性目的的保护。在知识经济时代，国家与商人在保护新技术和新产品需求上的共同性，甚至大于商法领域对营利性的追求。[1] 保护知识产权，掌握核心技术的垄断性权利，增强国家竞争力，既需要像高铁、航空、通信领域的大型国有企业做中流砥柱，也需要成千上万掌握关键技术的中小企业做铺路石；克服中小企业面临的融资瓶颈，既需要国家加大扶持引导发展知识产权的政策，更需要强化融资机构的风险防范意识。知识产权质押本质上是一种金融交易行为，明确知识产权是私权，并非特权，回归知识产权为私权的本质，反思检讨当前实施政策中存在的问题，将有限的财力发挥出最佳效益，是我国法律制度和政策导向中必须重视的问题。知识产权既是知识财产私有的权利形态，也是政府公共政策的制度选择，从知识产权大国，到知识产权强国，保护知识创新、促进产业发展，让知识产权法成为“创新之法”“产业之法”，[2] 任重而道远。

---

[1] 参见熊琦：《知识产权法与民法的体系定位》，载《武汉大学学报（哲学社会科学版）》2019年第3期，第129页。

[2] 参见吴汉东：《中国知识产权法律变迁的基本面向》，载《中国社会科学》2018年第3期，第108－125页。

附录一　调查问卷

金融机构知识产权质押业务调查问卷

您好！

为深入了解北京金融机构（包括准金融机构）知识产权质押融资业务的总体情况，发现金融机构开展知识产权质押的问题、难点，总结其中的经验，为政府部门决策提供参考，特制定本调查问卷。请您如实填写，谢谢！

2016 年 10 月

一、金融机构基本情况

1. 您所在的金融机构是________。

A. 国有商业银行　　B. 民营银行

C. 政策性银行　　D. 小贷公司

E. 融资担保机构　　F. 典当行

G. 其他（　　）

2. 您所在金融机构的注册资本是________亿元人民币。

A. 10 以上　　B. 1 ~ 10　　C. 0. 1 ~ 1　　D. 0. 1 以下

二、金融机构知识产权质押业务的情况

3. 金融机构开展知识产权质押的意愿为________。

A. 积极主动　　B. 政府推动　　C. 不愿意　　D. 其他（　　）

4. 贵机构开展的知识产权质押业务类型有________。

A. 版权质押　　B. 专利权质押

C. 商标权质押　　D. 应收账款质押

E. 未来收费权质押　　F. 其他（　　）

5. 贵机构开展知识产权质押业务的数量顺序为________。

①版权（专利、商标）许可权　②应收账款　③未来收费权质押

④法定代表人连带责任　⑤组合担保

A. ①②③④⑤　　B. ⑤④③②①

C. ③②⑤①④　　D. ⑤③②④①

E. 其他（　）

6. 贵机构知识产权质押业务量占比________%。

A. 10 以上　　B. 1 ~ 10　　C. 0. 1 ~ 1　　D. 0. 1 以下

7. 在知识产权质押业务中，版权质押占比________%。

A. 10 以上　　B. 1 ~ 10　　C. 0. 1 ~ 1　　D. 0. 1 以下

8. 贵机构开展文创行业知识产权质押业务，收益率从高到低排在前四位的顺序为________。

①文化艺术　②新闻出版　③广播、电视、电影

④软件、网络及计算机服务　⑤广告会展

⑥艺术品交易　⑦设计服务　⑧旅游、休闲娱乐　⑨其他

A. ①②③④　　B. ⑤⑥③⑦　　C. ③②①④

D. ④⑥⑦⑨　　E. ⑧⑥①⑨　　F. 其他

三、金融机构知识产权质押业务的行业分布

9. 贵机构在以下行业开展知识产权质押业务（多选）________。

A. 文创行业　　B. 建材行业　　C. 通信行业　　D. 电子行业

E. 制药行业　　F. 科技行业　　G. 其他（　　）

四、企业知识产权质押的融资成本情况

10. 贵机构知识产权质押业务的贷款利率为基本利率上浮________。

A. 10% 以下　　B. 10% ~20%　　C. 20% ~30%　　D. 30% 以上

五、知识产权质权人的权利实现

11. 贵机构知识产权质押业务的按期债权偿还率为________。

A. 80% 以上　　B. 50%　　C. 30%　　D. 30% 以下

12. 贵机构知识产权质押业务中债权的实现方式为________。

A. 处分知识产权　　B. 债权转让

C. 收费权转让　　D. 诉讼

F. 其他

六、知识产权的价值评估

13. 贵机构对知识产权的价值评估采取________。

A. 自行评估　　B. 专业评估机构

C. 律所等法律服务机构　　D. 协商确定

14. 贵机构开展知识产权质押业务时采用的评估方法为________。

A. 收益法评估　　B. 市场法评估

C. 成本法评估　　D. 期权定价模型评估

七、知识产权质押的风险控制

15. 贵机构开展知识产权质押业务的难点是（多选）________。

A. 价值不确定　　B. 办理手续烦琐

C. 中介费用多　　D. 处分变现难

E. 其他（　　）

16. 贵机构在实施知识产权质押业务时主要看重的因素是________。

A. 所质押的知识产权未来的市场价值

B. 所质押的知识产权的有效周期

C. 所质押的知识产权的变现难易程度

D. 其他（　　）

17. 贵机构知识产权质押的模式为________。

A. 直接质押　　B. 间接反担保质押

C. 组合担保　　D. 其他

18. 贵机构针对知识产权质押的风险控制措施有________。

A. 实地走访　　B. 查财务报表

C. 以往贷款机构授信情况　　D. 人行征信系统

E. 外部网站等渠道查询企业有无负面消息

F. 提供其他抵押、质押物或保证人

八、知识产权质押政策的推行情况

19. 贵机构对政府关于文创企业的扶持政策是否了解________。

A. 熟悉　　B. 较为熟悉　　C. 不熟悉　　D. 不了解

20. 政府的下列优惠政策中，贵机构享受到（多选）________。

A. 项目补贴　　B. 贷款贴息　　C. 担保基金　　D. 税收优惠

E. 产业基金　　F. 政府奖励　　G. 政府采购　　H. 其他（　　）

21. 贵机构合作的担保机构有哪些？您认为文化创意产业未来五年知识产权质押融资的前景如何？需要哪些政策支持？

附录二　知识产权质押融资相关法律法规汇编

序号	名称	发文机关	发布时间	生效时间	相关规定摘录	法律法规层级
1	担保法	全国人民代表大会常务委员会	1995－06－30	1995－10－01	第六十六条　出质人和质权人在合同中不得约定在债务履行期届满质权人未受清偿时，质物的所有权转移为质权人所有。 第七十五条　下列权利可以质押： （一）汇票、支票、本票、债券、存款单、仓单、提单； （二）依法可以转让的股份、股票； （三）依法可以转让的商标专用权，专利权、著作权中的财产权； （四）依法可以质押的其他权利。 第七十九条　以依法可以转让的商标专用权，专利权、著作权中的财产权出质的，出质人与质权人应当订立书面合同，并向其管理部门办理出质登记。质押合同自登记之日起生效。 第八十条　本法第七十九条规定的权利出质后，出质人不得转让或者许可他人使用，但经出质人与质权人协商同意的可以转让或者许可他人使用。出质人所得的转让费、许可费应当向质权人提前清偿所担保的债权或者向与质权人约定的第三人提存。	法律

续表

序号	名称	发文机关	发布时间	生效时间	相关规定摘录	法律法规层级
2	专利权质押合同登记管理暂行办法	中国专利局	1996－10－01（已失效）		第二条　中国专利局是专利权质押合同登记的管理部门。 第三条　以专利权出质的，出质人与质权人应当订立书面合同，并向中国专利局办理出质登记，质押合同自登记之日起生效。 第四条　出质人必须是合法专利权人。如果一项专利有两个以上的共同专利权人，则出质人为全体专利权人。 第五条　全民所有制单位以专利权出质的，须经上级主管部门批准。 中国单位或人向外国人出质专利权的，须经国务院有关主管部门批准。办理涉外专利权质押合同登记的，应当委托涉外专利代理机构代理。 第六条　申请办理专利权质押合同登记的，当事人应当向中国专利局寄交或面交下列文件： （一）专利权质押合同登记申请表； （二）主合同和专利权质押合同； （三）出质人的合法身份证明； （四）委托书及代理人的身份证明； （五）专利权的有效证明； （六）专利权出质前的实施及许可情况； （七）上级主管部门或国务院有关主管部门的批准文件； （八）其他需要提供的材料； 中国专利局以收到上述文件之日为登记申请受理日。	部门规章

续表

序号	名称	发文机关	发布时间	生效时间	相关规定摘录	法律法规层级
2	专利权质押合同登记管理暂行办法	中国专利局	1996-10-01 （已失效）		第七条　专利权质押合同包括以下内容： （一）出质人、质权人以及代理人或联系人的姓名（名称）、通讯地址； （二）被担保的主债权种类； （三）债务人履行债务的期限； （四）专利件数以及每项专利的名称、专利号、申请日、颁证日； （五）质押担保的范围； （六）质押的金额与支付方式； （七）对质押期间进行专利权转让或实施许可的约定； （八）质押期间维持专利权有效的约定； （九）出现专利纠纷时出质人的责任； （十）质押期间专利权被撤销或被宣告无效时的处理； （十一）违约及索赔； （十二）争议的解决办法； （十三）质押期满债务的清偿方式； （十四）当事人认为需要约定的其他事项； （十五）合同签订日期，签名盖章。 第八条　对出现下列情况之一的专利权质押合同，中国专利局不予登记： （一）出质人非专利文档所记载的专利权人或者非全部专利权人的；	部门规章

续表

序号	名称	发文机关	发布时间	生效时间	相关规定摘录	法律法规层级
2	专利权质押合同登记管理暂行办法	中国专利局	1996－10－01（已失效）		（二）专利权被宣告无效、被撤销或者已经终止的； （三）假冒他人专利或冒充专利的； （四）专利申请未获授权的； （五）专利权被提出撤销请求或被启动无效宣告程序的； （六）存在专利权属纠纷的； （七）质押期超过专利权有效期的； （八）合同约定在债务履行期届满质权人未受清偿时，质物的所有权归质权人所有的； （九）其他不符合出质条件的。 第九条　中国专利局在受理专利权质押合同登记申请之后，依照国家法律、法规的规定，审查下列内容： （一）质押合同条款是否齐全； （二）是否出现第八条所列情况之一； （三）是否按要求补正； （四）其他有必要审查的内容。 第十条　中国专利局自受理日起15日内（不含补正时间）作出审查决定。 第十一条　经审查合格的专利权质押合同准予登记，并向当事人发送《专利权质押合同登记通知书》。 经审查不合格或逾期不补正的，不予登记，并向当事人发送《专利权质押合同不予登记通知书》。	部门规章

续表

序号	名称	发文机关	发布时间	生效时间	相关规定摘录	法律法规层级
2	专利权质押合同登记管理暂行办法	中国专利局	1996－10－01（已失效）		第十二条　中国专利局设立《专利权质押合同登记簿》，供公众查阅。 第十三条　质押期间专利权人就有关专利提出著录项目变更请求时，须经质押双方当事人同意。 第十四条　变更质权人、被担保的主债权种类及数额或者质押担保的范围的，当事人应当于作出变更决定之日起七日内持变更协议、原《专利权质押合同登记通知书》和其他有关文件，向中国专利局办理变更手续。 第十五条　申请延长质押期限的，当事人应当在原质押期限届满前持延期协议、原《专利权质押合同登记通知书》及其他有关文件，向中国专利局办理延期手续。 第十六条　提前解除质押合同的，当事人应当自解除质押合同的协议签字后七日内持解除协议和《专利权质押合同登记通知书》向中国专利局办理质押合同登记注销手续。 第十七条　专利权被无效、撤销或其他原因丧失后，当事人应当在收到通知之日起七日内持专利权丧失凭证和原《专利权质押合同登记通知书》，向中国专利局办理质押合同登记注销手续。 第十八条　因主合同无效致使质押合同无效的，当事人应当向中国专利局办理质押合同登记注销手续。 第十九条　质押期限届满，当事人应当持合同履行完毕凭证以及《专利权质押合同登记通知书》，向中国专利局办理质押合同登记注销手续。	部门规章

续表

序号	名称	发文机关	发布时间	生效时间	相关规定摘录	法律法规层级
2	专利权质押合同登记管理暂行办法	中国专利局	1996－10－01（已失效）		质押期限届满后15日内当事人不办理注销登记的，该合同登记将被自动注销。 第二十条　经中国专利局审核后，向当事人发出《专利权质押合同登记注销通知书》。专利权质押合同自登记注销之日起失效。 第二十一条　提交虚假合同证明文件或者以其他手段非法取得或伪造专利权质押合同登记的，中国专利局将依法注销该合同登记，并由当事人所在地专利管理机关处以1000元以上，10000元以下罚款。 第二十二条　申请专利权质押合同登记的，当事人应当按规定缴纳登记费。 第二十三条　本办法由中国专利局负责解释。 第二十四条　本办法自1996年10月1日起施行。	部门规章
3	最高人民法院关于适用《中华人民共和国担保法》若干问题的解释	最高人民法院	2000－12－08	2000－12－13	三、关于抵押部分的解释 第七十九条　同一财产法定登记的抵押权与质权并存时，抵押权人优先于质权人受偿。 同一财产抵押权与留置权并存时，留置权人优先于抵押权人受偿。 （二）权利质押 第九十七条　以公路桥梁、公路隧道或者公路渡口等不动产收益权出质的，按照担保法第七十五条第（四）项的规定处理。 第九十八条　以汇票、支票、本票出质，出质人与质权人没有背书记载“质押”字样，以票据出质对抗善意第三人的，人民法院不予支持。	司法解释

续表

序号	名称	发文机关	发布时间	生效时间	相关规定摘录	法律法规层级
3	最高人民法院关于适用《中华人民共和国担保法》若干问题的解释	最高人民法院	2000-12-08	2000-12-13	第九十九条　以公司债券出质的，出质人与质权人没有背书记载“质押”字样，以债券出质对抗公司和第三人的，人民法院不予支持。 第一百条　以存款单出质的，签发银行核押后又受理挂失并造成存款流失的，应当承担民事责任。 第一百零一条　以票据、债券、存款单、仓单、提单出质的，质权人再转让或者质押的无效。 第一百零二条　以载明兑现或者提货日期的汇票、支票、本票、债券、存款单、仓单、提单出质的，其兑现或者提货日期后于债务履行期的，质权人只能在兑现或者提货日期届满时兑现款项或者提取货物。 第一百零三条　以股份有限公司的股份出质的，适用《中华人民共和国公司法》有关股份转让的规定。 以上市公司的股份出质的，质押合同自股份出质向证券登记机构办理出质登记之日起生效。 以非上市公司的股份出质的，质押合同自股份出质记载于股东名册之日起生效。 第一百零四条　以依法可以转让的股份、股票出质的，质权的效力及于股份、股票的法定孳息。 第一百零五条　以依法可以转让的商标专用权，专利权、著作权中的财产权出质的，出质人未经质权人同意而转让或者许可他人使用已出质权利的，应当认定为无效。因此给质权人或者第三人造成损失的，由出质人承担民事责任。 第一百零六条　质权人向出质人、出质债权的债务人行使质权时，出质人、出质债权的债务人拒绝的，质权人可以起诉出质人和出质债权的债务人，也可以单独起诉出质债权的债务人。	司法解释

续表

序号	名称	发文机关	发布时间	生效时间	相关规定摘录	法律法规层级
4	物权法	全国人民代表大会	2007-03-16	2007-10-01	第二百二十三条　债务人或者第三人有权处分的下列权利可以出质： （五）可以转让的注册商标专用权、专利权、著作权等知识产权中的财产权； 第二百二十七条　以注册商标专用权、专利权、著作权等知识产权中的财产权出质的，当事人应当订立书面合同。质权自有关主管部门办理出质登记时设立。 知识产权中的财产权出质后，出质人不得转让或者许可他人使用，但经出质人与质权人协商同意的除外。出质人转让或者许可他人使用出质的知识产权中的财产权所得的价款，应当向质权人提前清偿债务或者提存。	法律
5	专利法	全国人民代表大会常务委员会	2008-12-27	2009-10-01	第十条　专利申请权和专利权可以转让。 中国单位或者个人向外国人、外国企业或者外国其他组织转让专利申请权或者专利权的，应当依照有关法律、行政法规的规定办理手续。 转让专利申请权或者专利权的，当事人应当订立书面合同，并向国务院专利行政部门登记，由国务院专利行政部门予以公告。专利申请权或者专利权的转让自登记之日起生效。	法律

续表

序号	名称	发文机关	发布时间	生效时间	相关规定摘录	法律法规层级
6	2009 年中国保护知识产权行动计划	国家知识产权局	2009－05－22	2009－05－22	四、知识产权机制建设工作计划 （二）加强部门知识产权管理 4. 进一步建立健全包括传统知识和民间文艺在内的非物质文化遗产保护制度，继续推动非物质文化遗产名录体系建设，加强对传承人的保护，部署第三批国家级非物质文化遗产名录申报工作。 5. 实施“国家昆曲艺术抢救、保护和扶持工程”“全国重点京剧院团扶持工程”，鼓励民族传统文化作品的创作。 10. 加强广播影视领域知识产权状况调研，加强广播影视知识产权、新媒体知识产权保护体制机制和广播影视数字版权保护技术研究，推进影视创意产业发展，发展视听新媒体。 九、为权利人提供服务工作计划 （一）提高知识产权公共服务水平 9. 深入研究合同登记、作品登记、质押登记等问题，推进相关规定尽快出台，促进版权产业有序发展。	规章
7	关于加强知识产权质押融资与评估管理支持中小企业发展的通知	国家工商行政管理总局；国家知识产权局；财政部；工业和信息化部；新闻出版总署（国家版权局）；中国银行业监督管理委员会	2010－08－12	2010－08－12	建立促进知识产权质押融资的协同推进机制 知识产权质押融资是知识产权权利人将其合法拥有的且目前仍有效的专利权、注册商标权、著作权等知识产权出质，从银行等金融机构取得资金，并按期偿还资金本息的一种融资方式。各级财政、银监、知识产权、工商行政、版权、中小企业管理部门（以下统称各有关部门）要充分发挥各自的职能作用，加强协调配合和信息沟通，积极探索促进本地区知识产权质押融资工作的新模式、新方法，完善知识产权质押融资的扶持政策和管理机制，加强知识产权质押评估管理，支持中小企业开展知识产权质押融资，加快建立知识产权质押融资协同工作机制，有效推进知识产权质押融资工作。	规章

续表

序号	名称	发文机关	发布时间	生效时间	相关规定摘录	法律法规层级
7	关于加强知识产权质押融资与评估管理支持中小企业发展的通知	国家工商行政管理总局；国家知识产权局；财政部；工业和信息化部；新闻出版总署（国家版权局）；中国银行业监督管理委员会	2010－08－12	2010－08－12	二、创新知识产权质押融资的服务机制 各有关部门要指导和支持银行等金融机构探索和创新知识产权信贷模式，积极拓展知识产权质押融资业务，鼓励和支持商业银行结合自身特点和业务需要，选择符合国家产业政策和信贷政策、可以用货币估价并依法流转的知识产权作为质押物，有效满足中小企业的融资需求。 各有关部门要指导和支持商业银行等金融机构根据国家扶持中小企业发展的政策，充分利用知识产权的融资价值，开展多种模式的知识产权质押融资业务，扩大中小企业知识产权质押融资规模。要鼓励商业银行积极开展以拥有自主知识产权的中小企业为服务对象的信贷业务，对中小企业以自主知识产权质押的贷款项目予以优先支持。要充分利用国家财政现有中小企业信用担保资金政策，对担保机构开展的中小企业知识产权质押融资担保业务给予支持。 各有关部门要引导商业银行、融资性担保机构充分利用资产评估在知识产权质押中的作用，促进知识产权、资产评估法律及财政金融等方面的专业协作，协助贷款、担保等金融机构开展知识产权质押融资业务。要进一步加强知识产权、资产评估、金融等专业知识培训和业务交流，开展相关政策与理论研究，提升商业银行、融资性担保机构、资产评估机构等组织及有关从业人员的专业能力。	规章

续表

序号	名称	发文机关	发布时间	生效时间	相关规定摘录	法律法规层级
7	关于加强知识产权质押融资与评估管理支持中小企业发展的通知	国家工商行政管理总局；国家知识产权局；财政部；工业和信息化部；新闻出版总署（国家版权局）；中国银行业监督管理委员会	2010－08－12	2010－08－12	三、建立完善知识产权质押融资风险管理机制 各地银监部门要指导和支持商业银行等金融机构建立健全知识产权质押融资管理体系，创新授信评级，严格授信额度管理，建立知识产权质押物价值动态评估机制，落实风险防控措施。 各有关部门要鼓励融资性担保机构为中小企业知识产权质押融资提供担保服务，引导企业开展同业担保业务，构建知识产权质押融资多层次风险分担机制。探索建立适合中小企业知识产权质押融资特点的风险补偿和尽职免责机制。支持和引导各类信用担保机构为知识产权交易提供担保服务，探索建立社会化知识产权权益担保机制。 四、完善知识产权质押融资评估管理体系 各有关部门要鼓励商业银行、融资性担保机构、中小企业充分利用专业评估服务，由经财政部门批准设立的具有知识产权评估专业胜任能力的资产评估机构，对需要评估的质押知识产权进行评估。要指导商业银行、融资性担保机构、中小企业等评估业务委托方，针对知识产权质押融资的评估行为，充分关注评估报告披露事项，按照约定合理使用评估报告。	规章

续表

序号	名称	发文机关	发布时间	生效时间	相关规定摘录	法律法规层级
7	关于加强知识产权质押融资与评估管理支持中小企业发展的通知	国家工商行政管理总局；国家知识产权局；财政部；工业和信息化部；新闻出版总署（国家版权局）；中国银行业监督管理委员会	2010－08－12	2010－08－12	五、建立有利于知识产权流转的管理机制 各级知识产权部门要建立动态的信息跟踪和沟通机制，及时做好知识产权质押登记，加强流程管理，强化质押后的知识产权保护，并为商业银行、融资性担保机构、质押评估委托方查询质押知识产权法律状态、知识产权质押物经营状况等信息提供必要的支持，协助商业银行逐步建立知识产权质押融资信用体系。 各级中小企业管理部门要积极引导拥有自主知识产权的中小企业进行质押融资，提高其知识产权参与资产评估的积极性和有效性，建立适应知识产权交易的多元化、多渠道投融资机制，并将其纳入当地中小企业成长工程。 各有关部门要加快推进知识产权交易市场建设，充分依托各类产权交易市场，引导风险投资机构参与科技成果产业化投资，促进知识产权流转。要积极探索知识产权许可、拍卖、出资入股等多元化价值实现形式，支持商业银行、融资性担保机构质权的实现。	规章

续表

序号	名称	发文机关	发布时间	生效时间	相关规定摘录	法律法规层级
8	专利权质押登记办法	国家知识产权局	2010－08－26	2010－10－01	第二条　国家知识产权局负责专利权质押登记工作。 第三条　以专利权出质的，出质人与质权人应当订立书面质押合同。 质押合同可以是单独订立的合同，也可以是主合同中的担保条款。 第四条　以共有的专利权出质的，除全体共有人另有约定的以外，应当取得其他共有人的同意。 第五条　在中国没有经常居所或者营业所的外国人、外国企业或者外国其他组织办理专利权质押登记手续的，应当委托依法设立的专利代理机构办理。 中国单位或者个人办理专利权质押登记手续的，可以委托依法设立的专利代理机构办理。 第六条　当事人可以通过邮寄、直接送交等方式办理专利权质押登记相关手续。 第七条　申请专利权质押登记的，当事人应当向国家知识产权局提交下列文件： （一）出质人和质权人共同签字或者盖章的专利权质押登记申请表； （二）专利权质押合同； （三）双方当事人的身份证明； （四）委托代理的，注明委托权限的委托书； （五）其他需要提供的材料。	部门规章

续表

序号	名称	发文机关	发布时间	生效时间	相关规定摘录	法律法规层级
8	专利权质押登记办法	国家知识产权局	2010-08-26	2010-10-01	专利权经过资产评估的，当事人还应当提交资产评估报告。 除身份证明外，当事人提交的其他各种文件应当使用中文。身份证明是外文的，当事人应当附送中文译文；未附送的，视为未提交。 对于本条第一款和第二款规定的文件，当事人可以提交电子扫描件。 第八条　国家知识产权局收到当事人提交的质押登记申请文件后，应当通知申请人。 第九条　当事人提交的专利权质押合同应当包括以下与质押登记相关的内容： （一）当事人的姓名或者名称、地址； （二）被担保债权的种类和数额； （三）债务人履行债务的期限； （四）专利权项数以及每项专利权的名称、专利号、申请日、授权公告日； （五）质押担保的范围。 第十条　除本办法第九条规定的事项外，当事人可以在专利权质押合同中约定下列事项： （一）质押期间专利权年费的缴纳； （二）质押期间专利权的转让、实施许可； （三）质押期间专利权被宣告无效或者专利权归属发生变更时的处理； （四）实现质权时，相关技术资料的交付。	部门规章

续表

序号	名称	发文机关	发布时间	生效时间	相关规定摘录	法律法规层级
8	专利权质押登记办法	国家知识产权局	2010-08-26	2010-10-01	第十一条　国家知识产权局自收到专利权质押登记申请文件之日起7个工作日内进行审查并决定是否予以登记。 第十二条　专利权质押登记申请经审查合格的，国家知识产权局在专利登记簿上予以登记，并向当事人发送《专利权质押登记通知书》。质权自国家知识产权局登记时设立。 经审查发现有下列情形之一的，国家知识产权局作出不予登记的决定，并向当事人发送《专利权质押不予登记通知书》： （一）出质人与专利登记簿记载的专利权人不一致的； （二）专利权已终止或者已被宣告无效的； （三）专利申请尚未被授予专利权的； （四）专利权处于年费缴纳滞纳期的； （五）专利权已被启动无效宣告程序的； （六）因专利权的归属发生纠纷或者人民法院裁定对专利权采取保全措施，专利权的质押手续被暂停办理的； （七）债务人履行债务的期限超过专利权有效期的； （八）质押合同约定在债务履行期届满质权人未受清偿时，专利权归质权人所有的； （九）质押合同不符合本办法第九条规定的； （十）以共有专利权出质但未取得全体共有人同意的； （十一）专利权已被申请质押登记且处于质押期间的； （十二）其他应当不予登记的情形。	部门规章

续表

序号	名称	发文机关	发布时间	生效时间	相关规定摘录	法律法规层级
8	专利权质押登记办法	国家知识产权局	2010-08-26	2010-10-01	第十三条　专利权质押期间，国家知识产权局发现质押登记存在本办法第十二条第二款所列情形并且尚未消除的，或者发现其他应当撤销专利权质押登记的情形的，应当撤销专利权质押登记，并向当事人发出《专利权质押登记撤销通知书》。 专利权质押登记被撤销的，质押登记的效力自始无效。 第十四条　国家知识产权局在专利公报上公告专利权质押登记的下列内容：出质人、质权人、主分类号、专利号、授权公告日、质押登记日等。 专利权质押登记后变更、注销的，国家知识产权局予以登记和公告。 第十五条　专利权质押期间，出质人未提交质权人同意其放弃该专利权的证明材料的，国家知识产权局不予办理专利权放弃手续。 第十六条　专利权质押期间，出质人未提交质权人同意转让或者许可实施该专利权的证明材料的，国家知识产权局不予办理专利权转让登记手续或者专利实施合同备案手续。 出质人转让或者许可他人实施出质的专利权的，出质人所得的转让费、许可费应当向质权人提前清偿债务或者提存。 第十七条　专利权质押期间，当事人的姓名或者名称、地址、被担保的主债权种类及数额或者质押担保的范围发生变更的，当事人应当自变更之日起30日内持变更协议、原《专利权质押登记通知书》和其他有关文件，向国家知识产权局办理专利权质押登记变更手续。	部门规章

续表

序号	名称	发文机关	发布时间	生效时间	相关规定摘录	法律法规层级
8	专利权质押登记办法	国家知识产权局	2010－08－26	2010－10－01	第十八条　有下列情形之一的，当事人应当持《专利权质押登记通知书》以及相关证明文件，向国家知识产权局办理质押登记注销手续： （一）债务人按期履行债务或者出质人提前清偿所担保的债务的； （二）质权已经实现的； （三）质权人放弃质权的； （四）因主合同无效、被撤销致使质押合同无效、被撤销的； （五）法律规定质权消灭的其他情形。 国家知识产权局收到注销登记申请后，经审核，向当事人发出《专利权质押登记注销通知书》。专利权质押登记的效力自注销之日起终止。 第十九条　专利权在质押期间被宣告无效或者终止的，国家知识产权局应当通知质权人。 第二十条　专利权人没有按照规定缴纳已经质押的专利权的年费的，国家知识产权局应当在向专利权人发出缴费通知书的同时通知质权人。 第二十一条　本办法由国家知识产权局负责解释。 第二十二条　本办法自 2010 年 10 月 1 日起施行。1996 年 9 月 19 日中华人民共和国专利局令第八号发布的《专利权质押合同登记管理暂行办法》同时废止。	部门规章

续表

序号	名称	发文机关	发布时间	生效时间	相关规定摘录	法律法规层级
9	国务院办公厅转发知识产权局等部门关于加强战略性新兴产业知识产权工作若干意见的通知	国务院办公厅	2012－04－28	2012－04－28	四、促进知识产权市场应用，推动战略性新兴产业实现知识产权价值 （一）拓展知识产权投融资方式。完善知识产权投融资政策，支持知识产权质押、出资入股、融资担保。探索与知识产权相关的股权债权融资方式，支持社会资本通过市场化方式设立以知识产权投资基金、集合信托基金、融资担保基金等为基础的投融资平台和工具。鼓励开展与知识产权有关的金融产品创新，探索建立知识产权融资机构，支持中小企业快速成长。	规章
10	关于加快培育和发展知识产权服务业的指导意见	国家工商行政管理总局；国家知识产权局；商务部；科学技术部；农业部；新闻出版总署（包括国家版权局）；国家发展和改革委员会	2012－11－13	2012－11－13	三、知识产权服务业重点发展的领域 （四）知识产权商用化服务 发展知识产权评估、价值分析、交易、转化、质押、投融资、运营、托管等商用化服务。加强和规范知识产权资产评估工作，建立健全知识产权运营工作体系，完善以金融机构、创业投资为主、民间资本广泛参与的知识产权投融资体系，推动金融机构拓展知识产权质押融资业务，鼓励融资性担保机构为知识产权质押融资提供担保服务，探索建立质押融资风险多方分担机制。 四、加快知识产权服务业发展的主要任务 （三）增强知识产权服务对经济的支撑作用 加强版权、外观设计专利等知识产权服务，促进文化创意产业的繁荣发展。实施知识产权服务对接工程，为科技创新型中小微型企业提供全流程知识产权服务。鼓励知识产权服务机构在企业产品出口、服务外包、境外设展、海外投资、品牌输出、专利纳入标准等活动中提供专业化服务，支持“走出去”战略的实施。	部门规章

续表

序号	名称	发文机关	发布时间	生效时间	相关规定摘录	法律法规层级
11	关于加快培育和发展知识产权服务业的指导意见	国家工商行政管理总局；国家质量监督检验检疫总局；国家知识产权局；国家林业局；商务部；科学技术部；农业部；新闻出版总署（包括国家版权局）；国家发展和改革委员会	2012－11－13	2012－11－13	五、促进知识产权服务业发展的主要措施 （二）加大投入力度 推动国家设立知识产权服务业发展专项资金，有条件的地区设立知识产权服务业发展专项资金。落实高技术服务业产业化专项对知识产权服务的支持。实施知识产权服务引导项目，培育知识产权服务品牌机构，支持和引导民营知识产权服务机构健康发展。鼓励金融机构加大信贷支持，推进知识产权质押融资、产业链融资等金融产品创新。综合运用基金、贴息、担保等多种方式，引导吸引信贷资金、外资和社会资本多渠道投向知识产权服务业。	部门规章

续表

序号	名称	发文机关	发布时间	生效时间	相关规定摘录	法律法规层级
12	关于深入实施知识产权战略，促进中原经济区经济社会发展的若干意见	教育部；科学技术部；农业部；文化部；国家知识产权局；国家工商行政管理总局；国家新闻出版广电总局（国家版权局）	2014－01－02	2014－01－02	三、推动知识产权与产业融合发展，促进中原经济区新型工业化 （六）试点推动战略性新兴产业知识产权集群管理，打造产业集群品牌，形成产业集聚区知识产权比较优势。加强知识产权投融资服务体系建设，着力推进知识产权质押融资和专利保险工作，有效推动企业创新发展。 五、发掘传统优质文化资源，做大做强中原经济区特色产业 （十三）有效保护利用传统知识和遗传资源。挖掘区域传统知识和遗传资源，建设传统知识和遗传资源数据库。制定区域传统知识产业化发展规划，完善传统知识的管理、保护和利用协调机制，加强传统知识与现代科技的结合，推动传统知识和遗传资源与旅游、文化等相关产业的融合发展。组织开展遗传资源、传统知识、民间文艺的宣传、教育、培训和保护示范等活动，研究建立传统知识、民间文艺持有人与开发利用者之间的惠益公平分享机制。 （十四）促进特色产业高端发展。加强区域内文化资源利用的统筹规划，避免同质竞争，打造一批特色鲜明，具有国际影响的文化品牌。突出传统文化特色，建设一批特色品牌旅游城市，开发具有知识产权的特色文化旅游商品。继续深化国有文艺院团体制改革，培育一批有影响、上规模的地方剧种品牌企业。 （十五）推动文化产业发展。发挥知识产权制度在文化资源配置中的作用，探索文化知识产权交易所建设，规范文化资产和艺术品交易。培育一批影视娱乐、网络动漫、文化会展、健康养生领域具有知识产权优势的企业。扩大对外版权等知识产权贸易，推动中原文化“走出去”。支持加快国家知识产权创意产业试点园区建设，提升工业设计与创意能力，促进知识产权创意产业集聚。引导形成以创意设计、媒体传播、软件网络等领域为重点的文化产业。加大中原经济区版权示范工作力度，提高作品登记工作水平，积极推进软件正版化工作。	部门规章

续表

序号	名称	发文机关	发布时间	生效时间	相关规定摘录	法律法规层级
13	关于知识产权支持小微企业发展的若干意见	国家知识产权局	2014－10－08	2014－10－08	一、扶持小微企业创新发展 （三）创新知识产权金融服务。建立小微企业知识产权金融服务需求调查制度，深入开展专利价值分析服务和政策宣讲，鼓励小微企业以质押融资、许可转让、出资入股等方式拓展知识产权价值实现渠道。加强与商业银行的知识产权金融服务战略合作，进一步推动开发符合小微企业创新特点的知识产权金融产品，引导各类金融机构为小微企业提供知识产权金融服务。鼓励建立小微企业信贷风险补偿基金，对知识产权质押贷款提供重点支持。加快推动知识产权保险服务纳入小微企业产业引导政策，完善小微企业风险补偿机制。充分发挥支持性财税政策的引导作用，通过财政补贴和风险补偿等方式合理降低贷款、担保和保险等费率。	规章
14	关于进一步推动知识产权金融服务工作的意见	国家知识产权局	2015－03－30	2015－03－30	一、充分认识知识产权与金融结合的重要意义 知识产权是国家发展的战略性资源和国际竞争力的核心要素，金融是现代经济的核心。加强知识产权金融服务是贯彻落实党中央国务院关于加强知识产权运用和保护战略部署的积极举措，是知识产权工作服务经济社会创新发展、支撑创新型国家建设的重要手段。促进知识产权与金融资源的有效融合，有助于拓宽中小微企业融资渠道，改善市场主体创新发展环境，促进创新资源良性循环；有助于建立基于知识产权价值实现的多元资本投入机制，通过增值的专业化金融服务扩散技术创新成果，全面促进知识产权转移转化；有助于引导金融资本向高新技术产业转移，促进传统产业的转型升级和战略性新兴产业的培育发展，提升经济质量和效益。	规章

续表

序号	名称	发文机关	发布时间	生效时间	相关规定摘录	法律法规层级
14	关于进一步推动知识产权金融服务工作的意见	国家知识产权局	2015－03－30	2015－03－30	三、工作重点 （一）深化和拓展知识产权质押融资工作 1. 加强对企业知识产权质押融资的指导和服务。引导企业通过提高知识产权质量，加强核心技术专利布局，提升知识产权质物价值的市场认可度；开展针对企业知识产权质押融资的政策宣讲和实务培训，使企业深入了解相关扶持政策、融资渠道、办理流程等信息；加强专利权质押登记业务培训，规范服务流程，为企业提供高效、便捷、优质的服务；建立质押项目审核及跟踪服务机制，对拟质押的知识产权项目，开展法律状态和专利与产品关联度审查，对在质押知识产权项目进行动态跟踪和管理，强化知识产权保护。 2. 鼓励和支持金融机构广泛开展知识产权质押融资业务。推动并支持银行业金融机构开发和完善知识产权质押融资产品，适当提高对中小微企业贷款不良率的容忍度；鼓励各类金融机构利用互联网等新技术、新工具，丰富和创新知识产权融资方式。 3. 完善知识产权质押融资风险管理机制。引导和支持各类担保机构为知识产权质押融资提供担保服务，鼓励开展同业担保、供应链担保等业务，探索建立多元化知识产权担保机制；利用专利执行保险加强质押项目风险保障，开展知识产权质押融资保证保险，缓释金融机构风险；促进银行与投资机构合作，建立投贷联动的服务模式，提升企业融资规模和效率。	规章

续表

序号	名称	发文机关	发布时间	生效时间	相关规定摘录	法律法规层级
14	关于进一步推动知识产权金融服务工作的意见	国家知识产权局	2015－03－30	2015－03－30	4. 探索完善知识产权质物处置机制。结合知识产权质押融资产品和担保方式创新，研究采用质权转股权、反向许可等形式，或借助各类产权交易平台，通过定向推荐、对接洽谈、拍卖等形式进行质物处置，保障金融机构对质权的实现，提高知识产权使用效益。 （三）积极实践知识产权资本化新模式 2. 推动知识产权金融产品创新。鼓励各地建立知识产权金融服务研究基地，为产品及服务模式创新提供支持；鼓励金融机构开展知识产权资产证券化，发行企业知识产权集合债券，探索专利许可收益权质押融资模式等，为市场主体提供多样化的知识产权金融服务。	规章
15	关于深化体制机制改革加快实施创新驱动发展战略的若干意见	中国共产党中央委员会、国务院	2015－03－13	2015－03－13	（十二）拓宽技术创新的间接融资渠道 完善商业银行相关法律。选择符合条件的银行业金融机构，探索试点为企业创新活动提供股权和债权相结合的融资服务方式，与创业投资、股权投资机构实现投贷联动。 政策性银行在有关部门及监管机构的指导下，加快业务范围内金融产品和服务方式创新，对符合条件的企业创新活动加大信贷支持力度。 稳步发展民营银行，建立与之相适应的监管制度，支持面向中小企业创新需求的金融产品创新。 建立知识产权质押融资市场化风险补偿机制，简化知识产权质押融资流程。加快发展科技保险，推进专利保险试点。	规章

续表

序号	名称	发文机关	发布时间	生效时间	相关规定摘录	法律法规层级
16	关于进一步加强知识产权运用和保护助力创新创业的意见	国家知识产权局等五部委	2015-09-07	2015-09-07	二、完善知识产权政策体系降低创新创业门槛 （三）综合运用知识产权政策手段。引导广大创新创业者创造和运用知识产权，健全面向高校院所科技创新人才、海外留学回国人员等高端人才和高素质技术工人创新创业的知识产权扶持政策，对优秀创业项目的知识产权申请、转化运用给予资金和项目支持。进一步细化降低中小微企业知识产权申请和维持费用的措施。充分发挥和落实各项财税扶持政策作用，支持在校大学生和高校毕业生、退役军人、登记失业人员、残疾人等重点群体运用专利创新创业。在各地专利代办处设立专门服务窗口，为创新创业者提供便捷、专业的专利事务和政策咨询服务。 （四）拓宽知识产权价值实现渠道。深化事业单位科技成果使用、处置和收益管理改革试点，调动单位和人员运用知识产权的积极性。支持互联网知识产权金融发展，鼓励金融机构为创新创业者提供知识产权资产证券化、专利保险等新型金融产品和服务。完善知识产权估值、质押、流转体系，推进知识产权质押融资服务实现普遍化、常态化和规模化，引导银行与投资机构开展投贷联动，积极探索专利许可收益权质押融资等新模式，积极协助符合条件的创新创业者办理知识产权质押贷款。支持符合条件的省份设立重点产业知识产权运营基金，扶持重点领域知识产权联盟建设，通过加强知识产权协同运用助推创业成功。	规章

续表

序号	名称	发文机关	发布时间	生效时间	相关规定摘录	法律法规层级
17	关于新形势下加快知识产权强国建设的若干意见	国务院	2015－12－18	2015－12－18	三、实行严格的知识产权保护 （八）加大知识产权侵权行为惩治力度。推动知识产权保护法治化，发挥司法保护的主导作用，完善行政执法和司法保护两条途径优势互补、有机衔接的知识产权保护模式。 四、促进知识产权创造运用 （十八）提升知识产权附加值和国际影响力。实施专利质量提升工程，培育一批核心专利。加大轻工、纺织、服装等产业的外观设计专利保护力度。深化商标富农工作。加强对非物质文化遗产、民间文艺、传统知识的开发利用，推进文化创意、设计服务与相关产业融合发展。支持企业运用知识产权进行海外股权投资。积极参与国际标准制定，推动有知识产权的创新技术转化为标准。支持研究机构和社会组织制定品牌评价国际标准，建立品牌价值评价体系。支持企业建立品牌管理体系，鼓励企业收购海外知名品牌。保护和传承中华老字号，大力推动中医药、中华传统餐饮、工艺美术等企业“走出去”。 七、加强组织实施和政策保障 （三十二）加强宣传引导。各地区、各有关部门要加强知识产权文化建设，加大宣传力度，广泛开展知识产权普及型教育，加强知识产权公益宣传和咨询服务，提高全社会知识产权意识，使尊重知识、崇尚创新、诚信守法理念深入人心，为加快建设知识产权强国营造良好氛围。	规章

续表

序号	名称	发文机关	发布时间	生效时间	相关规定摘录	法律法规层级
18	关于强化实施创新驱动发展战略进一步推进大众创业万众创新深入发展的意见	国务院	2017－07－21	2017－07－21	三、拓展企业融资渠道 不断完善金融财税政策，创新金融产品，扩大信贷支持，发展创业投资，优化投入方式，推动破解创新创业企业融资难题。 （九）完善债权、股权等融资服务机制，为科技型中小企业提供覆盖全生命周期的投融资服务。稳妥推进投贷联动试点工作。推广专利权质押等知识产权融资模式，鼓励保险公司为科技型中小企业知识产权融资提供保证保险服务，对符合条件的由地方各级人民政府提供风险补偿或保费补贴。持续优化科技型中小企业直接融资机制，稳步扩大创新创业公司债券试点规模。支持政府性融资担保机构为科技型中小企业发债提供担保。鼓励地方各级人民政府建立政银担、政银保等不同类型的风险补偿机制。（银监会、人民银行、保监会、财政部、科技部、国家知识产权局、证监会等部门按职责分工负责）。	规章
19	“十三五”国家知识产权保护和运用规划重点任务分工方案	国务院知识产权战略实施工作部际联席会议办公室	2017－08－17	2017－08－17	二、主要任务 （三）促进知识产权高效运用。 31. 完善“知识产权＋金融”服务机制，深入推进质押融资风险补偿试点。（知识产权局、工业和信息化部、文化部、人民银行、工商总局、银监会负责）。 三、重点工作 （二）提升知识产权保护水平。 70. 开展遗传资源、传统知识和民间文艺等知识产权资源调查。（科技部、环境保护部、农业部、文化部、新闻出版广电总局（版权局）、林业局按职责分别负责）。	规章

续表

序号	名称	发文机关	发布时间	生效时间	相关规定摘录	法律法规层级
19	“十三五”国家知识产权保护和运用规划重点任务分工方案	国务院知识产权战略实施工作部际联席会议办公室	2017－08－17	2017－08－17	71. 制定非物质文化遗产知识产权工作指南，加强对优秀传统知识资源的保护和运用。（文化部负责）。 72. 完善传统知识和民间文艺登记、注册机制，鼓励社会资本发起设立传统知识、民间文艺保护和发展基金。（文化部、新闻出版广电总局（版权局）、财政部按职责分别负责）。 75. 建立民间文艺作品的使用保护制度。（文化部、新闻出版广电总局（版权局）按职责分别负责）。 （三）提高知识产权质量效益 96. 加快知识产权运营公共服务平台体系建设，为专利转移转化、收购托管、交易流转、质押融资、专利导航等提供平台支撑，提高专利运用效益。制定出台相关政策，营造良好的专利保护环境，促进高质量创造和高价值专利实施。（知识产权局、财政部、国防科工局、中央军委装备发展部负责）。 四、重大专项 154. 优化质押融资服务机制，鼓励有条件的地区建立知识产权保险奖补机制。（知识产权局、银监会、保监会负责）。 156. 深入开展知识产权质押融资风险补偿基金和重点产业知识产权运营基金试点。（财政部、知识产权局牵头）。 157. 探索知识产权证券化，完善知识产权信用担保机制，推动发展投贷联动、投保联动、投债联动等新模式。创新知识产权投融资产品。在全面创新改革试验区引导创业投资基金、股权投资基金加强对知识产权领域的投资。（人民银行、工商总局、新闻出版广电总局（版权局）、知识产权局、银监会、证监会按职责分别负责）。	规章

续表

序号	名称	发文机关	发布时间	生效时间	相关规定摘录	法律法规层级
20	关于抓紧落实专利质押融资有关工作的通知	国家知识产权局	2017-10-19	2017-10-19	一、加快扩大工作覆盖面 加强总结交流，加快扩展专利质押融资工作覆盖面。2017年11月底前，应组织辖区内各地市深入开展专利质押融资工作总结和经验交流，认真梳理全省（含各地市）已出台的各项政策措施，并在此基础上，以年均20%以上的增长目标（新增服务企业数量或项目数）制定全省推进专利质押融资工作方案（2018—2020年）。2018年6月底前，辖区内70%以上的地市建立完善专利质押融资服务和促进机制，并将专利质押融资工作纳入年度计划；50%以上的地市专利质押融资工作有政策保障、有专人负责、有经费支持、有平台服务；省会等中心城市实现常态化开展；省知识产权局建立全省专利质押融资工作年度考核机制。 二、抓紧建立健全风险分担及补偿机制 发挥试点效应，尽快建立健全专利质押融资风险分担及补偿机制。国家专利质押融资风险补偿试点省份要在落实《关于引入专利质押融资保证保险完善专利质押融资风险补偿机制的通知》（国知办函管字〔2017〕96号）要求的基础上，加快组织省内有关地市深化创新试点工作，2018年6月底前将取得的经验在辖区内80%以上的地市进行推广。尚未建立风险补偿机制的省份，要引入专利保险机制，设立地方性风险补偿资金，积极引导企业为质押项目购买专利执行保险和融资保证保险，2018年上半年实现贷款、保险、财政风险补偿捆绑的专利权质押融资项目落地。	规章

续表

序号	名称	发文机关	发布时间	生效时间	相关规定摘录	法律法规层级
20	关于抓紧落实专利质押融资有关工作的通知	国家知识产权局	2017－10－19	2017－10－19	三、加强项目对接与服务 积极提供服务，做好项目对接。各省知识产权局应经常性组织开展需求调查，并会同有关部门结合企业的融资需求及企业核心专利的运营情况，建立分类的需求项目库，及时加强服务供给，有效促进项目对接。强化专利项目担保和资产评估服务，鼓励引进或培育专利资产评估等服务机构，加强业务培训，提升服务能力；探索建立科学、快捷的专利资产评估模式，加强对专利资产评估服务的规范、指导和监督。 四、完善质权风险管理 加强知识产权保护，支持开展质权风险管理。按照《担保法》和《专利权质押登记办法》要求，做好专利权质押登记服务，确保质权合格并及时生效。对本地区在质押的专利项目实施法律状态跟踪，一旦发现问题及时通报质权人并协助开展风险管控；将知识产权管理制度不够健全、管理能力相对较弱的创新型中小企业列入重点名单，提供及时有效的知识产权保护。 五、开展专利权质押登记试点 国家知识产权局计划开展专利权质押登记试点，授权试点地区开展质押登记请求的受理、审查、发出质押登记通知书等服务，同时便于各地掌握项目情况，有利于开展相关服务和促进工作。对于专利权质押融资业务量较大，工作基础较好的地区，特别是知识产权综合管理改革试点地区、知识产权运营服务体系建设重点城市及双创示范基地所在省份，可以申请开展专利权质押登记试点。鼓励有条件的地区，试点期间在当地政务大厅设立专利权质押登记服务窗口，进一步提升服务质量和效率。	规章

续表

序号	名称	发文机关	发布时间	生效时间	相关规定摘录	法律法规层级
21	关于进一步加强知识产权质押融资工作的通知	中国银行保险监督管理委员会；国家知识产权局；国家新闻出版署（国家版权局）	2019－08－16	2019－08－17	一、优化知识产权质押融资服务体系 （一）银行保险机构、知识产权质权登记机构应当统一思想认识、保持战略定力，高度重视知识产权质押融资工作的重要性。鼓励银行保险机构积极开展知识产权质押融资业务，支持具有发展潜力的创新型（科技型）企业。 （二）支持商业银行建立专门的知识产权质押融资管理制度。大型银行、股份制银行应当研究制定知识产权质押融资业务的支持政策，并指定专门部门负责知识产权质押融资工作。 （三）鼓励商业银行在风险可控的前提下，通过单列信贷计划、专项考核激励等方式支持知识产权质押融资业务发展，力争知识产权质押融资年累放贷款户数、年累放贷款金额逐年合理增长。 （四）支持商业银行建立适合知识产权质押融资特点的风险评估、授信审查、授信尽职和奖惩制度，创新信贷审批制度和利率定价机制。鼓励商业银行通过科技支行重点营销知识产权质押贷款等金融产品。鼓励商业银行积极探索知识产权金融业务发展模式，根据自身业务特色和经营优势，重点支持知识产权密集的创新型（科技型）企业的知识产权质押融资需求。 二、加强知识产权质押融资服务创新 （五）鼓励商业银行对企业的专利权、商标专用权、著作权等相关无形资产进行打包组合融资，提升企业复合型价值，扩大融资额度。研究扩大知识产权质押物范围，积极探索地理标志、集成电路布图设计作为知识产权质押物的可行性，进一步拓宽企业融资渠道。	规章

续表

序号	名称	发文机关	发布时间	生效时间	相关规定摘录	法律法规层级
21	关于进一步加强知识产权质押融资工作的通知	中国银行保险监督管理委员会；国家知识产权局；国家新闻出版署（国家版权局）	2019-08-16	2019-08-17	（六）鼓励商业银行建立对企业科技创新能力的评价体系，通过综合评估企业专利权、商标专用权、著作权等知识产权价值等方式，合理分析企业创新发展能力和品牌价值，通过知识产权质押融资业务把握企业发展方向。商业银行应当积极同相关部门合作，完善对创新型（科技型）企业的认定及评价机制。支持商业银行运用云计算、大数据、移动互联网等新技术研发知识产权质押融资新模式。鼓励商业银行在提供知识产权质押融资服务基础上，为企业提供综合金融服务。 （七）支持商业银行与知识产权密集型产业园区开展战略性合作，给予园区合理的意向性授信额度。鼓励商业银行加大对产业供应链中的创新型（科技型）小微企业的融资支持力度，促成小微企业知识产权质押“首贷”，进一步探索将小微企业纳入知识产权金融服务体系的有效途径。 （八）支持商业银行与投资基金等具备投资能力和条件的机构开展合作，积极支持拥有较高技术水平、良好市场前景的知识产权质押融资借款人。支持保险机构依法合规投资知识产权密集的创新型（科技型）小微企业，有效提升保险机构金融综合服务能力。 三、健全知识产权质押融资风险管理 （九）商业银行开展知识产权质押融资业务应当对出质人及质物进行调查，办理质权登记，加强对押品的动态管理，定期分析借款人经营情况，对可能产生风险的不利情形要及时采取措施。	规章

续表

序号	名称	发文机关	发布时间	生效时间	相关规定摘录	法律法规层级
21	关于进一步加强知识产权质押融资工作的通知	中国银行保险监督管理委员会；国家知识产权局；国家新闻出版署（国家版权局）	2019－08－16	2019－08－17	（十）鼓励商业银行培养知识产权质押融资专门人才，建立知识产权资产评估机构库，加强对知识产权第三方资产评估机构的合作准入与持续管理。逐步建立和完善知识产权内部评估体系，加强内部风险评估、资产评估能力建设，探索开展内部评估。支持商业银行探索以协商估值、坏账分担为核心的中小微企业知识产权质押融资模式。 （十一）商业银行知识产权质押融资不良率高出自身各项贷款不良率3个百分点（含）以内的，可不作为监管部门监管评级和银行内部考核评价的扣分因素。商业银行应当进一步建立健全符合知识产权质押融资特点的内部尽职免责机制和科学的绩效考核机制。对经办人员在知识产权质押融资业务办理过程中已经尽职履责的，实行免责。 （十二）鼓励保险机构在风险可控前提下，开展与知识产权质押融资相关的保证保险业务。鼓励保险机构开展知识产权被侵权损失保险、侵权责任保险等保险业务，为知识产权驱动创新发展提供保险服务。 四、完善知识产权质押融资保障工作 （十三）银行保险监督管理部门与知识产权管理部门、版权管理部门建立知识产权金融协同工作机制，加强信息数据共享，共同推动知识产权质押融资相关支持政策的制定和实施工作。	规章

续表

序号	名称	发文机关	发布时间	生效时间	相关规定摘录	法律法规层级
21	关于进一步加强知识产权质押融资工作的通知	中国银行保险监督管理委员会；国家知识产权局；国家新闻出版署（国家版权局）	2019－08－16	2019－08－17	（十四）各银保监局、地方知识产权管理部门、地方版权管理部门等应当加强对本地区知识产权金融工作的组织领导，制定和完善本地区知识产权金融工作的具体措施。各银保监局、地方知识产权管理部门、地方版权管理部门要与地方政府有关部门加强合作，推动建立和完善知识产权质押融资的风险分担和损失补偿机制，促进知识产权质押融资业务可持续发展。 （十五）各银保监局、地方知识产权管理部门、地方版权管理部门应当积极为商业银行与创新型（科技型）企业创造对接机会与平台。推动建立知识产权资产评估机构库、专家库和知识产权融资项目数据库，推进知识产权作价评估标准化，为商业银行开展知识产权质押融资创造良好条件。地方知识产权管理部门和地方版权管理部门应当加强对商业银行知识产权押品动态管理的专项服务，联合商业银行探索知识产权质物处置、流转的有效途径，充分发挥国家知识产权运营公共服务平台等各类知识产权交易平台作用，做好质物处置工作。 （十六）知识产权管理部门、版权管理部门推动建立统一的专利权、商标专用权、著作权质押登记公示信息平台，便于商业银行、社会公众等进行查询。对于商业银行行使质权获得的知识产权等，可按程序减免维持费用。知识产权质权登记机构应当不断优化知识产权质押登记流程，缩短登记时间。	规章

续表

序号	名称	发文机关	发布时间	生效时间	相关规定摘录	法律法规层级
21	关于进一步加强知识产权质押融资工作的通知	中国银行保险监督管理委员会；国家知识产权局；国家新闻出版署（国家版权局）	2019－08－16	2019－08－17	（十七）商业银行应当加强知识产权质押融资业务的统计分析，定期向银行保险监督管理部门报送知识产权质押融资统计数据及相关工作情况。各级银行保险监督管理部门、知识产权管理部门、版权管理部门应当积极促进银行保险机构之间、银行保险机构与知识产权运营服务机构之间的交流，适时对辖内银行保险机构、知识产权运营服务机构开展知识产权质押融资业务情况进行评估，对业务开展良好的商业银行可按规定实施监管激励。 （十八）鼓励商业银行以外的银行业金融机构以及经银保监会或银保监局批准设立的其他金融机构参照本通知的规定，积极开展知识产权质押融资业务，支持具有发展潜力的创新型（科技型）企业。 （十九）各级银行保险监督管理部门、知识产权管理部门、版权管理部门要及时总结交流知识产权质押融资典型案例和良好经验；对于政策执行过程中出现的问题和困难，要加强研究，及时报告上级主管部门。	规章

续表

序号	名称	发文机关	发布时间	生效时间	相关规定摘录	法律法规层级
22	民法典（物权编）	全国人民代表大会常务委员会	2020－05－28	2020－01－01	《民法典》第一百二十三条　民事主体依法享有知识产权。 知识产权是权利人依法就下列客体享有的专有的权利： （一）作品； （二）发明、实用新型、外观设计； （三）商标； （四）地理标志； （五）商业秘密； （六）集成电路布图设计； （七）植物新品种； （八）法律规定的其他客体。 第四百四十条　债务人或者第三人有权处分的下列权利可以出质： （一）汇票、本票、支票； （二）债券、存款单； （三）仓单、提单； （四）可以转让的基金份额、股权； （五）可以转让的注册商标专用权、专利权、著作权等知识产权中的财产权； （六）现有的以及将有的应收账款； （七）法律、行政法规规定可以出质的其他财产权利。 第四百四十一条　以汇票、本票、支票、债券、存款单、仓单、提单出质的，质权自权利凭证交付质权人时设立；没有权利凭证的，质权自办理出质登记时设立。法律另有规定的，依照其规定。 第四百四十四条　以注册商标专用权、专利权、著作权等知识产权中的财产权出质的，质权自办理出质登记时设立。 知识产权中的财产权出质后，出质人不得转让或者许可他人使用，但是出质人与质权人协商同意的除外。出质人转让或者许可他人使用出质的知识产权中的财产权所得的价款，应当向质权人提前清偿债务或者提存。	法律

附录三　知识产权质押融资地区性法规及相关政策（摘录）

1. 湖北省：《武汉市知识产权发展专项资金使用管理办法》，对专利权质押贷款贴息的比例上限到 50%，最高额度 50 万元，以降低企业专利权质押贷款成本。为鼓励和规范企业知识产权质押融资，促进拥有自主知识产权的企业加快发展湖北省宜昌市制定了《宜昌市知识产权质押融资管理办法》。

2. 天津市：《天津市专利权质押贷款实施指导意见》，明确规定“信贷人员勤勉尽职免责条款”，有力调动了银行开展专利权质押贷款的积极性。同时天津市于 2013 年出台《天津市知识产权局专利权质押贷款操作暂行办法》，加强天津地区专利技术的转化，更好地推进专利技术产业化进程。天津市知识产权局也制定了《天津市专利权质押贷款专利评估费补贴办法》。

3. 甘肃省：《甘肃省专利权质押融资指导意见》《甘肃省中小微企业专利权质押融资办法》，对担保机构开展的符合条件的专利权质押融资担保业务给予 1% ~2% 的担保费奖励；对中小微企业通过专利权质押方式获得银行贷款，按贷款年利息的 50% 给予贴息补助；对为融资而发生的专利权评估费给予补贴。

4. 江苏省：《江苏省科技成果转化风险补偿专项资金管理办法》，对所贷项目，苏南地区相关市、县（区）风险补偿资金承担 50% 的贷款本金损失风险，苏中和苏北地区相关市、县（区）风险补偿资金承担 40% 的贷款本金损失风险，剩余贷款本金损失风险由省风险补偿资金与合作金融机构承担，贷款利息损失风险由合作金融机构承担。同时，江苏省知识产权局出台了《关于深入推进专利质押融资工作的通知》。

5. 山东省：2014 年《山东省科技型小微企业知识产权质押融资暂行办法》加大对科技型小微企业的金融支持力度，拓宽科技型小微企业融资渠道，促进知识产权质押融资工作深入开展。2015 年，山东出台《山东省小微企业知识产权质押融资项目管理办法》的通知，同时印发《山东省专利权“政银保”融资试点工作的通知》，将保险引入知识产权质押融资，开发形成贷款+保险+财政风险补偿的专利质押融资模式的新模式。2016年，印发《山东省知识产权质押融资风险补偿基金管理办法》。2019年，省市场监管局（知识产权局）、省财政厅、省地方金融监督管理局、中国银行保险监督管理委员会山东监管局联合印发《山东省知识产权质押融资风险补偿资金使用管理实施细则》（以下简称《实施细则》），对在山东省依法设立的各类银行机构知识产权质押贷款产生的风险给予专项资金补偿。

6. 上海市：《上海市知识产权质押评估实施办法（试行）》和《上海市知识产权质押评估技术规范（试行）》以及《上海市知识产权质押登记服务指南》（2010年）、上海市人民政府办公厅转发市金融办等七部门《关于本市促进知识产权质押融资工作实施意见的通知》（2009年）。同时，上海市下设的区政府也出台了相应的知识产权质押融资的实施细则，如徐汇区出台《徐汇区知识产权质押融资实施细则（试行）》、闵行区颁布实施《闵行区知识产权质押融资管理办法》及《闵行区知识产权质押融资管理（暂行）办法》、浦东新区制定《知识产权质押融资专项资金操作细则》《闸北区知识产权质押融资实施办法》等。

7. 河北省：2014年，省科学技术厅、省知识产权局等五部门印发了《河北省专利权质押贷款管理办法》，结合河北省实际，就拓宽企业融资渠道，推进知识产权质押融资，推进专利技术产业化进程，强化自主创新作出了较为系统的规定。

8. 浙江省：颁布实施了《浙江省专利权质押贷款管理办法》，同时浙江省知识产权局于2015年印发了《浙江省知识产权局关于进一步推进专利权质押融资工作发展的若干意见》，推动浙江省专利权质押融资工作的纵深发展，加快实现专利权的市场价值。

9. 广东省：2009年1月，国家知识产权局正式确定广东省佛山市南海区等6家知识产权局为首批知识产权质押融资试点单位。2009年9月，广东省又批准广州市、东莞市等6家单位为第二批试点单位。为此，佛山市南海区为推动全区知识产权质押融资工作，先后出台《知识产权质押融资试点工作方案》《知识产权质押贷款贴息资金专项资金管理暂行办法》及《知识产权质押融资中介机构扶持补贴管理暂行办法》，同时制定了《南海知识产权交易平台知识产权质押融资中介机构管理暂行办法》。东莞市为了促进知识产权质押融资工作顺利发展，以市政府的名义先后颁布了《东莞市科技金融结合试点市科技贷款风险准备金管理暂行办法》《东莞市专利权质押管理暂行办法》《东莞市专利资产评估及交易资助暂行办法》和《东莞市专利权质押贷款操作指引（暂行）》等一系列政策。

10. 吉林省：吉林省从共担风险、贷款贴息、费用补助等方面出台了相关优惠政策，支持知识产权质押贷款发展。银行机构通过多种模式向企业提供知识产权质押贷款，全省知识产权质押贷款增速较高，但目前仍存在知识产权价值评估体系不完善、质押物不易处置、贷款风险防控难等问题。2018 年，吉林省科学技术厅、吉林省财政厅、吉林省金融工作办公室联合印发了《吉林省知识产权质押贷款实施细则（试行）》。吉林银行制定了《吉林银行小企业知识产权质押贷款操作规程》，明确和规范了知识产权质押融资业务的办理条件及操作流程。省联社制定了《吉林省农村信用社知识产权质押贷款管理办法》等。

11. 辽宁省：为进一步引导银行业等金融机构拓展知识产权质押融资业务，缓解中小企业融资难的问题，辽宁知识产权局会同省财政厅、省政府金融办联合印发了《关于设立知识产权质押融资风险补偿基金的通知》（辽财指企〔2016〕323 号）。该基金由中央财政和试点市级财政共同设立，在沈阳、大连、鞍山、抚顺、本溪、锦州、阜新、辽阳、朝阳和盘锦 10 个市开展试点。

12. 福建省：2009 年，福建省知识产权局等三部门联合出台了《福建省专利权质押融资工作指导意见》。2012 年，福建省知识产权局、省财政厅联合印发了《福建省企业专利权质押贷款贴息办法》。

13. 重庆市：2015 年，重庆市出台了《重庆市知识产权质押融资管理办法（试行）》。2015 年 8 月，重庆市知识产权局联合市科委、市财政局、市金融办印发《重庆市知识产权质押融资管理办法（试行）》及《重庆市知识产权质押融资操作指引（试行）》，就知识产权质押融资各方主体重点关注的申请条件及政策扶持等作出了明确规定，为科技企业以知识产权质押融资创建了较完备的政策环境和服务体系。

14. 江西省：2015 年，江西省政府印发《江西省中小微企业知识产权质押融资管理办法（暂行）》，正式启动中小微企业知识产权质押融资工作。同时，启动了省级知识产权质押融资试点工作。经过申报和审核，九江市、赣州市、新余市和共青城市知识产权局被列为全省首批知识产权质押融资试点单位。此前，南昌市已于 2009 年被国家知识产权局批准为全国首批知识产权质押融资试点单位，并开展了大量的质押融资工作。

15. 陕西省：2015 年，陕西省印发《陕西省知识产权质押贷款管理办法（试行）》。2016 年，山西省知识产权局印发《陕西省专利权质押贷款评估资助办法》，规范专利权质押融资工作，降低企业专利权质押贷款成本，促进专利实施运用。

16. 山西省：2017 年，山西省人民政府印发《关于印发山西省支持科技创新若干政策的通知》（晋政办发〔2017〕148 号），规定对以专利质押贷款方式融资达到 300 万元及以上的企业，一次性补助贷款利息、担保、评估等费用总额的 50%，最高补助 20 万元。为落实该项条款，山西省知识产权局于 2019 年制定了《省级专利权质押贷款资助实施细则（试行）》。

17. 海南省：2018 年，海南省财政厅等三部门联合印发《海南省专利权质押融资暂行管理办法》。

18. 河南省：2017 年，河南省知识产权局会同省财政厅联合出台了《河南省专利权质押融资奖补项目管理办法》，对企业以发明专利权、实用新型专利权出质的形式获得金融系统贷款的融资方式给予奖补。2018 年，河南省知识产权局印发《河南省知识产权局关于进一步推动知识产权质押融资工作的意见》，强调加强对企业知识产权质押融资的指导和服务，鼓励和支持金融机构广泛开展知识产权质押融资业务，完善知识产权质押融资风险管理机制等。

19. 贵州省：2018 年，贵州省政府印发《贵州省专利权质押贷款贴息补助管理办法》。

20. 新疆维吾尔自治区：2015 年，新疆维吾尔自治区知识产权局等三部门联合印发《新疆维吾尔自治区专利权质押贷款管理办法（试行）》，加快推进新疆知识产权战略的实施，充分挖掘专利权无形资产的价值，拓宽企业融资渠道，促进专利技术与金融资本结合，规范专利权质押贷款工作，推进专利技术产业化进程，推进新疆跨越式发展和长治久安。

21. 广西壮族自治区：2018 年，广西壮族自治区人民政府印发广西壮族自治区专利权质押融资项目管理试行办法》，就加快推进贷款、保险、财政风险补偿捆绑的专利权质押融资服务，推动专利权质押融资工作等作出了系统规定。

22. 内蒙古自治区："十二五"期间，印发《内蒙古自治区推进知识产权金融服务工作实施方案》《内蒙古自治区注册商标专用权质押贷款暂行办法》，为拓宽企业融资渠道，发挥专利商标等无形资产的价值提供了政策支持。同时，2017 年，内蒙古自治区印发《内蒙古自治区知识产权事业发展“十三五”规划》的通知，强调完善知识产权投融资机制，促进知识产权资源与金融资本的有效对接。鼓励、引导金融资本对知识产权实施和产业化的资金投入，支持拥有自主知识产权的企业发行企业债券或在境内外上市融资，推动建立质押融资、风险投资、保险、担保等多种形式知识产权投融资体系。在现有专利、商标、版权交易中心的基础上，继续发展一批知识产权交易平台，不断完善交易机制，逐步形成信息充分、交易活跃、秩序良好的知识产权交易市场体系，实现知识产权的市场价值。

23. 湖南省：长沙市出台《长沙市知识产权质押贷款贴息和补助管理办法》，对企业知识产权质押贷款补贴年利息的 20%，并对银行、担保机构给予一定资助。

附录四　知识产权质押融资司法案例一览表

案件序号	案由	案件名称	审理法院	案号	当事人原告（被告）	标的	担保形式（单一担保、组合担保）	是否登记	胜诉方	法律依据（法律条文）	裁判要点	索赔数额	
1	金融借款合同纠纷	北京农村商业银行股份有限公司门头沟支行诉北京幻聪影视文化有限公司等金融借款合同纠纷案	北京市门头沟区人民法院	（2009）门民初字第350号	原告：北京农村商业银行股份有限公司门头沟支行。负责人郑某明； 被告：北京幻聪影视文化有限公司。 被告：朱某峰	借款合同、质押合同、保证合同、权利质押清单、著作权质押合同登记证、借款借据、债权催收通知书	组合担保。1. 朱学峰签订保证合同，担当保证人。2. 双方签订质押合同，约定幻聪公司用其制作的电视剧《生死邂逅》在中国大陆地区（有线、无线和卫星电视放映权；《烈火金刚》在中国大陆地区电视台和电视频道的独家放映权及音像制品发行权；《非常道》在全国范围内除北京、江苏、浙江、湖北、河北、西北五省以外地区的无线、有线电视放映权；《沙家浜》电视剧的发行权对上述债务承担质押担保责任	未办理质押登记	原告胜诉	《中华人民共和国合同法》第二百零六条、第二百零七条，《中华人民共和国担保法》第十八条、第三十一条，《中华人民共和国物权法》第二百二十七条第一款，《中华人民共和国民事诉讼法》第一百三十条之规定	幻聪公司与农商行门头沟支行虽签订质押合同，但双方未办理质押合同登记，质权人农商行门头沟支行的质权未依法设立。	借款本金490.8万元、截至2008年12月20日利息479 105.76元以及自2008年12月21日起至全部款项付清之日止所生利息、复利、罚息；实现本案债权的费用	

续表

案件序号	案由	案件名称	审理法院	案号	当事人原告（被告）	标的	担保形式（单一担保、组合担保）	是否登记	胜诉方	法律依据（法律条文）	裁判要点	索赔数额	
2	买卖合同纠纷	浙江千年菊坊生物技术有限公司诉桐乡市春发菊业有限公司买卖合同纠纷案	浙江省桐乡市人民法院	（2010）嘉桐商初字第930号	原告：浙江千年菊坊生物技术有限公司 被告：桐乡市春发菊业有限公司。	《产品购销合同》《商标权质押合同》《房地产抵押合同》《附条件生效的商标权转让书》	组合担保。履约金、保证金以及商标权质押	未登记	原告胜诉	《中华人民共和国合同法》第六十条、第九十四条第（四）项、第九十七条、第一百零七条、第一百一十五条、第一百一十六条、第一百三十八条，《中华人民共和国民事诉讼法》第六十四条、第一百二十八条的规定	1. 原告浙江千年菊坊生物技术有限公司与被告桐乡市春发菊业有限公司于2010年9月10日签订的《产品购销合同》［合同编号：2010千年菊坊购（1）号］予以解除；2. 被告桐乡市春发菊业有限公司应于本判决生效之日起十日内向原告浙江千年菊坊生物技术有限公司双倍返还定金300万元；3. 被告桐乡市春发菊业有限公司应于本判决生效之日起十日内向原告浙江千年菊坊生物技术有限公司返还履约保证金350万元	被告双倍返还定金计300万元；返还履约保证金350万元	

续表

案件序号	案由	案件名称	审理法院	案号	当事人原告（被告）	标的	担保形式（单一担保、组合担保）	是否登记	胜诉方	法律依据（法律条文）	裁判要点	索赔数额	
3	追偿权纠纷	××中心诉上海××通讯技术有限公司追偿权纠纷案	上海市浦东新区人民法院	（2012）浦民二（商）初字第2031号	原告××中心 被告上海××通讯技术有限公司 被告×× 被告××	借款合同，知识产权质押融资委托保证协议，支付凭证	组合担保。 1. 原告与被告××、××签订了保证反担保合同为被告××公司借款提供反担保 2. 知识产权质押融资委托保证协议	未办理质押登记	原告胜诉	《中华人民共和国合同法》第六十条第一款、《中华人民共和国合同法》第一百零七条、《中华人民共和国担保法》第四条、《中华人民共和国担保法》第十八条、《中华人民共和国担保法》第二十一条	1. 被告××给被告××出具承诺书，认为相关款项由其个人偿还，但这系两被告的内部约定，不影响两被告对外向原告承担连带担保责任。两被告承担担保责任后，有权向被告××公司追偿。 2. 参照本市律师收费标准的相关规定，原告主张的律师费属于合理范围，故本院予以支持	律师费4万元。代偿款为411137.76元，利息损失为以451137.76元为基数，自2012年5月29日至11月15日，以411137.76元为基数，自2012年11月16日至全部付清之日，均按银行同期贷款利率计算	

续表

案件序号	案由	案件名称	审理法院	案号	当事人原告（被告）	标的	担保形式（单一担保、组合担保）	是否登记	胜诉方	法律依据（法律条文）	裁判要点	索赔数额	
4	借款合同纠纷	原告镇平县农村信用合作联社诉被告南阳开天工程机械有限公司借款合同纠纷案	河南省镇平县人民法院	（2012）镇民初字第185号	原告：镇平县农村信用合作联社 被告：南阳开天工程机械有限公司	借款合同，专利权质押合同及登记通知书	单一担保（新型专利知识产权质押担保）	办理质押登记	原告胜诉	中华人民共和国合同法 第二百零五条 中华人民共和国合同法 第二百零六条 中华人民共和国合同法 第二百零七条 中华人民共和国物权法 第二百零八条 中华人民共和国物权法 第二百二十三条 中华人民共和国民事诉讼法（2007 修正）第一百三十条 中华人民共和国民事诉讼法（2007 修正）第二百二十九条	原、被告间签订的专利权质押合同有效，原告享有优先受偿权。	1. 立即偿还借款 1400000 元及利息（按合同约定的逾期利息计算至还款之日） 2. 案件受理费由被告承担	

续表

案件序号	案由	案件名称	审理法院	案号	当事人原告（被告）	标的	担保形式（单一担保、组合担保）	是否登记	胜诉方	法律依据（法律条文）	裁判要点	索赔数额	
5	民间借贷纠纷	潘太亮诉北京康乾光澍影视投资有限公司民间借贷纠纷案	北京市丰台区人民法院	（2013）丰民初字第19832号	原告：潘太亮 被告：北京康乾光澍影视投资有限公司	借款合同、对账单、潘某亮名下招商银行账户交易明细、安某林名下招商银行账户交易明细、尔某旭名下招商银行账户交易明细、康乾光澍公司工商登记档案、国产电视剧发行许可证、购买剧本协议书、聘用职员合同书	单一担保。康乾光澍公司以××版权中财产权作为质押	未办理质押登记	原告胜诉	《中华人民共和国民法通则》第一百零八条	债务应当清偿	被告康乾光澍公司与原告潘某亮签订《借款合同》所借的3900万元	
6	民间借贷纠纷	国龙联盟投资股份有限公司诉兰某寅民间借贷纠纷案	北京市朝阳区人民法院	（2013）朝民初字第34519号	原告：国龙联盟投资股份有限公司。 被告：兰某寅	《国龙联盟投资股份有限公司借款协议》《国龙联盟合作合同》	单一担保。兰某寅作为甲方（借款人）、国龙联盟公司作为乙方（出借人）签订《国龙联盟投资股份有限公司借款协议》，甲方以其享有的著作权质押给乙方	未办理质押登记	原告胜诉	《中华人民共和国合同法》第二百零五条、第二百零六条	双方已约定将国龙联盟公司支付给兰某寅的400万元作为借款，故兰某寅应依约承担还款责任。兰某寅已偿还200万元。国龙联盟公司有权要求其承担偿还剩余借款的义务	要求兰某寅偿还借款200万元，并支付利息。兰某寅支付国龙联盟公司违约金，兰某寅承担本案诉讼费用	

续表

案件序号	案由	案件名称	审理法院	案号	当事人原告（被告）	标的	担保形式（单一担保、组合担保）	是否登记	胜诉方	法律依据（法律条文）	裁判要点	索赔数额	
7	追偿权纠纷案	上海浦东生产力促进中心诉上海雅达特种涂料有限公司等追偿权纠纷案	上海市浦东新区人民法院	（2013）浦民二（商）初字第S3867号	原告：上海浦东生产力促进中心 被告：上海雅达特种涂料有限公司 被告：WEIX-INGGU（顾某星）、被告赵某	《委托保证协议》《借款保证合同》《保证反担保合同》	组合担保。1. 专利权质押担保 2. 借款担保	未办理质押登记	原告胜诉	《中华人民共和国涉外民事关系法律适用法》第四十一条，《中华人民共和国物权法》第二百二十七条第一款，《中华人民共和国担保法》第十八条、第三十一条，《最高人民法院关于适用〈中华人民共和国担保法〉若干问题的解释》第四十二条，《中华人民共和国民事诉讼法》第一百四十四条，《中华人民共和国民事诉讼法》第二百五十三条	被告经本院依法传唤后均未到庭应诉，应视为其放弃了对原告所主张之事实和证据进行辩驳的权利，对因此可能产生的不利法律后果，应由其自行承担	代偿款本息合计290.22万元再加上案件受理费30817元，保全费5000元，公告费560元	

续表

案件序号	案由	案件名称	审理法院	案号	当事人原告（被告）	标的	担保形式（单一担保、组合担保）	是否登记	胜诉方	法律依据（法律条文）	裁判要点	索赔数额	
8	追偿权纠纷案	上海浦东生产力促进中心诉上海泰正实业有限公司等追偿权纠纷案	上海市浦东新区人民法院	（2013）浦民二（商）初字第3278号	原告：上海浦东生产力促进中心 被告：上海泰正实业有限公司 被告：谢某月 被告：陈某青 被告：谢某东 被告：毛某虹	《知识产权质押融资委托保证协议》《流动资金借款合同》《知识产权质押融资保证反担保合同》《知识产权质押融资专利权质押合同》	组合担保。1. 知识产权质押；2. 融资担保	未办理质押登记	原告胜诉	《中华人民共和国担保法》第三十一条，《中华人民共和国民事诉讼法》第一百四十四条	要求反担保人即被告谢某月、陈某青、谢某东、毛某虹对被告泰正公司的上述还款义务承担连带清偿责任的诉讼请求予以支持	1. 欠款2027100.69元以及利息（以2027100.69元为基数，自2013年8月10日起至本判决生效之日止，按中国人民银行同期贷款利率标准计算）。 2. 律师费60000元。 3. 案件受理费23560元、财产保全费5000元，公告费560元，合计29120元	

续表

案件序号	案由	案件名称	审理法院	案号	当事人原告（被告）	标的	担保形式（单一担保、组合担保）	是否登记	胜诉方	法律依据（法律条文）	裁判要点	索赔数额	
9	金融借款合同纠纷	上海浦东发展银行股份有限公司张江支行诉上海派恩科技有限公司等金融借款合同纠纷案	上海市浦东新区人民法院	（2013）浦民六（商）初字第5349号	原告：上海浦东发展银行股份有限公司张江支行 被告：上海派恩科技有限公司 被告：王某	《流动资金借款合同》《知识产权质押合同》	单一担保 发明专利中的财产权为《流动资金借款合同》提供担保	未办理质押登记	原告胜诉	《中华人民共和国合同法》第一百零七条、《中华人民共和国合同法》第二百零五条、《中华人民共和国合同法》第二百零六条、《中华人民共和国合同法》第二百零七条、《中华人民共和国物权法》第二百二十七条第一款	《知识产权质押合同》有效	3294854.13 元再加上案件受理费36562元。共计3331416.13元	

续表

案件序号	案由	案件名称	审理法院	案号	当事人原告（被告）	标的	担保形式（单一担保、组合担保）	是否登记	胜诉方	法律依据（法律条文）	裁判要点	索赔数额	
10	担保追偿权纠纷案	广东合润融资担保有限公司诉广州市最爱文化传播有限公司等担保追偿权纠纷案	广东省广州市天河区人民法院	（2013）穗天法民二初字第5184号	原告：广东合润融资担保有限公司 被告：广州市最爱文化传播有限公司 被告：敖某月 被告：莫某棠 被告：黄某惠	《抵押反担保合同》《质押反担保合同》《保证反担保合同》	组合担保。1. 被告敖某月与原告签订《抵押反担保合同》，将其拥有的三套房产（广州市××区××大道××号××房、×××房、××××房）向原告提供抵押反担保，并办理了抵押登记；2. 被告敖某月、莫庆棠、黄永惠与原告签订了《质押反担保合同》，将各自享有最爱公司的股权质押给原告，并办理了股权质押登记；3. 被告最爱公司与原告签订了《质押反担保合同》，将其享有的影视版权《咏春传奇》《警眼》质押给原告；4. 被告敖某月、莫某棠、黄某惠与原告签署了《保证反担保合同》，同意就被告最爱公司向原告清偿代偿款承担连带保证责任	未办理质押登记	原告胜诉	中华人民共和国合同法》第六十条、第一百零七条、第一百一十四条，《中华人民共和国担保法》第二十一条、第三十一条、第三十三条、第四十三条、第五十七条，《中华人民共和国民事诉讼法》第六十四条第一款	保证人承担保证责任后，有权向债务人追偿；已代偿款项计收每日千分之三的违约金。虽合同已约定计收标准，但该计收标准已逾相关规定的同期贷款利率的四倍，依法应予调整，以同贷利率四倍为限	一、判令被告最爱公司向原告支付代偿款3023275.52元。二、判令被告最爱公司向原告支付代偿利息1391.53元，三、判令被告最爱公司向原告支付违约金18792.18元；四、判令被告最爱公司向原告支付实现债权的费用（一审律师费）10万元	

续表

案件序号	案由	案件名称	审理法院	案号	当事人原告（被告）	标的	担保形式（单一担保、组合担保）	是否登记	胜诉方	法律依据（法律条文）	裁判要点	索赔数额	
11	借款合同纠纷	广东清远农村商业银行股份有限公司与清远黄腾峡生态旅游开发有限公司、黄某明金融借款合同纠纷案	广东省清远市中级人民法院	（2013）清中法民二初字第23号	原告：广东清远农村商业银行股份有限公司 被告：清远黄腾峡生态旅游开发有限公司 被告：黄某明 被告：徐某云 被告：黄某雯	《借款合同》《最高额抵押担保合同》《最高额权利质押合同》《最高额保证合同》	单一担保：土地使用权	办理了登记	被告胜诉	依照《中华人民共和国民事诉讼法》第六十四条第一款、《中华人民共和国合同法》第四十四条之规定	驳回原告诉讼请求。案件受理费1039172.55元、财产保全费5000元，合计1044172.55元，由原告广东清远农村商业银行股份有限公司负担	199474510.52元	
12	专利合同纠纷案	彭某与亚威朗光电（中国）有限公司专利合同纠纷案	浙江省嘉兴市中级人民法院	（2013）浙嘉知初字第197号	原告：彭某 被告：某光电公司	《技术转让协议》	单一担保。技术担保	未办理质押登记	被告胜诉	《中华人民共和国涉外民事关系法律适用法》第四十九条，《中华人民共和国合同法》第一百二十五条，《中华人民共和国民事诉讼法》第十八条第（一）项、第二十一条、第一百四十二条之规定	驳回上诉	1. 价款5075000元及利息；2. 违约金5000000元；3. 被告承担本案全部律师费用。4. 在本案第二次庭审中，原告明确放弃第一项诉请中对利息部分的主张	

续表

案件序号	案由	案件名称	审理法院	案号	当事人原告（被告）	标的	担保形式（单一担保、组合担保）	是否登记	胜诉方	法律依据（法律条文）	裁判要点	索赔数额	
13	金融借款合同纠纷	温州银行股份有限公司瓯海支行与温州市天龙轻工设备有限公司、孙某隆等金融借款合同纠纷	温州市鹿城区人民法院	（2013）温鹿商初字第4159号	原告：温州银行股份有限公司瓯海支行 被告：温州市天龙轻工设备有限公司 被告：孙某隆 被告：孙某法	1.《非自然人借款合同》、借款借据、贷款发放明细，证明原、被告之的借款关系； 2.《温州银行专利权质押合同》、专利证书、专利权质押登记证明； 3.《最高额保证合同》； 4.《合作协议书》《资产评估说明》	组合担保。六项专利作为质押担保，被告孙某隆、孙某法提供最高额连带责任保证	办理质押登记	原告胜诉	《中华人民共和国合同法》第二百零五条；《中华人民共和国合同法》第二百零六条；《中华人民共和国合同法》第二百零七条；《中华人民共和国物权法》；第二百零八条；第一款《中华人民共和国物权法》第二百二十三条第一款第（五）项	就其提供质押的六项专利权《温州银行专利权质押合同》的约定优先受偿	1. 还借款本金295万元、期内利息39028.63元、合同期内的复利190.11元及支付至清偿之日止的逾期利息（暂计至2014年6月27日逾期利息为372510元，之后的逾期利息按月利率为10.8‰计算至清偿之日止）。 2. 被告孙某隆、孙某法在380万元	

续表

案件序号	案由	案件名称	审理法院	案号	当事人原告（被告）	标的	担保形式（单一担保、组合担保）	是否登记	胜诉方	法律依据（法律条文）	裁判要点	索赔数额	
14	金融借款合同纠纷	杭州银行股份有限公司科技支行诉杭州永莹光电有限公司等金融借款合同纠纷案	杭州市滨江区人民法院	（2013）杭滨商外初字第29号	原告：杭州银行股份有限公司科技支行 被告：杭州永莹光电有限公司 被告：杭州铁莹水晶工艺有限公司 被告：杭州晶康光学材料有限公司 被告：永豪光电（中国）有限公司	《借款合同》《最高额质押合同》《保证合同》	单一担保	办理登记	原告胜诉	《中华人民共和国合同法》第八条、第六十条、第一百零七条、第二百零五条、第二百零六条、第二百零七条，《中华人民共和国物权法》第二百二十七条，《中华人民共和国担保法》第十八条、第二十一条、第三十一条，《最高人民法院关于适用<中华人民共和国担保法>若干问题的解释》第十九条、第二十二条	依法成立的合同，对双方当事人均具有约束力。上述原告与各被告签订的《借款合同》《最高额质押合同》《保证合同》《融资担保书》，均系各方真实意思的表示，不违反法律、行政法规的禁止性规定，合法有效，双方当事人均应按照合同约定履行各自的义务	1. 贷款本金人民币3500000元； 2. 支行利息人民币13300元； 3. 损失人民币120000元； 4. 案件受理费人民币35866元	

续表

案件序号	案由	案件名称	审理法院	案号	当事人原告（被告）	标的	担保形式（单一担保、组合担保）	是否登记	胜诉方	法律依据（法律条文）	裁判要点	索赔数额	
15	追偿权纠纷	江苏融众投资担保有限公司诉德马数控机床（南京）有限公司等追偿权纠纷案	江苏省南京市中级人民法院	（2013）宁商外初字第51号	原告：江苏融众投资担保有限公司 被告：德马数控机床（南京）有限公司 被告：林某良 被告：薛某 被告：邹某平 被告：赵某元 被告：潘某生 被告：汪某某 被告：汪某某 被告：高某某 被告：高某某	《流动资金借款合同》	单一担保	办理登记	原告胜诉	《中华人民共和国担保法》第四条、第十八条、第三十二条、第五十七条，最高人民法院《关于适用〈中华人民共和国担保法〉若干问题的解释》第二条，《中华人民共和国物权法》第一百七十六条，《中华人民共和国民事诉讼法》第一百二十八条	本案中，德马公司、融众公司与浦发银行签订的前述借款合同、保证合同、融众公司与德马公司签订的前述担保服务协议以及林某良等人分别与融众公司签订的反担保协议书均为当事人真实意思表示，合法有效，各方当事人应按约履行，未按约履行则依法构成违约行为并应承担违约责任。融众公司在为德马公司向浦发银行代偿5218841.12元本息后，按约有权要求德马公司支付其代付款及其为实现债权发生的律师代理费，要求林某良等对德马公司的该债务承担连带保证责任4468841.12元	支付代偿款本金4468841.12元及其利息（自2013年8月29日起至实际给付之日止，按中国人民银行同期同档贷款基准利率的1.3倍计算）、律师费179000元	

续表

案件序号	案由	案件名称	审理法院	案号	当事人原告（被告）	标的	担保形式（单一担保、组合担保）	是否登记	胜诉方	法律依据（法律条文）	裁判要点	索赔数额	
16	金融借款合同纠纷	国家开发银行股份有限公司诉湖南老爹农业科技开发股份有限公司等金融借款合同纠纷案	北京市西城区人民法院	（2013）西民初字第00252号	原告：国家开发银行股份有限公司 被告：湖南老爹实业科技开发股份有限公司 被告：吉首大学 被告：田某斌	《国家开发银行人民币资金借款合同》;《国家开发银行人民币资金贷款质押合同》（专利）;《国家开发银行人民币资金贷款质押合同》（商标）;《保证合同》;《变更协议》（专利）;《变更协议》（商标）;借款凭证2张;专利权质押合同登记通知书;专利权质押合同登记变更通知书;商标专用权质押登记证;逾期货款催收通知书;要求履行担保责任通知书;《代理协议》	组合担保 （一）由保证人田某斌提供无限连带责任保证; （二）由出质人湖南老爹公司和吉首大学以其依法可以出质的猕猴桃果仁油及其提取方法专利提供质押担保。 （三）由出质人湖南老爹公司以其依法可以出质的“果王素”商标提供质押担保	办理专利质押登记	原告胜诉	《中华人民共和国合同法》第八条、第二百零六条、第二百零七条，《中华人民共和国担保法》第十八条、第二十一条第一款、第三十一条，《中华人民共和国民事诉讼法》第六十四条第一款、第一百四十四条	原告国开行对本案的质押物即专利权人为湖南老爹公司、吉首大学的第230834号的猕猴桃果仁油及其提取方法发明专利（专利号：ZL02156300.4；国际专利主分类号：C11B1/10）享有优先受偿权，对本案的质押物即商标注册人为湖南老爹公司的第3576041号、第3574260号、第3574259号、第3099367号、第3582872号“果王素”商标享有优先受偿权	1. 湖南老爹公司立即偿还借款本金600万元，截至2012年11月8日的利息、罚息、复利1567056.34元，及自2012年11月9日起至实际付清之日止的利息、罚息、复利（按照合同编号为×××的《借款合同》约定的标准计算）2. 全部律师费	

续表

案件序号	案由	案件名称	审理法院	案号	当事人原告（被告）	标的	担保形式（单一担保、组合担保）	是否登记	胜诉方	法律依据（法律条文）	裁判要点	索赔数额	
17	追偿权纠纷案	上海浦东生产力促进中心与润百计算机（上海）有限公司、陈宗杰追偿权纠纷案	上海市浦东新区人民法院	（2013）浦民二（商）初字第3281号	原告：上海浦东生产力促进中心与被告润百计算机（上海）有限公司；被告：润百计算机（上海）有限公司	《流动资金借款合同》《知识产权质押融资委托保证协议》《知识产权质押融资计算机软件著作权质押合同》《知识产权质押融资保证反担保合同》《借款保证合同》	组合担保。1. 著作权质押担保；2. 借款担保	未办理质押登记	原告胜诉	依照《中华人民共和国物权法》第一百七十六条、第二百二十七条第一款、《中华人民共和国担保法》第十八条、第三十一条、《最高人民法院关于适用〈中华人民共和国担保法〉若干问题的解释》第四十二条之规定	两被告经传票传唤，无正当理由拒不到庭应诉，放弃了对原告所主张之事实和证据进行辩驳的权利，对此可能产生的不利法律后果，应由其自行承担	1. 偿还原告代偿上海银行浦东分行的借款本金1656335.09元、利息及罚息51081.98元，总计1707417.07元；2. 支付原告律师费6万元；3. 负担诉讼受理费20706元，公告费560元，两款合计21266元	

续表

案件序号	案由	案件名称	审理法院	案号	当事人原告（被告）	标的	担保形式（单一担保、组合担保）	是否登记	胜诉方	法律依据（法律条文）	裁判要点	索赔数额	
18	金融借款合同纠纷	北京龙凤之邦国际文化交流有限公司与交通银行股份有限公司北京中关村园区支行纠纷案	北京市海淀区人民法院	（2014）海民（商）初字第18656号	原告：交通银行股份有限公司北京中关村园区支行 被告：北京龙凤之邦国际文化交流有限公司	《小企业流动资金借款合同》；《知识产权质押合同》；保证合同两份；著作权登记证书；著作权质权登记证书；借款凭证；还款凭证两份；贷款到期通知书回执；公告费票据	组合担保。 签订知识产权质押合同，约定龙凤之邦公司提供质押财产用于担保。签订了保证合同，约定王某子、马某洁作为保证人对借款合同项下的款项提供连带责任保证	办理质押登记	原告胜诉	《合同法》第八条、第一百零七条、第二百零六条、第二百零七条、《中华人民共和国物权法》第二百二十七条	原告交通银行股份有限公司北京中关村园区支行有权以被告北京龙凤之邦国际文化交流有限公司出质并登记在国家版权局的质押财产（《说汉语》系列丛书Series）在第一项规定的债务范围内优先受偿	龙凤之邦公司偿还贷款本金1837697元及其利息、罚息、复利；龙凤之邦公司、王某子、马某洁承担本案诉讼费用	

续表

案件序号	案由	案件名称	审理法院	案号	当事人原告（被告）	标的	担保形式（单一担保、组合担保）	是否登记	胜诉方	法律依据（法律条文）	裁判要点	索赔数额	
19	金融借款合同纠纷	中国进出口银行诉天津天成制药有限公司等金融借款合同纠纷案	北京铁路运输中级法院	（2014）京铁中民（商）初字第87号	原告：中国进出口银行 被告：天津天成制药有限公司 被告：天津市天制药厂 被告：张某基 被告：张某哲。	《借款合同（高新技术产品出口卖方信贷）》；《保证合同》2份；《房地产抵押合同》及房地产权证、房地产他项权证及抵押登记证明；《专利权质押合同》及质押登记材料；借款借据、提款申请书格式、电汇凭证等放款凭证等	组合担保：1. 由张某基、张某哲提供连带责任还款保证；2. 由天成制药厂提供抵押担保，并另行签订房地产抵押合同；3. 由天成制药公司提供质押担保	办理抵押登记	原告胜诉	《中华人民共和国合同法》第一百零七条、第一百一十四条第一款、第二百零五条、第二百零六条、第二百零七条；《中华人民共和国担保法》第十八条、第三十一条、第三十三条、第七十五条；《中华人民共和国民事诉讼法》第一百四十四条	1. 原告中国进出口银行有权以房地产证津字第×××号房地产他项权证登记的房屋及土地折价或者拍卖、变卖所得的价款在本判决第一项确定的债权范围内优先受偿；专利权质押登记通知书登记的专利权折价或者拍卖、变卖所得的价款在本判决第一项确定的债权范围内优先受偿；2. 被告张某基、张某哲对本判决第一项确定的债务承担连带清偿责任；被告张某基、张某哲承担保证责任后，有权向被告天津天成制药有限公司追偿	1. 天成制药公司偿还进出口银行借款本金人民币5000万元及自2014年3月21日起至付清之日止的利息、罚息和复利（暂计算至2014年6月24日的各项利息为人民币536979.8元；2. 被告承担本案全部诉讼费用；3. 欠付的利息、罚息和复利共计1556720.38元	

续表

案件序号	案由	案件名称	审理法院	案号	当事人原告（被告）	标的	担保形式（单一担保、组合担保）	是否登记	胜诉方	法律依据（法律条文）	裁判要点	索赔数额	
20	合同纠纷	文华盛典（北京）投资有限公司诉北京阳光盛通文化艺术有限公司等合同纠纷	北京市东城区人民法院	（2014）东民初字第07412号	原告：文华盛典（北京）投资有限公司 被告：北京阳光盛通文化艺术有限公司 被告：东阳盛通影视有限公司 被告：盛某松	签订投融资合作协议及其附件，签订应收账款质押合同和著作权质押合同，著作权权益提供担保，个人保证合同，流动资金借款合同，最高额质押合同	组合担保，收账款与著作权质押及著作权收益，及个人连带保证责任	应收账款质押合同办理质押登记	原告胜诉	依据《中华人民共和国合同法》第八条、第六十条、第一百零七条，《中华人民共和国担保法》第十八条、第三十一条，《中华人民共和国物权法》第二百二十三条第（五）项、第（六）项、二百二十七条、第二百二十八条第一款之规定	赔偿本息，融资安排费，律师费；卫星播出权授权费享有优先受偿权，有权向被告北京阳光盛通文化艺术有限公司追偿，被告盛某松承担连带清偿责任	17017309.84元	

续表

案件序号	案由	案件名称	审理法院	案号	当事人原告（被告）	标的	担保形式（单一担保、组合担保）	是否登记	胜诉方	法律依据（法律条文）	裁判要点	索赔数额	
21	追偿权纠纷案	陈某青等诉上海浦东生产力促进中心（上海市浦东新区知识产权中心）等追偿权纠纷案	上海市第一中级人民法院	（2014）沪一中民四（商）终字第1711号	原告：上海浦东生产力促进中心 被告：上海泰正实业有限公司 被告：谢某月、谢某东 被告：上诉人陈某青，毛某虹	《知识产权质押融资委托保证协议》《流动资金借款合同》	组合担保。1.“自助餐饮售货系统运行方法及自助餐饮售货系统”发明专利权；2. 公司法定代表人谢某月（即本案原审被告）承担个人无限连带保证责任	未办理质押登记	原告胜诉	《中华人民共和国民事诉讼法》第一百七十条，《中华人民共和国民事诉讼法》第一百七十五条	驳回上诉，维持原判。	代偿款2027100.69元，利息，律师费60000元。一审案件受理费23560元、财产保全费5000元、公告费560元。二审案件受理费人民币23560元	
22	金融借款合同纠纷	浙江安吉交银村镇银行股份有限公司诉浙江三祺科技有限公司等金融借款合同纠纷案	浙江省安吉县人民法院	（2014）湖安商初字第987号	原告：浙江安吉交银村镇银行股份有限公司 被告：浙江三祺科技有限公司 被告：蒋某秋 被告：汤某琴	《企业流动资金借款合同》一份；《保证合同》一份；《最高额专利权质押合同》一份；发明专利证书、专利权质押登记通知书各一份；借款凭证及放款记录一份；欠息清单一份	组合担保	办理质押登记	原告胜诉	《中华人民共和国合同法》第一百零七条、第二百零五条、第二百零六条、第二百零七条，《中华人民共和国物权法》第二百二十三条、第二百二十九条、第二百零八条，《中华人民共和国担保法》第三十一条	被告蒋某秋以其发明专利权向原告提供最高额质押担保，原告在担保期内诉请对被告蒋某秋提供质押担保的专利权进行拍卖、变卖，并对所保价款在上述债权范围内享有优先受偿权，符合相关法律及合同规定	1. 归还借款本金979752元及利息，共计人民币1031315.83元；2. 本案因诉讼产生的一切费用由三被告共同承担	

续表

案件序号	案由	案件名称	审理法院	案号	当事人原告（被告）	标的	担保形式（单一担保、组合担保）	是否登记	胜诉方	法律依据（法律条文）	裁判要点	索赔数额	
23	金融借款合同纠纷	兴业银行股份有限公司宁波分行诉宁波文百机械制造有限公司等金融借款合同纠纷案	宁波市北仑区人民法院	（2014）甬仑商初字第148号	原告：兴业银行股份有限公司宁波分行 被告：宁波文百机械制造有限公司。 被告：叶某华 被告：郑某春	编号为［兴银甬质（高）字第江北120002号］《最高额质押合同》	单一担保	办理登记	原告胜诉	《中华人民共和国合同法》第二百零五条、第二百零六条、第二百零七条，《中华人民共和国物权法》第一百七十三条、第一百七十六条，《中华人民共和国担保法》第十八条、第二十一条、第二十七条、第三十一条、第三十三条、第五十三条、第五十九条、第七十五条，《中华人民共和国民事诉讼法》第一百四十四条	原告与三被告签订的借款合同、担保合同均合法有效。被告宁波文百机械制造有限公司未依合同约定按期付息，被告叶某华、郑某春亦未履行其担保义务，均构成违约。原告诉请被告宁波文百机械制造有限公司还本付息、支付律师代理费，对被告宁波文百机械制造有限公司抵押、质押财产享有优先受偿权，被告叶某华、郑某春承担连带清偿责任的诉讼请求，本院均予以支持	1. 借款1300万元，并支付截止至2014年6月12日的利息：715616.59元 2. 律师费299000元	

续表

案件序号	案由	案件名称	审理法院	案号	当事人原告（被告）	标的	担保形式（单一担保、组合担保）	是否登记	胜诉方	法律依据（法律条文）	裁判要点	索赔数额	
24	借款合同纠纷	河北广电信息网络集团股份有限公司诉中国银行股份有限公司怀来支行等借款合同纠纷案	河北省高级人民法院	(2014)冀民二终字第24号	上诉人（原审被告）：陕西广电网络传媒（集团）股份有限公司 被上诉人（原审原告）：中国农业银行股份有限公司汉中分行	1. 中行怀来支行与原怀来县广播电视局签订编号为2003年借字为8号的借款合同； 2. 中行怀来支行与原怀来县广播电视局签订编号为2003年怀质字8号的质押合同、原怀来县广播电视局有线电视初装费收费权、有线电视收视维护费收费权、广告费收费权、出租收入收费权等业务收费权； 3. 中行怀来支行与原怀来县广播电视局又签订了编号为2007年怀抵字1号的抵押合同、原怀来县广播电视局价值1977.9442万元的楼房2幢	1. 单一担保：原怀来县广播电视局有线电视初装费收费权、有线电视收视维护费收费权、广告费收费权、出租收入收费权等业务收费权； 2. 单一担保：原怀来县广播电视局价值1977.9442万元的楼房2幢	未办理质押登记	原告胜诉	中华人民共和国民法通则》第一百三十五条、第一百四十条，《最高人民法院关于审理与企业改制相关的民事纠纷案件若干问题的规定》第七条，依照《中华人民共和国合同法》第二百零六条、第二百零七条，《中华人民共和国民法通则》第一百三十五条、第一百四十条之规定	合同有效；承担连带责任	借款本金1100万元及利息、复息、罚息5651744.84元	

续表

案件序号	案由	案件名称	审理法院	案号	当事人原告（被告）	标的	担保形式（单一担保、组合担保）	是否登记	胜诉方	法律依据（法律条文）	裁判要点	索赔数额	
25	追偿权纠纷	兰考有线广播电视台等诉上海普天邮通科技股份有限公司等追偿权纠纷案	河南省高级人民法院	（2014）豫法民三终字第82号	上诉人：兰考有线广播电视台、河南广播电视网络股份有限公司）被上诉人：上海普天邮通科技股份有限公司、原审被告兰考县城关镇广达有线电视有限公司、兰考县文化广播电视网络有限公司、河南有线电视网络集团有限公司	《中长期贷款合同》《买方信贷业务协议》《抵押协议》	混合担保：兰考广电网络公司将自己的广电网络全部资产、收费权及房地产全部抵押给上海普天公司，为该公司的上述担保进行反担保	未办理质押登记	驳回上诉，维持原判	《中华人民共和国民法通则》第八十九条，《中华人民共和国物权法》第一百八十条、第一百八十七条、第一百八十八条、第一百九十一条，《中华人民共和国公司法》第一百七十五条，《最高人民法院关于审理与企业改制相关的民事纠纷案件若干问题的规定》第六条、第七条之规定	兰考有线电视台、兰考广达公司、河南网络股份公司在接收资产及权益范围内承担连带清偿责任；驳回上海普天公司对河南网络集团公司的诉讼请求。如果未按判决指定的期间履行给付金钱义务，应当依照《中华人民共和国民事诉讼法》第二百五十三条之规定，加倍支付迟延履行期间的债务利息。案件受理费56108元，由兰考广电网络公司、兰考有线电视台、兰考广达公司、河南网络股份公司负担	清偿债务6329689.42元及利息损失	

续表

案件序号	案由	案件名称	审理法院	案号	当事人原告（被告）	标的	担保形式（单一担保、组合担保）	是否登记	胜诉方	法律依据（法律条文）	裁判要点	索赔数额	
26	追偿权纠纷	武汉众一投资担保股份有限公司与湖北股权托管股份有限公司、湖北天马研磨材料有限公司追偿权纠纷案	湖北省武汉市中级人民法院	（2014）鄂武汉中民商初字第00966号	原告：武汉众一投资担保股份有限公司 被告：湖北股权托管股份有限公司 被告：湖北天马研磨材料有限公司 被告：詹某良 被告：左某 被告：刘某友 被告：陈某香	《人民币资金借款合同》《保证合同》《反担保合同一保证合同》	组合担保	办理质押登记	原告胜诉	《中华人民共和国合同法》第二百零五条、第二百零六条、第二百零七条，《中华人民共和国担保法》第十八条、第三十一条、第三十三条、第三十四条第七十九条，《中华人民共和国民事诉讼法》第一百四十四条	被告湖北股权托管公司与国开行、天马公司所签订的《人民币资金借款合同》均是各方真实意思表示，根据合同约定国开行向湖北股权托管公司发放了贷款。但贷款到期后，作为借款人的湖北股权托管公司并未依据《人民币资金借款合同》第十一条向提供贷款人国开行履行清偿责任，已构成违约。贷款到期后，原告众一担保公司依据与国开行签订的合法有效的《保证合同》承担了连带保证责任，代为偿还了《人民币资金借款合同》项下的借款人未偿还的本息共计20226666.67元	1. 担保代偿款项人民币20226666.67元并赔偿资金占用及追偿等损失 2. 违约金（违约金从2014年9月6日起计算至被告实际支付之日止，按日万分之五的标准计算）3. 受理费、保全费、律师费	

续表

案件序号	案由	案件名称	审理法院	案号	当事人原告（被告）	标的	担保形式（单一担保、组合担保）	是否登记	胜诉方	法律依据（法律条文）	裁判要点	索赔数额	
27	追偿权纠纷	晋江市融资担保有限责任公司诉福建玛莱特针织制衣有限公司等追偿权纠纷案	福建省泉州市中级人民法院	（2014）泉民初字第444号	原告：晋江市融资担保有限责任公司 被告：福建玛莱特针织制衣有限公司 被告：晋江市金井石圳骏马服装鞋帽有限公司 被告：李某扶 被告：李某双	《担保协议书》、一份《（反担保）质押合同》、一份《商标专用权质押合同》，与被告玛莱特公司的法定代表人李某伟及其配偶李某忍签订了一份《（反担保）保证合同》及一份《（反担保）抵押合同》，与其他被告分别签订了各自《（反担保）保证合同》	组合担保：房产为抵押物抵押给原告、玛莱特以其持有的注册商标“马莱特”及其现有的或以后产生的所有权利、权益、利益以及其他收益、包括连带责任保证担保	已办理了抵押物登记	被告胜诉	依照《中华人民共和国物权法》第一百七十六条、第一百七十九条，《中华人民共和国合同法》第一百一十四条，《中华人民共和国担保法》第四条、第十八条、第三十一条，《最高人民法院关于适用＜中华人民共和国担保法＞若干问题的解释》第四十二条第一款，《中华人民共和国民事诉讼法》第一百四十四条之规定	原告晋江市融资担保有限责任公司有权对被告福建玛莱特针织制衣有限公司提供质押的注册商标“马莱特”及其现有的或以后产生的所有权利、权益、利益以及其他收益进行折价或享有以该财产拍卖、变卖后的所得价款的优先受偿权；被告晋江市金井石圳骏马服装鞋帽有限公司、李某伟、李某忍、李某扶、李某双、李某雄、郑某媚在原告晋江市融资担保有限责任公司行使上述质押权后仍不能受偿的债权范围内承担连带责任，其承担保证责任后，有权向被告福建玛莱特针织制衣有限公司追偿	本金300万元、利息119689.22元以及逾期利息及罚息415698.59元；并向原告支付违约金562500元；以上合计4097887.81元。	

续表

案件序号	案由	案件名称	审理法院	案号	当事人原告（被告）	标的	担保形式（单一担保、组合担保）	是否登记	胜诉方	法律依据（法律条文）	裁判要点	索赔数额	
28	担保追偿权纠纷	贵州天信担保有限公司诉贵州三占集团股份有限公司等担保追偿权纠纷	贵州省贵阳市白云区人民法院	（2014）白民初字第1347号	原告：贵州天信担保有限公司 被告：贵州三占集团股份有限公司 被告：张某廷	《综合授信合同》《委托担保合同》《专利质押合同》《股权质押合同》和《转让协议》	组合担保。为被告三占公司的1000万元流动资金贷款提供担保与三项专利对原告的质押反担保、18%的股权与商品房作为对原告的质押反担保	股权登记，专利权质押与房屋抵押未登记未生效	原告胜诉	《中华人民共和国担保法》第三十一条、第四十一条、第四十二条第（一）项、第七十五条第（二）、（三）项，第七十八条第一款、第七十九条，最高人民法院《关于民事诉讼证据的若干规定》第二条，《中华人民共和国民事诉讼法》第一百四十四条	1. 偿还本金及利息、违约金 2. 赔偿诉讼损失费用 3. 以股权承担连带责任	10878197.22元	

续表

案件序号	案由	案件名称	审理法院	案号	当事人原告（被告）	标的	担保形式（单一担保、组合担保）	是否登记	胜诉方	法律依据（法律条文）	裁判要点	索赔数额	
29	追偿权纠纷	鼎盛鑫融资担保有限公司黔南州分公司诉高某印等追偿权纠纷案	贵州省荔波县人民法院	（2014）荔民初字第55号	原告：鼎盛鑫融资担保有限公司黔南州分公司 被告：龙某月	《担保协议》及与此相关的反担保合同和抵押质押合同	组合担保：原告为其向荔波县农村信用合作联社贷款100万元提供担保，并且被告以其个人财产和荔波绿原养殖场的经营权、商标权、存货进行抵押和质押	未办理质押登记	原告胜诉	依照《中华人民共和国民法通则》第二十九条，《中华人民共和国合同法》第五条、第八条第一款、第十二条第一款、第六十一条，《中华人民共和国担保法》第六条、第十八条、第三十一条、第六十五条第一款，《中华人民共和国民事诉讼法》第六十四条第一款，最高人民法院《关于民事诉讼证据的若干规定》第二条的规定	一、被告高某印自本判决生效之日起七日内支付原告鼎盛鑫融资担保有限公司黔南州分公司人民币1032719.6元；二、被告龙某月对第一项判决债务承担连带偿还责任；三、驳回原告鼎盛鑫融资担保有限公司黔南州分公司其他诉讼请求	本息1065719.6元、被告依约应付原告担保费30000元及聘请律师的费用37000元；	

续表

案件序号	案由	案件名称	审理法院	案号	当事人原告（被告）	标的	担保形式（单一担保、组合担保）	是否登记	胜诉方	法律依据（法律条文）	裁判要点	索赔数额	
30	金融借款合同纠纷	中国农业银行股份有限公司无锡科技支行诉无锡金磊冷却设备制造有限公司等金融借款合同纠纷案	江苏省无锡高新技术产业开发区人民法院	（2014）新商初字第0561号	原告：中国农业银行股份有限公司无锡科技支行 被告：无锡金磊冷却设备制造有限公司 被告：华某飞	《流动资金借款合同》	单一担保	办理登记	原告胜诉	《中华人民共和国合同法》第二百零五条、第二百零六条、第二百零七条，《中华人民共和国物权法》第一百七十六条、第一百七十九条，《中华人民共和国担保法》第三十一条、第三十三条、第四十六条、第五十三条第一款，《最高人民法院关于适用〈中华人民共和国担保法〉若干问题的解释》第四十二条	农行科技支行与金磊公司签订的借款合同、质押合同，农行科技支行与华某飞签订的最高额抵押合同、最高额保证合同均合法有效。金磊公司未归还到期债务，农行科技支行有权要求其承担归还本金并支付利息、罚息的民事责任。但农行科技支行并未宣告合同提前到期，故本院认为罚息的起算时间应为2014年5月24日，2014年5月22日至2014年5月23日的利息应当按合同约定的执行利率计算。农行科技支行为追索债权支付的律师费未超过江苏省律师费收费标准，故对于金磊公司及华某飞关于律师费过高的辩称，本院不予采信	1. 借款本金4000000元并支付利息（自2014年5月22日起计算至2014年5月23日止，以4000000元为基数，按年利率7.2%计算）、罚息（自2014年5月24日起计算至判决应给付之日止，以4000000元为基数，按年利率7.2%再上浮50%计算）2. 律师费损失177800元	

续表

案件序号	案由	案件名称	审理法院	案号	当事人原告（被告）	标的	担保形式（单一担保、组合担保）	是否登记	胜诉方	法律依据（法律条文）	裁判要点	索赔数额	
31	保证合同纠纷	青岛担保中心有限公司诉青岛美隆砂浆科技有限公司等保证合同纠纷案	青岛市崂山区人民法院	（2014）崂民二商初字第373号	原告：青岛担保中心有限公司 被告：青岛美隆砂浆科技有限公司 被告：青岛兰迪多邦实业有限公司 被告：辛某 被告：常某艳	《委托担保合同》《最高额保证合同》《最高额综合授信合同》	组合担保	办理质押登记	原告胜诉	《中华人民共和国民事诉讼法》第一百四十四条，《中华人民共和国合同法》第八条、第六十条、第一百零七条、第一百一十二条，《中华人民共和国物权法》第一百七十条、第一百七十一条、第二百零八条，《中华人民共和国担保法》第十八条、第三十一条	原告对该专利权享有优先受偿权，有权就该专利权折价、拍卖或变卖的价款优先受偿，超出部分归被告美隆砂浆公司所有，不足部分由被告美隆砂浆公司继续履行还款义务	1. 被告美隆砂浆公司立即偿还原告借款人民币200万元；2. 四被告共同承担诉讼费用等实现债权的费用	

续表

案件序号	案由	案件名称	审理法院	案号	当事人原告（被告）	标的	担保形式（单一担保、组合担保）	是否登记	胜诉方	法律依据（法律条文）	裁判要点	索赔数额	
32	借款合同纠纷	柳州银行股份有限公司与广西维尼纶集团有限责任公司、丁磊金融借款合同纠纷	广西壮族自治区柳州市城中区人民法院	（2014）城中民二初字第350号	原告：柳州银行股份有限公司。 被告：广西维尼纶集团有限责任公司 被告：丁某 被告：桂林市广维文华旅游文化有限公司 被告：梁某坚	1.《人民币借款合同》（合同编号：2013年柳行来流借字第某某号）； 2. 2013年4月23日签订《最高额保证合同》（合同编号：2013年柳行来最高保字某某号）； 3. 2013年4月23日签订《最高额权利质押合同》（合同编号：2013年柳行来最高质字某某号）； 4. 2013年5月13日签订《最高额权利质押合同》（合同编号：2013年柳行来最高质字某某号）	组合担保，股权、应收账款权利、担保人连带责任	办理了出质登记	原告胜诉	依照《中华人民共和国合同法》第六十条第一款、第一百零七条、第二百零五条、第二百零六条，《中华人民共和国物权法》第二百一十九条第二款、第二百二十二条、第二百二十三条、第二百二十六条第一款、第二百二十八条第一款，《中华人民共和国担保法》第十四条、第三十一条，《中华人民共和国民事诉讼法》第一百四十四条	1. 偿还借款并支付利息。 2. 收费权在2013年4月23日起至2016年4月23日期间形成的债务在200000000元额度内优先受偿。 3. 股权在2013年4月23日起至2016年4月23日期间形成的债务在200000000元额度内优先受偿。 4. 其余被告承担连带担保责任	判令被告维尼纶公司偿还原告贷款本金人民币叁仟万元整（￥30000000元），利息人民币壹佰叁拾陆万肆仟伍佰肆拾陆元柒角壹分（￥1364546.71元），本息共计人民币31364546.71元，利息计至2014年2月27日，日后利息另计	

续表

案件序号	案由	案件名称	审理法院	案号	当事人原告（被告）	标的	担保形式（单一担保、组合担保）	是否登记	胜诉方	法律依据（法律条文）	裁判要点	索赔数额	
33	公司借款合同纠纷	陕西广电网络传媒（集团）股份有限公司诉中国农业银行股份有限公司汉中分行等公司借款合同纠纷案	陕西省高级人民法院	（2014）陕民二终字第00080号	上诉人：（原审被告）：陕西广电网络传媒（集团）股份有限公司 被上诉人：（原审原告）：中国农业银行股份有限公司汉中分行 被上诉人（原审被告）：镇巴县广播电视开发有限责任公司 被上诉人（原审被告）：镇巴县文化广电局（原名：镇巴县广播电视局、镇巴县广播电影电视局）	《借款合同》《权利质押合同》《企业收费权利质押登记证》《借款凭证》	单一担保	办理了出质登记	被告胜诉	《中华人民共和国民事诉讼法》第一百七十条第一款第（一）	驳回上诉，维持原判	无	

续表

案件序号	案由	案件名称	审理法院	案号	当事人原告（被告）	标的	担保形式（单一担保、组合担保）	是否登记	胜诉方	法律依据（法律条文）	裁判要点	索赔数额	
34	著作权权属侵权纠纷	上海晋鑫影视发展有限公司与北京金色里程文化艺术有限公司、李某军等著作权权属、侵权纠纷	江苏省高级人民法院	（2014）苏知民终字第0170号	原告：上海晋鑫影视发展有限公司 被告：北京金色里程文化艺术有限公司 被告：李某军	《联合摄制合同》《承诺书》及著作权侵权所指向的支付价款义务	组合担保（个人保证、版权质押）	已办理著作权质押登记	原告胜诉	依照《中华人民共和国民法通则》第一百一十八条，2001年修订的《中华人民共和国著作权法》第十三条、第十五条、第四十六条第一款第（十一）项、第四十八条，《中华人民共和国著作权法实施条例》第九条、《中华人民共和国民事诉讼法》第一百四十二条的规定	电视剧投资存在风险，有可能全部投资无法收回，也有可能获得较大收益。正常情况下，电视剧投资的风险应由投资双方共同负担。但本案中，根据现有证据，涉案电视剧从2006年底拍摄完成直至目前为止，一直未能发行，实际已丧失了收回投资成本的最佳时机，其原因系由金色里程公司擅自将电视剧质押典当并致最终绝当的侵权行为所造成，故在晋鑫公司不存在任何过错的情况下，其要求以全部投资款作为侵权行为给其造成的实际损失予以赔偿的主张具有合理性，本院予以支持	3147678.5元	

续表

案件序号	案由	案件名称	审理法院	案号	当事人原告（被告）	标的	担保形式（单一担保、组合担保）	是否登记	胜诉方	法律依据（法律条文）	裁判要点	索赔数额	
35	股东损害债权人利益纠纷	罗某凤诉温州正栩影视制作有限公司、孙某股东损害公司债权人利益责任纠纷	温州市鹿城区人民法院	（2014）温鹿商初字第5108号	原告：罗某凤（温州正栩影视制作有限公司股东） 被告：温州正栩影视制作有限公司 被告：孙某（温州正栩影视制作有限公司法定代表人）	债权人利益责任的侵权关系纠纷	单一担保（版权质押登记）	已办理版权质押登记	被告胜诉	依照《中华人民共和国公司法》第二十条第一款、第二款、第一百五十一条的规定	根据原告的主张，其所诉称的“损失”产生于被告温州正栩公司将涉案影视剧作品的信息网络传播独占专有许可使用权和播映权转让给案外公司。原告据此主张由二被告赔偿其相应的损失，没有事实和法律依据，理由如下：在本案中，原、被告之间对涉案的影视剧作品的著作权存在争议，该影视剧作品的著作权归属是判定本案二被告是否存在滥用股东权利及违反法律、行政法规或者公司章程的规定，擅自处分该影视剧作品行为的依据。但是，对涉案影视剧作品的著作权归属并不属于本案审理的范围，在本案中本院不能作出判定	450万元	

续表

案件序号	案由	案件名称	审理法院	案号	当事人原告（被告）	标的	担保形式（单一担保、组合担保）	是否登记	胜诉方	法律依据（法律条文）	裁判要点	索赔数额	
36	借款合同纠纷	天津银行股份有限公司北京分行与张某强等借款合同纠纷	北京市西城区人民法院	2015年西民（商）初字第00396号	原告：天津银行股份有限公司北京分行 被告：北京嘉德兴业科技有限公司 被告：张某强 被告：邱某琼 被告：张某华	1. 借款合同项下的还款付息义务；2. 质押担保合同下的担保义务；3. 个人担保合同指向的担保义务	混合担保：1. 专利权质押担保；2. 抵押担保；3. 个人保证	办理了专利权质押登记	原告胜诉	依照《中华人民共和国合同法》第四十八条、五十一条、五十二条，《中华人民共和国专利法》第四十三条、第四十四条、第四十七条，《中华人民共和国民事诉讼法》第九十二条、第一百四十四条之规定	专利权质押属于权利质押，以专利权中的财产权作为质押标的，在债务人履新期限届满不能偿还债务时，债权人有权以该专利权转让的价款优先受偿。现本案所涉十项专利均不再受到专利法保护，债权人天津银行客观上已不可能将该专利权拍卖、变卖、折价取得价款，更无从实现对该价款的优先受偿，故天津银行要求对嘉德兴业公司名下专利实现质权的诉讼请求，无事实依据，本院将不予支持	889384.74元	

续表

案件序号	案由	案件名称	审理法院	案号	当事人原告（被告）	标的	担保形式（单一担保、组合担保）	是否登记	胜诉方	法律依据（法律条文）	裁判要点	索赔数额	
37	合同纠纷	宁波经济技术开发区亚太实业有限公司与上海三融股权投资管理有限公司等合同纠纷上诉案	上海市第一中级人民法院	（2015）沪一中民四（商）终字第344号	上诉人：（原审被告）宁波经济技术开发区亚太实业有限公司 被上诉人：（原审原告）上海三融股权投资管理有限公司。 被上诉人：（原审被告）宁波宏泰化纤有限公司	《专利权质押合同》	单一担保	办理登记	原告胜诉	《中华人民共和国合同法》第九十六条、第一百零七条、第一百一十四条，《中华人民共和国担保法》第六十三条、第六十七条、第七十一条第二款、第三款，《中华人民共和国民事诉讼法》第一百四十四条、第一百七十条第一款第（二）项、第一百七十五条及第一百一十八条	上诉人宁波经济技术开发区亚太实业有限公司和被上诉人宁波宏泰化纤有限公司未能履行上述判决第一项付款义务的，被上诉人上海三融股权投资管理有限公司可以与质押人宁波经济技术开发区亚太实业有限公司协商，以宁波经济技术开发区亚太实业有限公司质押的“一种卷烟过滤嘴丝束及其制备方法”的专利权折价，或者拍卖、变卖该专利权，以所得价款优先偿还上述判决第一项付款义务。质物折价或者拍卖、变卖后，其价款超过债权数额的部分归出质人宁波经济技术开发区亚太实业有限公司所有，不足部分由宁波经济技术开发区亚太实业有限公司和宁波宏泰化纤有限公司清偿	本案一审案件受理费人民币30800元减半收取为人民币15400元、财产保全费人民币5000元，共计人民币20400元，由上诉人宁波经济技术开发区亚太实业有限公司和被上诉人宁波宏泰化纤有限公司共同负担	

续表

案件序号	案由	案件名称	审理法院	案号	当事人原告（被告）	标的	担保形式（单一担保、组合担保）	是否登记	胜诉方	法律依据（法律条文）	裁判要点	索赔数额	
38	金融借款合同纠纷	兴业银行股份有限公司温州乐清支行诉浙江大洋风汽车电子科技有限公司等金融借款合同纠纷案	浙江省乐清市人民法院	（2015）温乐商初字第1397号	原告：兴业银行股份有限公司温州乐清支行 被告：浙江大洋风汽车电子科技有限公司 被告：卢某洋 被告：谢某秀 被告：浙江绅宝汽车贸易有限公司	《最高额质押合同》《最高额保证合同》《最高额个人担保声明书》《流动资金借款合同》	组合担保	办理质押登记	原告胜诉	《中华人民共和国合同法》第二百零五条、第二百零六条、第二百零七条，《中华人民共和国物权法》第二百零八条、第二百二十七条，《中华人民共和国担保法》第十四条、第十八条、第二十一条、第三十一条，《中华人民共和国民事诉讼法》第一百四十四条	被告绅宝公司辩称，合同利率为浮动利率，逾期利率及复利应按浮动利率计算，有事实依据，本院对该抗辩理由予以采纳。因此，原告起诉要求按浮动的逾期利率计算逾期利息及复利，本院予以支持	1. 判令被告大洋风公司支付原告本金5996444.84元及利息、逾期利息、复利；2. 判令被告大洋风公司应当偿付原告支付的律师代理费为人民币37000元；3. 判令四被告共同承担本案的诉讼费、财产保全费等原告为实现诉讼目的所支付的一切相关费用	

续表

案件序号	案由	案件名称	审理法院	案号	当事人原告（被告）	标的	担保形式（单一担保、组合担保）	是否登记	胜诉方	法律依据（法律条文）	裁判要点	索赔数额	
39	民间借贷纠纷	王某明诉谢某娜等民间借贷纠纷案	浙江省瑞安市人民法院	（2015）温瑞商初字第3682号	原告：王某明 被告：谢某娜 被告：胡某弟 被告：广东亮包网络科技股份有限公司	借贷合同；软件著作权质押合同；还款协议书	单一担保。被告胡某弟、亮包公司与原告各签订一份软件著作权质押合同，合同约定被告胡某弟、亮包公司各自拥有的软件著作权质押给原告。原告借款给被告	未办理质押登记	原告胜诉	《中华人民共和国合同法》第二百零六条、第二百零七条，《中华人民共和国担保法》第七十九条，最高人民法院《关于审理民间借贷案件适用法律若干问题的规定》第二十一条、第三十条	借贷合同内容能够证明原告和被告谢某娜就300万元的借贷已达成合意，被告对其真实性及已收到借款300万元均无异议，足以证明原告主张的被告谢某娜向其借款300万元的事实	归还原告借款本金人民币100万元，并支付逾期还款利息（利息按照年化利率24%计算）	

续表

案件序号	案由	案件名称	审理法院	案号	当事人原告（被告）	标的	担保形式（单一担保、组合担保）	是否登记	胜诉方	法律依据（法律条文）	裁判要点	索赔数额	
40	借款合同纠纷	原告杭州市拱墅区利尔达小额贷款股份有限公司与被告施某、施某、柳某、杭州多讯科技有限公司（小额借款合同纠纷案	杭州市拱墅区人民法院	（2015）杭拱商初字第1534号	原告：杭州市拱墅区利尔达小额贷款股份有限公司 被告：施某 被告：施某 被告：柳某 被告：杭州多讯科技有限公司	个人借款申请表；个人借款合同；最高额保证合同；质押合同；登记证书；离婚协议书	组合担保。1. 被告施某、多讯公司及上海希肯网络科技有限公司与原告签订《最高额保证合同》，同意为施某在原告处的贷款提供连带责任保证。2. 施某、施某又与原告签订《质押合同》，同意以自己所持有的两家公司70%股份为施某贷款提供质押担保。3. 被告多讯公司与原告签订《质押合同》，同意以公司所取得的著作权为施某贷款提供质押担保	办理质押登记	原告胜诉	《中华人民共和国合同法》第一百一十二条、第二百零五条、第二百零六条、第二百零七条，《中华人民共和国担保法》第十八条、第二十一条、第七十八条、第七十九条	柳某没有在借款合同、借款申请表中签字，原告提供的个人借款申请表中设置了借款人配偶的签名一栏，但原告并未要求柳某签名。被告施某在个人借款申请表中××住址为××文定路，原告在起诉状中也将柳某的住所地写为上海市文定路，但事实上柳某的住所地并非该处，以上能够证明原告在向施某发放贷款时没有询问或通过其他途径了解施某的婚姻状况，证据不能证明案涉贷款系被告施某、柳某的夫妻共同债务	1. 被告施某向原告偿还借款本金5000000元；2. 被告施军向原告支付利息203300元；3. 四被告承担本案诉讼费、财产保全费等相关诉讼费用以及其他原告为实现该债权所支出的必要费用	

续表

案件序号	案由	案件名称	审理法院	案号	当事人原告（被告）	标的	担保形式（单一担保、组合担保）	是否登记	胜诉方	法律依据（法律条文）	裁判要点	索赔数额	
41	金融借款合同纠纷	温州银行股份有限公司宁波分行与宁波三浪环球车辆部件有限公司等金融借款合同纠纷上诉案	浙江省宁波市中级人民法院	（2015）浙甬商终字第1598号	上诉人：温州银行股份有限公司宁波分行 被上诉人：宁波三浪环球车辆部件有限公司 被上诉人（原审被告）：黄某，三浪集团股份有限公司总经理 被上诉人（原审被告）：黄某兰 被上诉人（原审被告）：黄某贤 被上诉人（原审被告）：王某平宁波富帆集团有限公司董事长	《温州银行非自然人借款合同》《温州银行非自然人借款合同》《温州银行专利权质押合同》《温州银行最高额抵押合同》	组合担保	办理登记	原告胜诉	依照《中华人民共和国合同法》第二百零五条、第二百零六条、第二百零七条，《中华人民共和国担保法》第十四条、第十八条、第三十一条、第三十三条、第五十三条、第五十九条，《中华人民共和国企业破产法》第六十四条第一款，《最高人民法院关于适用〈中华人民共和国担保法〉若干问题的解释》第二十三条、第八十三条	1. 原审对于本案利息、复利的计算有误，本院依法予以纠正。2. 三浪环球公司与温州银行宁波分行签订的涉案抵押合同，系双方当事人的真实意思表示，不存在法律规定的无效情形，应为合法有效。温州银行宁波分行有权就涉案《温州银行最高额抵押合同》项下的抵押物享有抵押权，对拍卖、变卖所得价款在最高限额15502500元范围内优先受偿	1. 将原审判决第一项改判为三浪环球公司归还温州银行宁波分行借款本金1500万元，并支付利息、复息（利息按月利率5.5‰、复息按月息8.25‰自2014年3月21日起计算至2015年4月16日止）；2. 本案诉讼费由三浪环球公司、黄某、黄某、黄某贤、黄某兰、王某平、三浪润滑公司、富帆公司负担	

续表

案件序号	案由	案件名称	审理法院	案号	当事人原告（被告）	标的	担保形式（单一担保、组合担保）	是否登记	胜诉方	法律依据（法律条文）	裁判要点	索赔数额	
42	借款合同纠纷	交通银行股份有限公司天津市分行诉鼎正动物药业（天津）有限公司等借款合同纠纷案	天津市第二中级人民法院	（2015）二中民二初字第62号	原告：交通银行股份有限公司天津市分行 被告：鼎正动物药业（天津）有限公司 被告：天津兴业投资担保有限公司 被告：杨某	《小企业流动资金借款合同》《保证合同》《小企业流动资金借款合同》	组合担保	办理质押登记	原告胜诉	《中华人民共和国合同法》第六十条第一款、第二百零五条、第二百零六条、第二百零七条，《中华人民共和国担保法》第十四条、第十八条、第二十一条第一款、第三十一条、第七十九条，《中华人民共和国物权法》第二百二十七条	该签字经过中慧（2015）物鉴字第80号鉴定意见书确认并非杨某所书写，对该项请求本院不予支持。虽然原告交通银行庭审中提出根据相关法律规定夫妻关系存续期间一方的债务也应以夫妻共同财产来清偿的理由，本院认为，本案是借款合同案件，该项主张与本案系两个法律关系，就该项请求本院不予涉及	1. 被告鼎正公司立即偿还原告借款本金7932670.78元，利息239397.25元（截至2014年12月24日，不含罚息）及截至实际给付日所产生的利息、复利和罚息；2. 诉讼费、保全费、公告费300元由被告承担	

续表

案件序号	案由	案件名称	审理法院	案号	当事人原告（被告）	标的	担保形式（单一担保、组合担保）	是否登记	胜诉方	法律依据（法律条文）	裁判要点	索赔数额	
43	追偿权纠纷	天津诺尔电气集团股份有限公司诉天津市滨海新区投资担保有限公司等担保责任追偿权纠纷案	天津市第二中级人民法院	（2015）二中民二终字第536号	上诉人（原审被告）：天津诺尔电气集团股份有限公司 被上诉人：（原审原告）天津市滨海新区投资担保有限公司 原审被告：天津国源新能节能设备有限公司	《担保协议书》《担保保证保函》《应收账款质押（反担保）协议书》	组合担保	办理登记	驳回上诉，维持原判	《中华人民共和国合同法》第一百零七条、《中华人民共和国担保法》第十八条、第二十一条、第三十一条，《中华人民共和国物权法》第一百七十一条、第一百八十七条、第二百一十二条、第二百二十六条第一款、第二百二十七条第一款、第二百二十八条第一款及《最高人民法院关于适用＜中华人民共和国民事诉讼法＞的解释》第九十条	滨海担保与国源公司签订的《担保协议书》系双方当事人真实意思表示，合法有效，对双方当事人具有约束力。合同签订后，滨海担保依约为国源公司向兴业银行天津分行借款提供了保证责任担保，在国源公司未履行还本付息责任时，滨海担保履行了担保责任，代为国源公司清偿了借款本息，故滨海担保有权向债务人国源公司进行追偿。庭审中，国源公司对滨海担保要求其给付垫付的银行贷款本金450万元并支付垫款利息的主张予以认可，故原审法院对滨海担保该项主张予以支持	1. 450万元为基数，自2014年7月16日起至实际给付之日止，按中国人民银行公布的同期同类贷款基准利率计收）；2. 律师费人民币35000元；3. 受理费43080元，保全费5000元，合计48080元	

续表

案件序号	案由	案件名称	审理法院	案号	当事人原告（被告）	标的	担保形式（单一担保、组合担保）	是否登记	胜诉方	法律依据（法律条文）	裁判要点	索赔数额	
44	追偿权纠纷	武汉光谷风险投资基金有限公司与湖北中试电力科技股份有限公司、操某军等追偿权纠纷	湖北省武汉市中级人民法院	（2015）鄂武汉中民商初字第00249号	原告：武汉光谷风险投资基金有限公司 被告：湖北中试电力科技股份有限公司 被告：操某军 被告：罗某 被告：钟某华	《保证合同》《借款合同》	组合担保，原告与国家开发银行股份有限公司（以下简称国开行）签订《保证合同》提供担保，被告操某军与配偶罗某自愿承担连带反担保责任，专利权、软件著作权、操某军及钟某华名下的股权提供质押反担保	质押财产，除被告钟某华未按合同约定办理质押登记外，其余均已办理质押登记手续	原告胜诉	依照《中华人民共和国合同法》第一百九十六条、第二百零六条、第二百零七条，《中华人民共和国担保法》第十八条，《中华人民共和国物权法》第一百七十条，《中华人民共和国民事诉讼法》第一百四十二条、第一百四十四条的规定	1. 湖北中试电力科技股份有限公司支付代偿款，支付律师费。2. 对专利权、著作权、证券质押权的拍卖、变卖所得价款享有优先受偿权。3. 操某军、罗某承担连带保证责任。4. 钟某华在股权范围内未清偿部分承担赔偿责任。	1800万元及相应利息199000元，并各担保人按1800万元的日万分之五支付违约金	

续表

案件序号	案由	案件名称	审理法院	案号	当事人原告（被告）	标的	担保形式（单一担保、组合担保）	是否登记	胜诉方	法律依据（法律条文）	裁判要点	索赔数额	
45	租赁合同纠纷	国中融资租赁有限公司与湖北三环发展股份有限公司、王某英融资租赁合同纠纷案	湖北省武汉市江岸区人民法院	（2015）鄂江岸民商初字第01061号	原告：国中融资租赁有限公司 被告：湖北三环发展股份有限公司 被告：王某英	《融资租赁合同》及附件《租赁物清单》《租金支付表》《所有权转移证书》《租赁物接受书》《个人无限责任担保书》；《著作权质押合同》《著作权质押登记证书》《专利权质押合同》《专利权质押登记通知书》；《中国民生银行电子回单》；《委托代理合同》《收据》	组合担保 1. 原告与三环公司签订了《著作权质押合同》《专利权质押合同》，约定三环公司将其有处分权的著作权、专利权质押给我公司，为上述融资租赁合同项下的全部债务提供质押担保并办理了质押登记手续。 2. 王某英还于当日向原告出具《个人无限责任担保书》，为三环公司《融资租赁合同》项下的债务承担连带担保责任	办理质押登记	原告胜诉	《中华人民共和国合同法》第六条、第八条、第一百零七条、第一百一十三条。《最高人民法院关于审理融资租赁合同纠纷案件适用法律问题的解释》第二十条，《中华人民共和国担保法》第十八条，《中华人民共和国物权法》第二百一十九条、第二百二十一条，《中华人民共和国民事诉讼法》第一百四十二条	国中公司作为出租方依约履行了支付全部购买价款并交付租赁物的义务，三环公司作为承租方应依约支付相应租金	1. 三环公司立即向我公司支付《融资租赁合同》项下所有到期未付租金、全部未到期租金等共计13382473.50元； 2. 三环公司按逾期未付租金为基数，以日1‰的标准支付自2015年5月10日起计算至全部付清之日止的滞纳金； 3. 三环公司、王某英共同承担我公司所付维权律师费315958.20元； 4. 本案诉讼费用××××。	

续表

案件序号	案由	案件名称	审理法院	案号	当事人原告（被告）	标的	担保形式（单一担保、组合担保）	是否登记	胜诉方	法律依据（法律条文）	裁判要点	索赔数额	
46	借款合同纠纷	招商银行股份有限公司昆明茭菱路支行与云南傣佳牧业有限公司等金融借款合同纠纷案	云南省昆明市中级人民法院	（2015）昆民四初字第650号	原告：招商银行股份有限公司昆明茭菱路支行 被告：云南傣佳牧业有限公司 被告：云南邦格农业集团有限公司 被告：陈某清	873113ESX13号《授信协议》873113E3SX13－1号《最高额质押合同》873113E3SX13－2号《最高额质押合同》873113E1SX13号《最高额不可撤销担保书》	单一担保：约定被告云南邦格以其名下3614190、7829503的“邦格”、“BANKG-REEN”的商标权提供最高额质押担保	登记	原告胜诉	依据《中华人民共和国合同法》第一百零七条、第一百九十六条、第二百零五条、第二百零六条、第二百零七条，《中华人民共和国担保法》第六条、第十八条、第二十一条、第三十一条，《中华人民共和国物权法》第二百二十三条第一款第（五）项、第二百二十七条第一款，《中华人民共和国担保法》第六十三条	被告云南傣佳牧业有限公司于判决生效之日起十日内归还原告招商银行股份有限公司昆明茭菱路支行借款本金1000万元，支付自2015年3月21日起至6月18日止按年利率8.4%计算的利息和复利以及自2015年6月19日起至实际偿还本息之日止按年利率8.4%上浮50%计算的逾期利息和复利（按季结息）；被告云南傣佳牧业有限公司于判决生效之日起十日内支付原告招商银行股份有限公司昆明茭菱路支行实现本案债权的律师费10万元	归还借款本金1000万元，支付自2015年3月21日起至2015年6月18日止按年利率8.4%计算的利息和复利以及自2015年6月19日起至实际偿还本息之日止按年利率8.4%上浮50%计算的逾期利息和复利	

续表

案件序号	案由	案件名称	审理法院	案号	当事人原告（被告）	标的	担保形式（单一担保、组合担保）	是否登记	胜诉方	法律依据（法律条文）	裁判要点	索赔数额	
47	借款合同纠纷	中国工商银行股份有限公司大庆开发区支行诉大庆乳品厂有限责任公司等借款合同纠纷案	黑龙江省大庆市中级人民法院	（2015）庆商初字第163号	原告：中国工商银行股份有限公司大庆开发区支行 被告：大庆乳品厂有限责任公司 被告：赵某文 被告：曹某铭	0090500025 –2014年（开发）字0010号《流动资金借款合同》0090500025–2014年开发（保）字0003号《保证合同》，2014年庆开保字第012号《保证合同》、2014年庆开保字第013号《保证合同》、2014年庆开保字第015号《保证合同》	组合担保：担保方式为保证及商标权质押	未登记	原告胜诉	依照《中华人民共和国合同法》第二百零六条、第二百零七条，《中华人民共和国担保法》第十八条，《中华人民共和国物权法》第一百七十条、第二百二十七条第一款，《中华人民共和国民事诉讼法》第一百四十四条之规定	被告大庆乳品厂有限责任公司于本判决生效后十日内给付原告中国工商银行股份有限公司大庆开发区支行借款利息1894970.20元；被告大庆乳品厂有限责任公司于本判决生效后十日内给付原告中国工商银行股份有限公司大庆开发区支行借款利息（以借款本金48542335.87元为基数，按年利率8.28%计算自2015年7月21日起至本判决确定的生效后十日内实际履行之日，逾期未付对利息计算至本判决生效后第十日）	借款本金余额48542335.87元，利息1894970.20元（自2015年3月21日至2015年7月20日止），合计50437306.07元	

续表

案件序号	案由	案件名称	审理法院	案号	当事人原告（被告）	标的	担保形式（单一担保、组合担保）	是否登记	胜诉方	法律依据（法律条文）	裁判要点	索赔数额	
48	借款合同纠纷	交通银行股份有限公司吉林省分行与吉林吉瑞莱板材科技有限公司等金融借款合同纠纷	吉林省长春市中级人民法院	（2015）长民四初字第35号	原告：交通银行股份有限公司吉林省分行 被告：吉林吉瑞莱板材科技有限公司 被告：冯某跃 被告：张某允	1. 长交银0613A003003号的《流动资金借款合同》；2. 长交银0613D161002号的《最高额保证合同》；3. 长交银0614A003015号的《流动资金借款合同》；4. 长交银0614QZ015号的《权利质押合同》；5. 长交银0614D062015号的《保证合同》	组合担保，保证人连责任与专利权质押担保，土地使用权抵押担保	办理了出质登记	原告胜诉	《中华人民共和国合同法》第二百零六条，《中华人民共和国物权法》第二百零三条、第二百零六条，《最高人民法院关于适用〈中华人民共和国担保法〉若干问题的解释》第二十三条，《中华人民共和国民事诉讼法》第六十四条第一款，《最高人民法院关于民事诉讼证据的若干规定》第二条之规定	1. 偿还贷款本金及利息、罚息、复利；2. 被告冯某跃对被告吉林吉瑞莱板材科技有限公司第一项、第三项债务承担连带给付责任；3. 对专利权和土地使用权享有折价或拍卖、变卖后的价款优先受偿	2970万元加利息、罚息、复利	

续表

案件序号	案由	案件名称	审理法院	案号	当事人原告（被告）	标的	担保形式（单一担保、组合担保）	是否登记	胜诉方	法律依据（法律条文）	裁判要点	索赔数额	
49	金融借款合同	浙江安吉农村商业银行股份有限公司诉浙江法拿克机械科技股份有限公司等金融借款合同纠纷案	浙江省安吉县人民法院	（2016）浙0523民初2690号	原告：浙江安吉农村商业银行股份有限公司 被告：浙江法拿克机械科技股份有限公司 法定代表人：高某锦 被告：杭州金桥焊接设备有限公司 法定代表人：高某灵 被告：高某灵 被告：沈某仙	《最高额抵押合同》及抵押财产清单；《最高额质押合同》；《流动资金借款合同》及借款借据；《保证函》	组合担保	办理登记	原告胜诉	《中华人民共和国公司法》第九条，《中华人民共和国合同法》第一百零七条、第二百零五条、第二百零六条、第二百零七条，《中华人民共和国物权法》第一百七十六条、第二百零六条第（三）项、第二百零三条、第二百二十二条，《中华人民共和国民事诉讼法》第一百四十四条	1. 法拿克公司变更为法拿克股份公司后，公司变更前的债权、债务由变更后的公司承继。城西支行依约发放贷款之后，作为变更后的被告法拿克股份公司在借款期内未按约支付利息，对到期借款未还本付息，均构成违约，原告作为城西支行法人机构，以起诉方式宣布被告法拿克股份公司未到期借款于起诉之日提前到期，要求被告立即承担归还全部借款本金并结清利息、罚息、复息的违约责任，有合同和法律依据，本院予以支持。 2. 对于质押财产有优先受偿权	1. 判令被告法拿克股份公司归还借款本金200万元及利息、复息55222.65元； 2. 本案诉讼费由各被告承担	

续表

案件序号	案由	案件名称	审理法院	案号	当事人原告（被告）	标的	担保形式（单一担保、组合担保）	是否登记	胜诉方	法律依据（法律条文）	裁判要点	索赔数额	
50	借贷纠纷案	天津铭信嘉德小额贷款有限公司与天津一可科技有限公司、天津百畅医疗器械有限公司等企业借贷纠纷案	天津市第一中级人民法院	（2016）津01民初87号	原告：天津铭信嘉德小额贷款有限公司 被告：天津一可科技有限公司 被告：天津百畅医疗器械有限公司 被告：天津爱勒易医药材料有限公司 被告：陈某兵 被告：张某	编号为MD2014字008号的《借款合同》	单一担保	未办理登记	原告胜诉	《中华人民共和国合同法》第一百零七条、第二百零五条、第二百零六条、第二百零七条，《中华人民共和国担保法》第十三条、第十八条、第二十一条第一款、第三十一条，《中华人民共和国物权法》第二百二十三条第（四）、（五）项、第二百二十六条第一款、第二百二十七条第一款，《最高人民法院关于适用若干问题的解释》第十二条第二款	本判决生效之日起十日内，被告天津一可科技有限公司偿还原告天津铭信嘉德小额贷款有限公司借款本金3000万元及利息、逾期罚息。利息计算标准：以3000万元为本金，按年18%，自2014年7月4日起计算至2015年6月18日止；逾期罚息计算标准：以3000万元为本金，按年24%，自2015年6月19日计算至本判决确定的给付之日；被告天津百畅医疗器械有限公司以登记号为2014×××034《专利权质押登记通知书》项下的专利权就上述第一项给付义务向原告天津铭信嘉德小额贷款有限公司依法承担质押担保责任	1. 借款本金3000万元及利息、逾期罚息（息计算标准：以3000万元为本金，按年18%，自2014年7月4日起计算至2015年6月18日止；逾期罚息计算标准：以3000万元为本金，按年24%，自2015年6月19日计算至本判决确定的给付之日）2. 案件受理费	

续表

案件序号	案由	案件名称	审理法院	案号	当事人原告（被告）	标的	担保形式（单一担保、组合担保）	是否登记	胜诉方	法律依据（法律条文）	裁判要点	索赔数额	
51	合同纠纷	宜昌劲森光电科技股份有限公司与汉口银行股份有限公司宜昌分行合同纠纷上诉案	湖北省高级人民法院	（2016）鄂民终91号	上诉人（原审被告）：宜昌劲森光电科技股份有限公司 被上诉人（原审原告）：汉口银行股份有限公司宜昌分行 原审被告：李某 原审被告：张某梅	《最高额权利质押合同》《最高额融资协议》《最高额保证合同》《银行承兑汇票承兑协议书》	组合担保	办理质押登记	被告胜诉	《中华人民共和国民事诉讼法》第一百七十条第一款第（一）项《中华人民共和国民事诉讼法》第一百七十条第一款第（一）项	驳回上诉，维持原判	一、二审诉讼费由汉口银行宜昌分行负担	
52	金融借款合同纠纷	汉口银行股份有限公司鄂州分行与鄂州三维铸业有限公司、神牛拖拉机有限公司等金融借款合同纠纷案	湖北省鄂州市中级人民法院	（2016）鄂07民终85号	上诉人（原审被告）：鄂州三维铸业有限公司 被上诉人（原审原告）：汉口银行股份有限公司鄂州分行 被上诉人（原审被告）：神牛拖拉机有限公司 被上诉人（原审被告）：湖北宇阳鼎泰置业有限公司 被上诉人（原审被告）：包某权 被上诉人（原审被告）：包某平	《流动资金借款合同》《最高额保证合同》《最高额权利质押合同》	组合担保	办理质押登记	被告胜诉	《中华人民共和国民事诉讼法》第一百七十条第一款第（一）项	驳回上诉，维持原判	无	

续表

案件序号	案由	案件名称	审理法院	案号	当事人原告（被告）	标的	担保形式（单一担保、组合担保）	是否登记	胜诉方	法律依据（法律条文）	裁判要点	索赔数额	
53	融资租赁合同纠纷	长城国兴金融租赁有限公司与唐山蓝猫饮品集团有限公司、张某印等融资租赁合同纠纷案	新疆维吾尔自治区高级人民法院	（2016）新民初36号	原告：长城国兴金融租赁有限公司 被告：唐山蓝猫饮品集团有限公司 被告：徐某珍	《融资租赁合同》所指向的租金支付义务，《抵押担保合同》和《最高额质押担保合同》所指向的担保义务	混合担保（抵押担保合同、最高额质押担保合同、保证合同）	已办理商标权质押登记	原告胜诉	依照《中华人民共和国合同法》第一百零七条、第二百四十八条，《中华人民共和国担保法》第十二条、第十八条，《中华人民共和国物权法》第一百七十六条、第二百零八条，《最高人民法院关于审理融资租赁合同纠纷案件适用法律问题的解释》第九条、第二十条	唐山蓝猫公司应当向长城金融公司支付的租金、“罚息”（违约金）、申请费属于张某印、徐某珍的保证担保范围，张某印、徐某珍应当对唐山蓝猫公司向长城金融公司支付租金173327873.82元、“罚息”（违约金）229718.42元、申请费5000元的民事责任承担连带责任。张某印、徐某珍承担保证责任后有权利向唐山蓝猫公司追偿	173327873.8元	

续表

案件序号	案由	案件名称	审理法院	案号	当事人原告（被告）	标的	担保形式（单一担保、组合担保）	是否登记	胜诉方	法律依据（法律条文）	裁判要点	索赔数额	
54	金融借款合同纠纷	平安银行股份有限公司宁波分行与宁波习羽电气科技股份有限公司、慈溪埃弗克电气控制设备有限公司金融借款合同纠纷一审民事判决书	浙江省慈溪市人民法院	（2017）浙0282民初12264号	上诉人（原审被告、反诉原告）：杭州速能机械有限公司 被上诉人（原审原告、反诉被告）：杭州贝克机械有限公司	《流动资金借款合同》《最高额保证合同》《最高额权利质押合同》	组合担保	办理登记	原告胜诉	《中华人民共和国合同法》第六十条第一款、第一百零七条、第二百零五条、第二百零六条、第二百零七条，《中华人民共和国物权法》第一百七十六条、第二百二十三条，《中华人民共和国担保法》第十二条、第十八条、第二十一条第一款、第三十一条，《中华人民共和国民事诉讼法》第一百四十四条规定	本案所涉各合同内容及形式合法，是合同双方当事人真实意思表示，且不违反国家有关法律、行政法规的强制性规定，依法有效。被告习羽公司取得借款后未按约还本付息已构成违约，应当承担归还借款并支付利息、逾期利息、复利的违约责任。被告习羽公司为其债务向原告提供最高额质押担保，原告对其提供质押的专利权享有优先受偿权。其余被告为被告习羽公司的债务向原告提供最高额连带责任保证担保，应按约承担相应的连带清偿责任	判令被告习羽公司偿还原告贷款本金4987913.69元，截至2017年10月31日利息13430.63元、逾期利息169237.76元、复利458.87元，以及自2017年11月1日起至实际清偿日止以贷款本金4987913.69元和利息13430.63元为基数，按年利率8.4825%计算的逾期利息和复利	

续表

案件序号	案由	案件名称	审理法院	案号	当事人原告（被告）	标的	担保形式（单一担保、组合担保）	是否登记	胜诉方	法律依据（法律条文）	裁判要点	索赔数额	
55	金融借款合同纠纷	梅县客家村镇银行股份公司与广东金森林实业有限公司、王某林金融借款合同纠纷一审民事判决书	广东省梅州市梅县区人民法院	（2018）粤1403民初512号	原告：梅县客家村镇银行股份公司 被告：广东金森林实业有限公司 被告：王某林 被告：曾某祥 被告：梁某英 被告：刘某海 被告：孙某 被告：何某锋 被告：梁某东	《流动资金借款合同》《质押担保合同》《保证合同》	混合担保：1. 被告金森林公司与原告签订《质押担保合同》约定以其合法所有的专利为借款合同项下的债权作担保；2. 被告金森林公司的股东，与原告签订《保证合同》自愿为被告金森林公司在借款合同项下的债务提供连带责任保证	办理了专利质押登记	原告胜诉	依照《中华人民共和国合同法》第四十四条、第六十条，《中华人民共和国担保法》第十八条、第二十一条、第二十八条、第六十七条、第七十五条，《中华人民共和国民法总则》第一百七十一条第一款，《中华人民共和国民事诉讼法》第六十四条、第一百四十四条规定	同一债权既有保证又有物的担保的，保证人对物的担保以外的债权承担保证责任。行为人没有代理权、超越代理权或者代理权终止后，仍然实施代理行为，未经被代理人追认的，对被代理人不发生效力	判令被告金森林公司立即向原告清偿借款本金人民币400万元，利息人民币593999.99元，本息合计人民币4593999.99元	

续表

案件序号	案由	案件名称	审理法院	案号	当事人原告（被告）	标的	担保形式（单一担保、组合担保）	是否登记	胜诉方	法律依据（法律条文）	裁判要点	索赔数额	
56	金融借款合同纠纷	梅县客家村镇银行股份公司与梅州市淦源建材科技有限公司、吴小淦金融借款合同纠纷一审民事判决书	广东省梅州市梅县区人民法院	（2018）粤1403民初500号	原告：梅县客家村镇银行股份公司 被告：梅州市淦源建材科技有限公司 被告：吴某淦 被告：钟某基 被告：吴某奎 被告：吴某辉 被告：吴某奎	《流动资金借款合同》《质押担保合同》《保证合同》	混合担保：1. 被告淦源公司与原告签订了《质押担保合同》，将其所有两项发明、两项实用新型专利权全部质押给原告； 2. 被告吴某淦、钟某基、吴某奎、吴某辉与原告签订《保证合同》，对于上述被告淦源公司的所有债务承担连带保证责任	办理了专利质押登记	原告胜诉	《中华人民共和国合同法》第四十四条、第六十条、第二百零五条、第二百零六条、第二百零七条，《中华人民共和国担保法》第十八条、第二十一条、第二十八条、第三十三条、第六十七条、第七十九条	1. 质押合同并对相关质押物按照法律规定已办理专利权质押登记手续，故对质押物的变价款原告享有优先受偿权。 2. 同一债权既有保证又有物的担保的，保证人对物的担保以外的债权承担保证责任。 3. 公司内部约定公司的债权债务与股东无关的抗辩，不能对抗善意相对人	判令被告立即偿还到期借款本金人民币1000000元及拖欠的利息165590.95元	

续表

案件序号	案由	案件名称	审理法院	案号	当事人原告（被告）	标的	担保形式（单一担保、组合担保）	是否登记	胜诉方	法律依据（法律条文）	裁判要点	索赔数额	
57	金融借款合同纠纷	汕头经济特区和通电讯有限公司、郑某池金融借款合同纠纷二审民事判决书	广东省汕头市中级人民法院	（2018）粤05民终512号	上诉人（原审被告）：汕头经济特区和通电讯有限公司 被上诉人（原审原告）：中国银行股份有限公司汕头分行 原审被告：刘某翔 原审被告：郑某龙 原审被告：吴某华	《流动资金借款合同》《最高额保证合同》《最高额质押合同》《最高额抵押合同》	组合担保：1. 中行汕头分行与郑某龙签订《最高额抵押合同》，郑弼龙将其享有合法处分权的位于汕头市龙湖区×××××号的房地产设立抵押，并办理了抵押登记； 2. 中行汕头分行与和通公司签订《最高额质押合同》，将和通公司享有合法处分权的15项专利设立质押，并办理了质押登记	办理了房地产抵押登记；办理了专利质押登记	被上诉人胜诉	《中华人民共和国合同法》第一百零七条、第一百零八条、第二百零六条、第二百零七条、《中华人民共和国担保法》第十八条、第二十一条第一款、第二十六条第一款、《中华人民共和国物权法》第一百七十六条、第一百七十九条、第一百八十条、《最高人民法院关于适用〈中华人民共和国担保法〉若干问题的解释》第二十三条	当事人对自己提出的诉讼请求所依据的事实或者反驳对方诉讼请求所依据的事实有责任提供证据加以证明，没有证据或者证据不足以证明当事人的事实主张的，由负有举证责任的当事人承担不利后果。本案中，和通公司、郑楚池上诉主张中行汕头分行同意贷款500万元给和通公司，但和通公司与中行汕头分行签订的《流动资金借款合同》第一条显示借款金额为叁佰万元整，和通公司、郑楚池亦没有证据证明中行汕头分行有贷款500万元给和通公司的意思表示，和通公司一审期间也没有提出反诉，中行汕头分行对和通公司的上述主张予以否认	判令和通公司偿还中行汕头分行全部借款本金及其利息、罚息、复利共2009982.48元	

续表

案件序号	案由	案件名称	审理法院	案号	当事人原告（被告）	标的	担保形式（单一担保、组合担保）	是否登记	胜诉方	法律依据（法律条文）	裁判要点	索赔数额	
58	金融借款合同纠纷	中国工商银行股份有限公司嘉兴分行与嘉兴川页奇精密自动化机电有限公司、嘉兴伺康机器人有限公司金融借款合同纠纷一审民事判决书	浙江省嘉兴市南湖区人民法院	（2018）浙0402民初8206号	原告：中国工商银行股份有限公司嘉兴分行 被告：嘉兴川页奇精密自动化机电有限公司 被告：嘉兴伺康机器人有限公司 被告：邱某贤 被告：谢某安	《最高额抵押合同》《最高额保证合同》二份、《小企业借款合同》二份	组合担保	办理登记	原告胜诉	《中华人民共和国合同法》第二百零五条、第二百零六条、第二百零七条，《中华人民共和国物权法》第一百七十六条、第二百二十七条，《中华人民共和国担保法》第十八条、第三十一条、第三十三条和《中华人民共和国民事诉讼法》第一百四十二条	原告与各被告分别签订的《最高额质押合同》《最高额抵押合同》《最高额保证合同》《小企业借款合同》合法有效，各方当事人应当按照合同约定享有权利履行义务。原告已按合同约定履行贷款义务，但被告川页奇公司未按时归还贷款利息，已构成违约，应承担逾期还款的民事责任	判令被告川页奇公司归还借款本金710000元、利息13023.18元（暂计至2018年11月10日，此后按借款合同约定计算至实际履行日），共计723023.18元	

续表

案件序号	案由	案件名称	审理法院	案号	当事人原告（被告）	标的	担保形式（单一担保、组合担保）	是否登记	胜诉方	法律依据（法律条文）	裁判要点	索赔数额	
59	金融借款合同纠纷	中国农业银行股份有限公司嘉兴科技支行与嘉兴百佳机械有限公司、何国庆金融借款合同纠纷一审民事判决书	浙江省嘉兴市南湖区人民法院	（2018）浙0402民初8003号	原告：中国农业银行股份有限公司嘉兴科技支行 被告：嘉兴百佳机械有限公司 被告：何某庆 被告：刘某	《流动资金借款合同》《最高额权利质押合同》《最高额保证合同》《权利质押合同》	组合担保：1. 被告嘉兴百佳机械有限公司与原告签订了《最高额权利质押合同》，并办妥了质押登记手续，为原告形成的债务提供最高额质押担保。 2. 被告何某庆、被告刘某与原告签订了《最高额保证合同》为被告提供保证。 3. 被告何某庆与原告签订《权利质押合同》，并于当日办妥存单质押冻结止付手续，为《流动资金借款合同》形成的债权提供质押担保	办理登记	原告胜诉	《中华人民共和国合同法》第二百零五条、第二百零六条、第二百零七条，《中华人民共和国物权法》第一百七十六条、第二百零三条、第二百二十六条、第二百二十七条，《中华人民共和国担保法》第十八条、第三十一条及《中华人民共和国民事诉讼法》第一百四十四条	本案系金融借款合同纠纷，原告与各被告签订的合同系各方当事人真实意思表示，不违反法律法规的禁止性规定，合同合法有效，各方当事人应按合同约定行使权利、履行义务。现原告已按约发放了贷款，然借款人嘉兴百佳机械有限公司于借款到期后未按约还款，故原告可依据合同主张被告嘉兴百佳机械有限公司还本付息。原告作为权利人对已办理抵（质）押的存单，已办理出质登记的专利权享有优先受偿的权利。被告何某庆、刘某应在各自担保的限额内承担保证责任。	被告嘉兴百佳机械有限公司立即归还借款本金1000000元、支付利息5820.78元	

续表

案件序号	案由	案件名称	审理法院	案号	当事人原告（被告）	标的	担保形式（单一担保、组合担保）	是否登记	胜诉方	法律依据（法律条文）	裁判要点	索赔数额	
60	公司借款合同纠纷	青海海晏农村商业银行股份有限公司、乌兰县农村信用合作联社等诉青海弘川新源实业股份有限公司、江油炳辉改性沥青有限公司等借款合同纠纷案	青海省高级人民法院	（2018）青民初153号	原告：青海海晏农村商业银行股份有限公司、乌兰县农村信用合作联社 被告：青海弘川新源实业股份有限公司 被告：江油炳辉改性沥青有限公司	《社团借款合同》所指向的借款偿还义务、《专利权质押合同》《商标权质押合同》所指向的担保义务	混合担保（抵押保证合同、质押保证合同、保证合同）	已办理专利权质押登记	原告胜诉	依照《中华人民共和国合同法》第六十条、第二百零五条、第二百零六条、第二百零七条、《中华人民共和国物权法》第一百七十六条、第一百七十九条、《中华人民共和国担保法》第十八条、第二十一条、第三十一条、《最高人民法院关于适用〈中华人民共和国担保法〉若干问题的解释》第四十二条的规定	原告与被告弘川新源公司签订的《银（社）团借款合同》《银（社）团抵押合同》《专利权质押合同》《商标权质押合同》与被告江油炳辉公司签订的两份《银（社）团抵押合同》、分别与被告青海信保公司、王某、刘某珍签订的《银（社）团保证合同》及王某之妻刘某霞所签订《个人无限连带责任承诺书》系各方当事人真实意思的表示，不违反法律规定，亦未损害第三人权益，为有效合同。本案事实表明，被告弘川新源公司在借款期限内未履行分期还本付息义务，已经构成合同违约	193000000元	

续表

案件序号	案由	案件名称	审理法院	案号	当事人原告（被告）	标的	担保形式（单一担保、组合担保）	是否登记	胜诉方	法律依据（法律条文）	裁判要点	索赔数额	
61	追偿权纠纷	界首市发展中小企业融资担保有限责任公司与界首市立天包装材料销售有限公司、安徽新能电源科技有限公司等追偿权纠纷	安徽省界首市人民法院	（2018）皖1282民初2695号	原告：界首市发展中小企业融资担保有限责任公司 被告：界首市立天包装材料销售有限公司 被告：安徽新能电源科技有限公司	《流动资金借款合同》指向的偿还义务、《借款担保合同》《专利权质押合同》《股权质押合同》、所指向的担保义务	混合担保（保证、股权质押、专利权质押）	已办理专利权质押登记	原告胜诉	依据《中华人民共和国合同法》第五条、第八条，《中华人民共和国担保法》第二十六条、第三十一条，《中华人民共和国民事诉讼法》第九十二条、第一百四十四条的规定	原告界首市发展中小企业融资担保有限责任公司与被告签订的《抵押担保合同》是双方当事人真实意思表示，合法有效。原告界首市发展中小企业融资担保有限责任公司为被告界首市立天包装材料销售有限公司向安徽界首农村商业银行股份有限公司的贷款提供担保，因被告逾期未履行还款义务，原告为此承担了保证责任。根据《中华人民共和国担保法》第三十一条的规定“保证人承担保证责任后，有权向债务人追偿”，故原告对被告界首市立天包装材料销售有限公司依法享有追偿权	12643993.91元	

续表

案件序号	案由	案件名称	审理法院	案号	当事人原告（被告）	标的	担保形式（单一担保、组合担保）	是否登记	胜诉方	法律依据（法律条文）	裁判要点	索赔数额	
62	金融借款合同纠纷	浙江禾城农村商业银行股份有限公司秀洲支行诉嘉兴川页奇精密自动化机电有限公司、邱昌贤金融借款合同纠纷	嘉兴市秀洲区人民法院	（2018）浙0411民初5050号	原告：浙江禾城农村商业银行股份有限公司秀洲支行 被告：嘉兴川页奇精密自动化机电有限公司 被告：邱某贤	《流动资金借款合同》指向的还款义务，《最高额质押合同》《最高额抵押合同》《最高额保证合同》所指向的担保义务	组合担保（最高额保证、最高的抵押、最高额质押）	已办理专利权质押登记	原告胜诉	依照《中华人民共和国合同法》第一百九十六条、第二百零五条、第二百零六条，《中华人民共和国物权法》第一百七十六条、第一百九十五条、第二百零三条、第二百二十二条、第二百二十七条、第二百二十九条，《中华人民共和国担保法》第十二条、第十八条、第二十一条、第三十一条、第五十七条	原被告签订的《最高额质押合同》《最高额抵押合同》《最高额保证合同》《流动资金借款合同》，以及被告北崎公司、伺康公司、邱某贤和谢某安出具的《保证函》，均是当事人真实意思的表示，内容不违反法律、行政法规的强制性规定，具有法律约束力。被告川页奇公司向原告借款，应当依约支付利息，被告逾期付息，原告有权依约提前收回贷款	3592803.7元	

续表

案件序号	案由	案件名称	审理法院	案号	当事人原告（被告）	标的	担保形式（单一担保、组合担保）	是否登记	胜诉方	法律依据（法律条文）	裁判要点	索赔数额	
63	金融借款合同纠纷	交通银行股份有限公司吉林省分行诉曲某深等金融借款合同纠纷		（2018）吉01民初171号	原告：交通银行股份有限公司吉林省分行 被告：曲某深	《流动资金借款合同》指向的还款义务，《最高额质押合同》所指向的担保义务	单一担保（最高额质押）	已办理商标权质押登记	原告胜诉	依据《中华人民共和国合同法》第五条、第八条，《中华人民共和国担保法》第二十六条、第三十一条，《中华人民共和国民事诉讼法》第九十二条、第一百四十四条的规定	长春市中院认为，交行吉林省分行与天景公司签订的三份《流动资金借款合同》系双方当事人的真实意思表示，且不违反法律法规的禁止性规定，合法有效，双方当事人均应按照合同约定行使权利、履行义务。对于天景公司与交行吉林省分行签订的2416D20001号《最高额质押合同》系双方当事人的真实意思表示，且不违反法律法规的禁止性规定，合法有效，双方当事人均应按照合同约定行使权利、履行义务	1亿元	

续表

案件序号	案由	案件名称	审理法院	案号	当事人原告（被告）	标的	担保形式（单一担保、组合担保）	是否登记	胜诉方	法律依据（法律条文）	裁判要点	索赔数额	
64	借款合同纠纷案	恒丰银行成都分行诉攀枝花花舞人间旅游景区开发有限公司、四川江瀚工业股份有限公司、华瀚科技有限公司等借款合同纠纷	四川省高级人民法院	（2018）川民终934号	原告：恒丰银行成都分行 被告：攀枝花花舞人间旅游景区开发有限公司 被告：四川江瀚工业股份有限公司 被告：华瀚科技有限公司	《流动资金借款合同》指向的还款义务，《最高额保证合同》《专利权质押合同》指向的担保义务	混合担保（最高额保证、专利权质押）	已办理专利权质押登记	原告胜诉	依照《中华人民共和国合同法》第二百零五条、第二百零六条，《中华人民共和国担保法》第十八条第一款、第二十一条第一款、第三十一条、第六十七条、第七十五条、第七十九条，《最高人民法院关于适用〈中华人民共和国担保法〉若干问题的解释》第四十二条、第七十四条	根据《流动资金借款合同》《最高额保证合同》《专利权质押合同》的相关约定，江瀚公司及担保人违约应当承担债权人的律师代理费。故花舞人间公司主张律师代理费有合同依据。花舞人间公司一审提交了其在中国银行向四川英特信律师事务所转账支付律师代理费400万元的银行付款回单，证明其已实际支付律师代理费400万元	3800万元	

续表

案件序号	案由	案件名称	审理法院	案号	当事人原告（被告）	标的	担保形式（单一担保、组合担保）	是否登记	胜诉方	法律依据（法律条文）	裁判要点	索赔数额	
65	融资租赁合同纠纷	广东粤合租赁融资租赁股份有限公司诉广州奥迪通用照明有限公司融资租赁合同纠纷案	广东省广州市中级人民法院	（2018）粤01民终238号	上诉人（原审被告）：广州奥迪通用照明有限公司 被上诉人（原审原告）：广东粤合融资租赁股份有限公司 原审被告：广州市傲迪照明科技有限公司 原审被告：关某安、关某东	《融资租赁合同》指向的支付租金义务，《著作权质押合同》《专利权质押合同》所指向的担保义务	单一担保（著作权质押、专利权质押、机器设备抵押）	已办理专利权、著作权质押登记	原告胜诉	依照《中华人民共和国合同法》第一百零七条、第二百四十八条，《中华人民共和国担保法》第十二条、第十八条，《中华人民共和国物权法》第一百七十六条、第二百零八条，《最高人民法院关于审理融资租赁合同纠纷案件适用法律问题的解释》第九条、第二十条	案涉《融资租赁合同（售后回租）》和相关担保合同、补充协议等，均系各方当事人的真实意思表示，未违反法律、行政法规的禁止性规定，应属有效，各方当事人应恪守约定。粤合租赁公司依约履行了交付租赁物的合同义务，奥迪公司应当依照约定支付租金	1186.24万元	

续表

案件序号	案由	案件名称	审理法院	案号	当事人原告（被告）	标的	担保形式（单一担保、组合担保）	是否登记	胜诉方	法律依据（法律条文）	裁判要点	索赔数额	
66	民间借贷纠纷	卢某与刘某梅民间借贷纠纷	上海市徐汇区人民法院	（2018）沪0104民初3191号	原告：卢某，男，1974年4月26日出生，汉族，住上海市黄浦区。 被告：刘某梅，女，1975年1月23日出生，汉族，住山东省青岛市	借款合同所指向的还款付息义务	单一担保：专利权质押担保	已办理专利权质押登记	被告胜诉	依照《中华人民共和国民法总则》第三条，《最高人民法院关于审理涉及夫妻债务纠纷案件适用法律有关问题的解释》第三条	本院认为，原告与案外人于某某之间的债务纠纷，业经本院生效法律文书确认，现原告以该债务系夫妻共同债务为由要求被告承担共同还款责任，鉴于该债务虽发生在被告与于某某婚姻存续期间，但已超出家庭日常生活需要，故原告应提供相应的证据证明该借款用于被告家庭生活；现原告就此未能举证，故原告要求被告作为共同债务人承担责任，本院难以支持	要求被告归还借款74万元，并按照中国人民银行同期贷款利率的4倍支付自2017年1月1日起至清偿之日止的利息	

续表

案件序号	案由	案件名称	审理法院	案号	当事人原告（被告）	标的	担保形式（单一担保、组合担保）	是否登记	胜诉方	法律依据（法律条文）	裁判要点	索赔数额	
67	企业借贷纠纷	厦门颉轩光电有限公司与孙锋青企业借贷纠纷	上海市高级人民法院	（2018）沪民终414号	上诉人（原审被告）：厦门颉轩光电有限公司 被上诉人（原审原告）：上海斐君钛晟投资管理合伙企业（有限合伙） 原审被告：孙某青	1. 借款合同指向的还款付息义务； 2. 专利质押合同所指向的担保义务	组合担保：1. 连带责任保证；2. 专利权质押担保	已办理专利权质押登记	被上诉人胜诉	《中华人民共和国民事诉讼法》第一百七十条第一款第一项规定	根据《最高人民法院关于适用〈中华人民共和国合同法〉若干问题的解释（二）》第二十一条的规定，债务人除主债务外还应当支付利息和费用，当其给付不足以清偿全部债务时，且当事人没有约定的，人民法院应当按照实现债权的有关费用、利息、主债务的先后顺序进行抵充。基于此，一审法院将30万元按照归还利息优先归还主债务的顺序进行抵充，并无不当	撤销一审判决，改判驳回斐君企业的全部诉讼请求	

续表

案件序号	案由	案件名称	审理法院	案号	当事人原告（被告）	标的	担保形式（单一担保、组合担保）	是否登记	胜诉方	法律依据（法律条文）	裁判要点	索赔数额	
68	民间借贷纠纷	唐某梅等与安某廷民间借贷纠纷	北京市第二中级人民法院	（2018）京02民终6399号	上诉人（原审被告）：姚某敏（北京龙道明易国际信息技术咨询有限公司经理）上诉人（原审被告）：唐某梅	借款合同所指向的还款付息义务	单一担保：著作权质押担保	未办理著作权质押登记	被上诉人胜诉	依照《中华人民共和国合同法》第二百零六条，《最高人民法院关于审理民间借贷案件适用法律若干问题的规定》第二十六条之规定	依据上述规定，一审法院有权根据案件的具体情况决定当事人各自负担的诉讼费用数额。本案中，尽管一审法院未全部支持安某廷的诉讼请求数额，但安某廷依据借款合同的约定已向姚某敏转账1000万元，姚某敏亦向安某廷出具收据认可收到1000万元借款，借款合同约定的借款利率为月利率3%，故安相廷据此提出诉讼请求数额，具有一定的事实基础。反观姚某敏、唐某梅在收到借款后，至今仅偿还过40万元本金，显属违约，导致本案之诉。在上述情形下，一审法院确定姚某敏、唐某梅负担一审全部诉讼费用，并无不当	改判姚某敏、唐红梅承担利息127.6万元，承担部分诉讼费84994元	

续表

案件序号	案由	案件名称	审理法院	案号	当事人原告（被告）	标的	担保形式（单一担保、组合担保）	是否登记	胜诉方	法律依据（法律条文）	裁判要点	索赔数额	
69	金融借款合同纠纷	南京银行股份有限公司北京分行与霸州市昌隆新能源有限公司等金融借款合同纠纷	北京市第四中级人民法院	（2018）京04民初270号	原告：南京银行股份有限公司北京分行 被告：神雾科技集团股份有限公司 被告：吴某洪 被告：李某 被告：北京华福工程有限公司	1. 金融借款合同项下的还款付息义务；2. 质押合同项下的担保义务	组合担保：1. 专利权质押担保；2. 应收账款质押担保；3. 最高额保证；4. 股权质押担保	办理了专利权质押登记	原告胜诉	依据《中华人民共和国合同法》第八条、第一百零七条、第二百零五条、第二百零七条，《中华人民共和国物权法》第二百二十八条，《中华人民共和国担保法》第十八条、第三十一条、第七十五条，《中华人民共和国民事诉讼法》第一百四十四条之规定	神雾集团将其所持有的北京神源环保有限公司及北京神雾电力科技有限公司的股权、对昌隆公司的应收账款及专利权质押给南京银行，符合上述法律规定，且双方签订了相应的质押合同，并依法办理了质押登记手续，质权合法设立，故对于南京银行要求就上述出质股权、应收账款及专利权优先受偿的诉讼请求，应予支持	151306237.5元	

续表

案件序号	案由	案件名称	审理法院	案号	当事人原告（被告）	标的	担保形式（单一担保、组合担保）	是否登记	胜诉方	法律依据（法律条文）	裁判要点	索赔数额	
70	买卖合同纠纷	中国医药对外贸易有限公司与北京金源化学集团有限公司等买卖合同纠纷	北京市朝阳区人民法院	（2018）京0105民初21056号	原告：中国医药对外贸易有限公司 被告：北京金源东和化学有限责任公司	1.《货款给付协议》所指向的支付货款和交付货物的行为；2. 被告方当事人对货款给付承担连带责任；3.《房地产抵押合同》所指向的将房产抵押的行为；4.《专利权质押合同》所指向的专利质押行为	组合担保。1. 房地产不动产抵押担保；2. 专利权质押担保	办理了专利质押登记	原告胜诉	依照《中华人民共和国合同法》第一百五十九条、第一百六十一条，《中华人民共和国物权法》第一百九十五条、第二百一十九条、第二百二十七条，《中华人民共和国民事诉讼法》第一百四十四条之规定	原告中国医药对外贸易有限公司对被告北京金源化学集团有限公司持有的通过鼻黏膜给药的药物制剂的专利权（专利权质押登记号为2015990000192，质押专利号为98108852X　）享有优先受偿权，以上述专利权折价或以拍卖、变卖的价款，在本判决第一项、第二项所确定的债权范围内优先受偿	20880421元	

续表

案件序号	案由	案件名称	审理法院	案号	当事人原告（被告）	标的	担保形式（单一担保、组合担保）	是否登记	胜诉方	法律依据（法律条文）	裁判要点	索赔数额	
71	金融借款合同纠纷	广东南海农村商业银行股份有限公司科创支行与佛山市耀世照明电器有限公司、欧阳某尧金融借款合同纠纷民事判决书	广东省佛山市南海市（区）人民法院	（2019）粤0605民初3716号	原告：广东南海农村商业银行股份有限公司科创支行 被告：佛山市耀世照明电器有限公司 被告：欧阳某尧 被告：赵某婵	《流动资金借款合同》《最高额质押合同》《最高额保证合同》	组合担保：1. 原告与被告耀世公司签订了《最高额质押合同》，约定质押人（即被告耀世公司）同意以《质押物清单》中所列的财产（即被告耀世公司所有的六项专利作为质押物，为自2017年12月25日起至2022年12月31日止质权人与债务人办理各类业务所发生的债权提供质押担保；2. 原告与被告欧阳某尧、赵某婵签订《最高额保证合同》，约定：两被告分别应被告耀世公司的要求，自愿为被告耀世公司自2017年12月25日起至2022年12月31日止在原告处办理约定的各类业务所形成的债务提供不可撤销的连带责任保证	办理了专利权质押登记	原告胜诉	《中华人民共和国合同法》第六十条第一款、第一百零七条、第二百零五条、第二百零六条、第二百零七条，《中华人民共和国担保法》第二十七条、第七十九条、第八十一条，《中华人民共和国物权法》第一百七十六条，《中华人民共和国民事诉讼法》第一百四十四条	本案案件受理费减半收取9245.11元、财产保全费5000元，合计14245.11元(原告已预交)，由三被告按上述债务承担方式负担	原告明确计至2019年1月20日的欠款本金150万元、利息7612.5元、罚息13458元，复利64.16元，自2019年1月21日三被告应分别以借款本金150万元及利息7612.5元为基数计算罚息及复	

续表

案件序号	案由	案件名称	审理法院	案号	当事人原告（被告）	标的	担保形式（单一担保、组合担保）	是否登记	胜诉方	法律依据（法律条文）	裁判要点	索赔数额	
72	金融借款合同纠纷	神雾科技集团股份有限公司等与南京银行股份有限公司北京分行金融借款合同纠纷	北京市高级人民法院	（2019）京民终98号	上诉人（原审被告）：神雾科技集团股份有限公司 被上诉人（原审原告）：南京银行股份有限公司北京分行 原审被告：吴某洪 原审被告：李某 原审被告：北京华福工程有限公司 原审被告：霸州市昌隆新能源有限公司	1.《最高债权额合同》和《人民币流动资金借款合同》指向的还款义务；2.《借款展期协议书》《最高额保证合同》《借款展期担保承诺协议书》《个人担保承诺书》所指向的保证、担保义务》《权利质押合同》《应收账款质押合同》	组合担保：1. 最高额保证；2. 专利权质押担保	办理了专利权质押登记	被上诉人胜诉	《中华人民共和国合同法》第八条、第一百零七条、第二百零五条、第二百零七条，《中华人民共和国物权法》第二百二十八条，《中华人民共和国担保法》第十八条、第三十一条、第七十五条，《中华人民共和国民事诉讼法》第一百四十四条	《人民币流动资金借款合同》系各方真实意思表示，且未违反法律法规的强制性规定，各方均应按照约定履行合同义务，现神雾集团的上诉主张有违其在合同中所作承诺，故本院对神雾集团的该项上诉理由不予采纳。关于南京银行是否实际支付律师费的问题，二审诉讼中，南京银行提交了其支付律师费的付款凭证，神雾集团对真实性并无异议，故本院对一审法院判决神雾集团给付南京银行律师费予以确认。对神雾集团该项上诉主张亦不予采纳	改判不予支持一审判决第一项对未付罚息计收的复利，自2018年4月14日暂计算至2019年1月7日为816018元	

参考文献

一、著作类

[1] 王利明. 物权法研究：上卷 [M]. 北京：中国人民大学出版社，2007.

[2] 温世扬. 保险法 [M]. 北京：法律出版社，2003.

[3] 梁慧星. 中国民法典草案建议稿附理由・物权编 [M]. 北京：法律出版社，2013.

[4] 曹新明. 中国知识产权法典化研究 [M]. 北京：中国政法大学出版社，2005.

[5] 郑成思. 版权法 [M]. 北京：中国人民大学出版社，1997.

[6] 王欣新. 破产法前沿问题思辨 [M]. 北京：法律出版社，2017.

[7] 马骏驹，余延满. 民法原论（第三版）[M]. 北京：法律出版社，2007.

[8] 余能斌. 现代物权法专论 [M]. 北京：法律出版社，2002.

[9] 丘志桥. 知识产权质押制度之重塑：基于法律价值的视角 [M]. 北京：知识产权出版社，2015.

[10] 李明德. 知识产权法 [M]. 北京：法律出版社，2014.

[11] 刘红霞. 知识产权质押融资模式运行中的问题及其优化对策研究 [M]. 北京：经济科学出版社，2015.

[12] 邹海林. 保险法教程 [M]. 北京：首都经济贸易大学出版社，2002.

[13] 刘水林. 知识产权法的经济分析 [M]. 北京：法律出版社，1996.

[14] 刘春霖. 知识产权质押的现实和困境研究 [M]. 北京：中国检察出版社，2016.

[15] 谢黎伟. 知识产权担保融资问题研究 [M]. 北京：社会科学文献出版社，2015.

[16] 肖建国，黄忠顺. 中国网络司法拍卖发展报告 [M]. 北京：法律出版社，2018.

[17] 马俊驹，余延满. 民法原论（第三版）[M]. 北京：法律出版社，2007.

[18] 刘春霖. 知识产权资本化研究 [M]. 北京：法律出版社，2010.

[19] 鲍新中. 知识产权融资模式与机制 [M]. 北京：知识产权出版社，2017.

[20] 杨延超. 知识产权资本化 [M]. 北京：法律出版社，2008.

[21] 王吉法. 知识产权资本化研究 [M]. 北京：山东大学出版社，2010.

[22] 北京市国有文化资产监督管理办公室. 北京市文化创意产业投融资实务 [M]. 北京：北京联合出版社，2014.

[23] 李庆本，陈小龙，臧晓雯，王曦. 文化创意产业 [M]. 北京：北京大学出版社，2015.

[24] 漆多俊. 经济法基础理论：第五版 [M]. 北京：北京大学出版社，2015.

[25] 中国知识产权研究会. 中国知识产权发展报告 [C]. 北京：中国财政经济出版社，2015.

[26] 狄骥. 公法的变迁 [M]. 郑戈，译. 北京：商务印书馆，2013.

[27] 我妻荣. 债权在近代法中的优越地位 [M]. 王书江，译. 北京：中国大百科全书出版社，1999.

[28] 齐斯曼. 政府、市场与增长——金融体系与产业变迁的政治 [M]. 刘娟凤，刘骥，译. 长春：吉林出版集团股份有限公司，2009.

二、期刊论文类

[1] 马俊驹，梅夏英. 财产权制度的历史评析和现实思考 [J]. 中国社会科学，1999 (1).

[2] 刘晓春. 知识产权质押融资发展迅猛 [J]. 电子知识产权，2013 (9).

[3] 杜颖. 商标淡化理论及其应用 [J]. 法学研究，2007 (6).

[4] 李友根. "淡化理论"在商标案件裁判中的影响分析——对100份驰名商标案件判决书的整理与研究 [J]. 法商研究，2008 (3).

[5] 何可. 实施二十多年的著名商标制度将退出历史舞台 [EB/OL]. 中国产业经济信息网，2019-11-20.

[6] 魏晓阳.《文化产业促进法》未来可期 [N]. 中国社会科学报，2018-05-03.

[7] 郭禾. 半导体集成电路知识产权的法律保护 [J]. 中国人民大学学报，2004 (1).

[8] 安中业，杜蓓蕾. 专利权质押的难点研究 [J]. 特区经济，2008 (11).

[9] 杨延超. 为知识产权担保正名——质押还是抵押 [J]. 电子知识产权，2008 (4).

[10] 杨松堂. 知识产权质押融资中的资产评估 [J]. 中国金融，2007 (5).

[11] 杨小强，王静. 资产评估技术在知识产权侵权损害赔偿计算中的适用 [J]. 政法论丛，2018 (6).

[12] 周竺，杨芳. 知识产权质押融资中的价值评估问题新探索 [J]. 中国资产评估，2018 (9).

[13] 马伟阳. 知识产权质押融资风险防控机制的完善 [J]. 青海师范大学学报（哲学社会科学版），2015 (1).

[14] 谢黎伟. 著作权质押的困境和出路 [J]. 现代法学，2010 (6).

[15] 张书勤. 版权质押融资法律制度的完善 [J]. 科技与出版，2015 (10).

[16] 雷兴虎，薛波. 民法典编纂背景下财团抵押权制度研究 [J]. 社会科学战线，2015 (8).

[17] 刘春霖，张帆. 知识产权拍卖问题与法律对策研究 [J]. 河北师范大学学报（哲学社会科学版），2014 (11).

[18] 冯果. 金融法的"三足定理"及中国金融法制的变革［J］. 法学，2011（9）.
[19] 丁锦希，等. 国知识产权许可收益质押融资模式分析［J］. 知识产权，2012（12）.
[20] 赵志钢. 担保提存论［J］. 法学论坛，2011（11）.
[21] 郭红玉. 从清偿提存到履约提存——提存性质解析［J］. 中国公证，2014（7）.
[22] 李鹏. 知识产权担保法律规定及其完善——以收益控制为视角［J］. 理论探索，2010（3）.
[23] 蒋逊明. 中国专利权质押制度存在的问题及其完善［J］. 研究与发展管理，2007（3）.
[24] 杨得志. 我国首单高新技术成果转让保险签约［N］. 中国青年报，1999-10-08.
[25] 胡庆凯. 我国知识产权质押融资保险制度的构建研究［J］. 河北企业，2017（2）.
[26] 赵建国. 专利保险：筑起创新创业保护围墙［N］. 知识产权报，2015-12-02.
[27] 李希义，朱颖. 北京市知识产权质押贷款的措施和经验［J］. 中国科技投资，2010（1）.
[28] 郭峰，胡晓珂. 强制责任保险研究［J］. 法学杂志，2009（5）.
[29] 李鹏. 知识产权担保类型之辨析［J］. 山西大学学报（哲学社会科学版），2010（2）.
[30] 吴汉东. 知识产权"入典"与民法典"财产权总则"［J］. 法制与社会发展，2015（4）.
[31] 李明德. 美国对于思想观念提供权的保护［J］. 环球法律评论，2004（秋）.
[32] 赵伟伟. 文化与银行联姻需解版权质押之困［J］. 法庭内外，2014（9）.
[33] 王利明. 收费权质押的若干问题探讨［J］. 法学杂志，2007（2）.
[34] 毛庆，殷学兵. 南京敲下全省知识产权拍卖第一槌［N］. 南京日报，2017（11）.
[35] 李铎，史册. 跨境专利拍卖，成功"跨"出第一步［J］. 知识产权报，2018（7）.
[36] 黄忠顺. 论应诉管辖制度的司法嬗变及其规则构建［J］. 中国法学，2017（5）.
[37] 许治政. 对企业担保制度的反思［J］. 当代法学，2003（9）.
[38] 王利明. 民法的人文关怀［J］. 中国社会科学，2011（4）.
[39] 龙俊. 动产抵押对抗规则研究［J］. 法学家，2016（3）.
[40] 马新彦，卢冠男. 浮动抵押制度的价值冲突与解决——以我国浮动抵押制度的全新阐释为目的的研究［J］. 山东社会科学，2015（11）.
[41] 何炼红，阳东辉. 著作人身权合理使用制度研究［J］. 法学评论，2004（1）.
[42] 贾砾，解冲. 论收费权与收费权质押的性质［J］. 人民司法，2014（9）.
[43] 许德风. 论破产中尚未履行完毕的合同［J］. 法学家，2009（6）.
[44] 徐家力. 企业破产中的知识产权许可合同处理方法研究［J］. 中州学刊，2017（5）.
[45] 程守红，周润书. 知识产权质押融资中的政策工具及模式研究［J］. 华东经济管理，2013（2）.
[46] 刘春田. 我国《民法典》设立知识产权编的合理性［J］. 知识产权，2018（9）.
[47] 吴汉东. 民法法典化运动中的知识产权法［J］. 中国法学，2016（4）.
[48] 吴汉东. 知识产权应在未来民法典中独立成编［J］. 知识产权，2016（12）.

[49] 熊琦. 知识产权法与民法的体系定位［J］. 武汉大学学报（哲学社会科学版），2019（3）.
[50] 刘春田. 私权观念和科学态度是知识产权战略的根本保障——纪念《国家知识产权战略纲要》颁布实施十年［J］. 知识产权，2018（6）.
[51] 吴汉东. 中国知识产权法律变迁的基本面向［J］. 中国社会科学，2018（3）.
[52] 吴汉东. 中国知识产权法制建设的评价与反思［J］. 中国法学，2009（1）.
[53] 曹新明. 非物质文化遗产保护模式研究［J］. 法商研究，2009（2）.
[54] 李龙. 日本知识产权质押融资和评估［J］. 华东理工大学学报，2009（4）.
[55] 祝宁波. 美国知识产权抵押担保法律制度述评［J］. 华东理工大学学报（社会科学版），2009（4）.
[56] 财政部财政科学研究所课题组，贾康. 财政支持中小企业信用担保政策研究［J］. 经济研究参考，2010（31）.
[57] 李善民，杨荣. 韩国科技与金融的结合机制研究［J］. 南方金融，2014（2）.
[58] 陈美佳. 知识产权质押融资模式的国际比较与选择［J］. 财会通讯，2019（2）.
[59] 刘平. 英国、日本、韩国创意产业发展举措与启示［J］. 社会科学，2009（7）.
[60] 肖奎喜，谢玥玥，徐世长. 创新驱动背景下实现中国科技金融突破性发展的制度安排及政策建议——基于发达国家和地区科技金融体制创新的借鉴［J］. 科技进步与对策，2016（23）.
[61] 宋光辉，田立民. 科技型中小企业知识产权质押融资模式的国内外比较研究［J］. 金融发展研究，2016（2）.
[62] 曾莉，王明. 美日科技型中小企业知识产权质押融资的经验及启示［J］. 中国注册会计师，2016（10）.

三、学位论文类

[1] 樊王平. 我国知识产权保险法律制度研究［D］. 北京：北京交通大学，2015.
[2] 田春雷. 金融资源的公平配置及其实现［D］. 武汉：武汉大学，2012.
[3] 权国强. 试论知识产权抵押在我国文化产业融资中的应用［D］. 西安：西北大学，2008.

后 记

本书是在北京联合大学人才强校计划人才资助项目“北京市文化创意企业知识产权质押模式与风险控制研究”（项目编号：BPHR2015A01）基础上，进一步对高科技企业知识产权质押融资问题持续研究的成果。在课题完成及书稿撰写过程中，得到北京市国有文化资产监督管理办公室科技创新处黄峻雄处长、北京隆天知识产权代理公司隋萍律师等指导帮助。参与课题调研的同学包括法学本科2013级鲁宇雯、2014级田博、赵友盟、刘建渝、刘敬一等同学。在本书写作过程中，法律硕士研究生2018级文楠、2019级张亦铭、陈仕楠等同学协助完成了资料收集、文字校对等大量工作。在本书成稿后，特别邀请长期从事知识产权法学教学研究的专家北京联合大学常敏教授、太原师范学院李鹃教授，对本书提出了中肯的意见和建议，据此，我们进一步予以修改完善。最后，特别感谢知识产权出版社石红华编辑的包容和督促，使得本书得以最终面世。对知识产权质押融资的关注和研究，历时近五年，凝结了众多人的智慧和劳动，在此一并表示衷心感谢！

本书由郭娅丽完成全书的统稿，具体分工如下：第一章、第三章、第七章（郭娅丽）、第二章（郭娅丽、吴梅）、第四章（吴梅、李玉红）、第五章、第六章（郭娅丽、吴梅）。

或许每一个研究成果的问世都是该阶段对这一问题的认识和总结，限于研究水平和能力，错误在所难免，恳请专家批评指正！

2020年5月于北京